I0322065

Friedrich Delitzsch

Assyrische Studien

Heft I: Assyrische Tiernamen

Friedrich Delitzsch

Assyrische Studien
Heft I: Assyrische Tiernamen

ISBN/EAN: 9783743362017

Hergestellt in Europa, USA, Kanada, Australien, Japan

Cover: Foto ©ninafisch / pixelio.de

Manufactured and distributed by brebook publishing software (www.brebook.com)

Friedrich Delitzsch

Assyrische Studien

ASSYRISCHE STUDIEN

VON

DR. FRIEDRICH DELITZSCH,

PRIVATDOCENTEN AN DER UNIVERSITÄT LEIPZIG.

HEFT I.

Assyrische Thiernamen

mit vielen Excursen und einem assyrischen und akkadischen Glossar.

LEIPZIG,

J. C. HINRICHS'SCHE BUCHHANDLUNG.

1874.

DEM GELIEBTEN VATER UND LEHRER

HERRN PROFESSOR D. FRANZ DELITZSCH

UND DEM GELIEBTEN LEHRER UND FREUNDE

HERRN KIRCHENRATH PROF. D. SCHRADER

IN DANKBARER VEREHRUNG

GEWIDMET

Vorwort.

Die assyriologischen Abhandlungen, deren erstes Heft hiermit in die Oeffentlichkeit tritt, wollen an ihrem Theil mit bauen helfen an dem mächtigen Gebäude, welches die Assyriologie aus dem Schutte der babylonischen Tempel und assyrischen Paläste aufrichtet. Sie stellen sich jedoch nicht in den Dienst der Religionswissenschaft, welcher die Assyriologie neue befruchtende Quellen eröffnet, auch nicht in den Dienst der Geschichtsforschung, welcher sie ein Jahrtausend zurückgibt und ein anderes halbes Jahrtausend ungeahnt hell erleuchtet, sondern sie beschäftigen sich ausschliesslich mit den sprachwissenschaftlichen Schriftwerken der Assyrer, mit den Syllabaren oder den monumentalen assyrisch-akkadischen Wörterbüchern. Zwar hat man längst den hohen Werth dieser Denkmäler erkannt und sie für die Entzifferung und Deutung der assyrischen Keilinschriften in umfassender Weise verwerthet. Allein so bedeutend auch der aus den assyrischen Syllabaren bereits gezogene Gewinn ist, so sind sie doch noch lange nicht erschöpft, und manche fast schon traditionell gewordene Worterklärungen erweisen sich bei näherer Untersuchung nicht selten als verfehlt, indem man einzelne Angaben der Syllabare aus ihrem Zusammenhang herausriss oder es verschmähte, die semitischen Dialekte in gebührendem Umfang und methodischer Weise zur Erklärung des assyrischen Wortschatzes heranzuziehen. Die „assyrischen Studien“ wollen eine systematische Behandlung der assyrisch-akkadischen Originalwörterbücher anbahnen und dadurch, dass sie die Syllabare gleichen oder verwandten Inhaltes zusammenhängend behandeln und die Bedeutung jedes einzelnen Wortes theils aus den betreffenden Stellen in den Syllabaren oder sonst in den Inschriften und aus seinem akkadischen Aequivalent, theils aus den semitischen Schwestersprachen zu erschliessen suchen, nicht nur die Einzelerklärung der assyrischen Inschriften fördern, sondern auch der semitischen Lexikographie und allgemeinen Sprachwissenschaft gesichertes Material aus dieser reichen Fundgrube zuführen. Die Vergleichung des Arabischen wird, wie ich hoffe, die Schule Fleischers, des unvergleichlichen Lehrers, nicht verkennen lassen. Aber auch sonst befinde ich mich der sprachvergleichenden Seite der Aufgabe gegenüber in günstiger Lage. Innerhalb des Kreises der semitischen Dialekte bringen diese Studien zum ersten Male den hohen Werth des Mischnisch-Talmudischen, besonders des Idioms der babylonischen Gemara, für Erkenntniss des assyrischen Sprachschatzes zur Geltung: der achte Excurs dieses ersten Heftes zeigt, dass noch zur Sassanidenzeit sich im Munde der Talmudlehrer im ʿIrâk mancherlei altassyrisches Sprachgut forterbte. Ich darf mich glücklich schätzen, einen Semitisten zum Vater zu haben, welcher mir den Zugang zu diesem nur Wenigen zugänglichen und doch für die Assyriologie überraschend ergiebigen Schriftthum zu erschliessen im Stande war.

Im Anschluss an die mustergültigen Arbeiten SCHRADER's werden auch diese assyrischen Studien dergestalt abgefasst sein, dass sie durchgängige Controle gestatten. Es ist darum nicht nur auf genaue Angabe der Belegstellen hohes Gewicht gelegt, sondern die zu besprechenden Syllabare werden wie in diesem ersten Heft so auch fernerhin in Transcription und mit Verzeichnung der etwa möglichen anderen Lesungen vollständig wiedergegeben werden. Dass gar manche der vorgetragenen Worterklärungen durch bessere zu ersetzen sein werden, versteht sich von selbst; denn Einer mag Manches und sogar Vieles, aber er kann nicht Alles erkennen. Nur verzichte man aus einzelnen nicht stichhaltigen etymologischen Deutungen Kapital gegen die assyriologischen Forschungen überhaupt zu schlagen. Seit Schrader die wissenschaftliche That vollbracht hat, die Assyriologie in Deutschland einzubürgern, wo der Hannoveraner Grotefend die Entzifferung der Keilschrift bahnbrechend begründet hat, ist es jedem, der die erforderliche Willensstärke besitzt, leichter als je gemacht, diesem vor andern fruchtbaren Forschungsgebiete seine Thätigkeit zuzuwenden. Zu eigener Hebung der in den Trümmerstätten Babel's und Ninive's versunkenen Schätze scheinen wir Deutsche ohnedem nicht berufen zu sein; sollten wir auch auf ihre wissenschaftliche Durchforschung und Verwerthung, zu welcher wir uns doch sicher als nicht in zweiter Linie berufen ansehen dürfen, verzichten? — Möchten denn diese Studien nicht unwürdig befunden werden des Namens, den sie als zweiten an ihrer Spitze tragen, nicht unwürdig des Meisters der Assyriologie, in dessen Schule ich den Grund zu meinen assyrischen Studien gelegt und in dessen Gemeinschaft die entflammte Begeisterung dafür immer neue Anfachung gefunden!

Leipzig, im September 1874.

F. D.

Inhalt.

	Seite.
I. Einleitendes	3— 28
II. Text und Erklärung der assyrischen Thiernamenlisten	29—144
1. Namen vierfüssiger Thiere . . .	31— 61
2. Namen von Insecten und Fischen .	62— 90
3. Namen von Vögeln	91—118
Nachträge	119—120
Excurse	120—144
III. Assyrisches und akkadisches Glossar . . .	145—188
1. Assyrisches Glossar . .	147—172
2. Akkadisches Glossar	173—188
Verzeichniss der Abkürzungen und Berichtigungen	189—190

I.

Einleitendes

über Beschaffenheit und Erklärungsmethode der assyrischen Syllabare,

besonders der Thiernamenlisten.

Mit der vorliegenden Abhandlung beginnen wir eine Reihe kleinerer assyriologischer Untersuchungen, welche sich vorzugsweise mit dem zweiten Bande des von Sir HENRY RAWLINSON herausgegebenen grossen Inschriftenwerkes[1] beschäftigen werden. Ausser mancherlei theils ideographisch theils syllabisch geschriebenen Verzeichnissen von Götternamen und Göttertiteln, Sternen, Tempeln, tributpflichtigen Ländern und Städten, Aemtern und andern Dingen enthält dieser zweite Band jene durch ihre Einzigartigkeit schnell berühmt gewordenen „Syllabare“, welche nicht nur für die Entzifferung der übrigen akkadischen[2] und babylonisch-assyrischen Denkmäler

---

[1]) *The cuneiform inscriptions of Western Asia*, Vol. I, London 1861; II, 1866; III, 1870. Die beiden ersten Bände sind veröffentlicht unter Mitwirkung von Edwin Norris, der dritte unter Mitwirkung von George Smith. Der Veröffentlichung des zum Theil schon vollendeten IV. Bandes sieht man mit Ungeduld entgegen.

[2]) Die Richtigkeit dieser von Hincks aufgebrachten und von Sir Henry Rawlinson, Norris, Sayce, Finzi und andern angenommenen Benennung jenes vorsemitischen, vielleicht turanischen d. i. ural-altaischen Volks und Idioms ist durch François Lenormant in seinen *Études accadiennes* I, 3, pag. 59—93 scharfsinnig und überzeugend dargethan worden. Auch Schrader hat sich dieser Bezeichnung jetzt angeschlossen, indem er zugleich (Jenaer Literaturzeitung 1874 Nr. 14 S. 200) die von Lenormant für minder beweiskräftig gehaltene, weil irrig gedeutete Stelle II R. 36 Nr. 1 Rev. 12 (vgl. III R. 55 Nr. 2, 12) durch richtige Interpretation zu einem die Frage entscheidenden Zeugniss erhoben hat. Es heisst hier nämlich in der Unterschrift eines Thontäfelchens, dass es abgefasst sei „in Uebereinstimmung mit den alten Tafeln und Ueberlieferungen *gab-ri Assur u Akkad*“; diese letzteren Worte sind nicht genitivisch zu fassen: „der Helden von Assur und Akkad“ (Lenorm., *E. A.* I, 3, pag. 63), sondern vielmehr appositionell, so dass zu übersetzen ist: „in Uebereinstimmung mit den alten Tafeln, nämlich den Parallelcolumnen von Assur und Akkad“, oder, wie wir sagen würden, „den assyrisch-akkadischen Wörter-

unentbehrlich sind, sondern auch der turanischen und semitischen Sprachwissenschaft im Allgemeinen sowie der Paläographie und Culturgeschichte reichste Ausbeute gewähren.

Der Name „Syllabare“ ist zu unbestimmt, um an sich schon ein deutliches Bild zu geben. Man hat sich gewöhnt, mit diesem Namen jene zuerst von AUSTIN HENRY LAYARD zu Ninive unter den Trümmern des Palastes des assyrischen Königs Asurbanibal aufgefundenen Thontäfelchen zu bezeichnen, welche bestimmt waren, dem richtigen Verständniss sowohl der von dem akkadischen Urvolk erfundenen und von dem assyrischen Volke angeeigneten Schriftzeichen als auch der von jenem Volke gesprochenen nichtsemitischen Sprache zu Hülfe zu kommen. Ihr Inhalt ist demgemäss graphischer und lexikal-grammatischer Natur. Sie zählen die mannigfachen Bedeutungen und Sylbenwerthe auf, welche sich für das turanische und für das semitische Volk mit den verschiedenen ideographischen Zeichen verknüpften; sie bieten eine grosse Anzahl akkadischer und ihnen entsprechender assyrischer Wörter in freier, nicht selten aber auch in etymologischer d. h. Wörter gleicher Abstammung zusammenordnender Registrirung; sie geben übersichtliche Verzeichnisse sachverwandter, gleichem Bereich der Begriffs- oder Naturwelt angehöriger Namen: Listen von Zeit- und Raumverhältnissen, Städten und Flüssen, Maßen und Gewichten, Werkzeugen, Schiffstheilen, Thieren, Pflanzen und Steinen; sie veranschaulichen endlich durch Nebeneinanderstellung von Verbal- und Nominalformen, von Pronominalsuffixen, ja ganzen Sätzen den

büchern“. Das assyr. *gab-ri* hat, wie Schrader mit Recht hervorhebt, nie und nirgends die Bedeutung des hebr. גְּבַר־, גִּבּוֹר־, sondern bedeutet überall „Nebenbuhler, Rival, Gegner“; unter den „widerpartigen Tafeln Assur's und Akkad's“ können aber nur die in Parallelcolumnen getheilten assyrisch-akkadischen Syllabare verstanden werden. Vgl. auch die interessante Unterschrift II R. 10, 25. welche zeigt, dass man, mit Verwischung der ursprünglichen Bedeutung des Wortes, die Syllabare geradezu *gab-ri Assur* „assyrische Wörterbücher“ nannte. Uebrigens ist statt *gab-ri* (Oppert, Schrader) vielleicht correcter *GAB. RI* zu schreiben, da das Wort, wie es scheint, durch Tigl. Pil. I, 57. Sarg. Cyl. 8. II R. 27, 44 g. h (vgl. 62, 41 g. h) als ein akkadisches erwiesen wird, dessen assyrische Aequivalente *ma-ḫi-ru* und *sa-ni-nu* sind. Das Nähere siehe in Excurs I.

verschiedenen grammatischen Bau jener beiden einst gleichzeitig an den Ufern des Euphrat und Tigris gesprochenen Sprachen.

Nach der Zahl der durch parallele Verticalstriche geschiedenen Columnen lassen sich drei- und zweispaltige Syllabare unterscheiden. Bei ersteren, den „Syllabaren" im engeren Sinn (II R. 1—4. III R. 70), enthält die mittlere Columne das zu erklärende ideographische Zeichen, die linke seine akkadische, die rechte seine assyrische Uebersetzung in einfacher syllabischer Schrift. So wird z. B. II R. 1, 143 das Ideogramm , in dessen hieratischer Gestalt  noch das ursprüngliche Bild einer Wage unschwer zu erkennen ist, links durch seinen akkadischen Lautwerth *LA.AL*, rechts durch assyr. *sa-ḳa-lu*[1] von *saḳal* = hebr. שָׁקַל „wägen" erläutert. Bei den zweispaltigen Syllabaren hingegen enthält die linke Columne das akkadische Wort, beziehungsweise Wortgefüge, die rechte seine semitische Uebersetzung. So lesen wir z. B. II R. 7, 25 g. h. links den akkadischen Namen des Fisches *ḤA* (die archaische Form des Ideogrammes, , lässt die Gestalt des Fisches noch klar erkennen), rechts dagegen das assyrische Wort für „Fisch", das bekannte semitische *nu-nu* (نون, נון). Ausser diesen beiden Hauptarten von Syllabaren gibt es noch eine dritte Classe, nämlich dreispaltige Wörterverzeichnisse, deren erste Columne die akkadischen Wörter enthält, während die zweite und dritte semitische Wörter gleicher Bedeutung aufweist. Dass wir in je zwei dergestalt neben einander gestellten assyrischen Benennungen Synonyma zu erblicken haben, zeigt sich schon daran, dass ihnen beiden im Akkadischen eben nur Ein Wort entspricht. Es geht aber auch unzweifelhaft daraus hervor, dass in den Fällen, in welchen das Assyrische über drei Synonyma verfügt und dem-

---

[1]) Die von uns befolgte Transcriptionsweise ist durchaus die aus den Schriften Oppert's, Schrader's und anderer Assyriologen zur Genüge bekannte: die akkadischen Wörter sind durch Capitälschrift von den assyrischen unterschieden, die einzelnen Sylbenzeichen werden bei jenen durch Punkte, bei diesen durch kleine Horizontalstriche von einander getrennt.

zufolge ihrer drei in der zweiten und dritten Columne aufgeführt sind, das erste und zweite, mitunter auch alle drei Synonyma durch zwei schräge Keile, welche nach Form wie Zweck mit unsern Gleichheitsstrichen übereinkommen, verbunden sind.

Es war der Sohn und Nachfolger Asarhaddon's, der assyrische König Asurbanibal (667—626), welcher diese unschätzbaren Syllabare theils neu abfassen theils von alten, zuweilen schon unleserlich gewordenen Exemplaren abschreiben und in der Bibliothek seines Palastes aufstellen liess. Wir erfahren dies durch die bald kürzeren bald längeren Unterschriften, mit welchen ein grosser Theil jener Thontäfelchen versehen ist. Die kürzeren (z. B. II R. 24, 29) lauten: *Kisidti Asur-bani-habal sar kissati sar Assur* d. i. „Eigenthum Asurbanibal's, des Königs der Völker, des Königs von Assur". Zum Wortverständniss siehe ABK, 15. Als Beispiel für die längeren diene II R. 21, 26—34 [mit den Parallelstellen II R. 23. 27. 33. 38. 42. 51]:

1. *'Ikal Asur-bani-habal ṣar kissati sar Assur* 2. *sa Nabu* [23. 27. 38. 51: *u*] *Tas-mí-tuv uznâ rapas-tu is-ru-ku-su* [23. 27. 33: *is-ru-ku-us*] 3. *i-ḫu-zu* [23. 38. 51: *i-ḫu-uz-zu*] *inâ na-mir-tu* [23: *na-mir-tav*; 51: *BIR-tuv* = *namir-tuv*] *ni-śik dub-śar-ru-ti* [23: *dub-śar-u-ti*; 38: *NAM. DUB. ŚAR*] 4. *sa ina sarra-ni a-lik maḫ-ri-ja* [42: *SI-ja* = *maḫri-ja*] 5. *nin-mí-ru su-a-tu la i-ḫu-uz-zu* [38: *TUK-zu* = *iḫuz-zu*] 6. *ni-mí-ki* [23. 33. 51: *ni-mí-ik*] *Nabu ti-kip śa-an-tak-ki ma-la ba-as-mu* [23: *ba-as-mí*] 7. *ina duppani* [42: *dup-pa-ni*] *as-ṭur aś-nik ab-ri-' i-va* 8. *a-na ta-mar-ti si-ta-aś-śi-ja* [42: *si-taś-śi-ja*] 9. *ki-rib hikal-ja u-kin.*

„1. Palast Asurbanibal's, des Königs der Völker, des Königs von Assur, 2. welchem Nebo und Tasmit offene Ohren verliehen, 3. welcher erleuchtete Augen empfing, einzuführen die Beschreibung von Tafeln. 4. Jene, die da lebten zur Zeit der Könige vor mir, 5. besassen ein solches Lehrmittel nicht. 6. Die unausforschliche Weisheit Nebo's, eine lange Reihe in Spalten geordneter Wörter (?), eine Fülle von Wohldüften 7. schrieb ich auf Tafeln, formte und glättete (?) diese 8. und stellte sie als Geschenk meiner Stiftung in meinem Palaste auf."

Erläuterung: Z. 2. *Tas-mi-tuv* „Göttin der Erhörung"; ihr Name findet sich auch II R. 48, 39b. In der Unterschrift II R. 43, 39 lesen wir statt Nabu und Tasmit die beiden Götternamen Samas und Bin, anderwärts auch Samas und Asur (*E. A.* I, 3, 61). Z. 3. *i-ḫu-zu* ist nicht von einer W. חז „spalten, öffnen, eröffnen" herzuleiten (Lenormant, Schrader), sondern ist einfach die 3. Pers. Sing. Imperf. von אָחַז, أَخَذَ (يَأْخُذُ) „ergreifen, in Besitz (אֲחֻזָּה) nehmen, festhalten, besitzen"; von demselben Stamme lesen wir das Shafel *u-sa-ḫi-zu-su* „sie gaben ihm in Besitz", „sie verliehen ihm" (II R. 43, 39), synonym *is-ru-ku-su* „sie gewährten ihm" (Z. 2) und *id-di-nu-su* „sie gaben ihm" (*E. A.* I, 3, 61). Die Richtigkeit dieser Erklärung von *i-ḫu-zu* wird über allen Zweifel erhoben durch die zu dem Plural *i-ḫu-uz-zu* (Z. 5) sich findende Variante *TUK-zu*. Das akkad. *TUK* bedeutet nämlich stets „haben, besitzen" und hat entweder (II R. 9, 29 c. d. 62, 49 a. b) *i-su* = hebr. יֵשׁ „Substanz, Sein, Besitz" (*NU. UN. TUK* = *la-a i-su* = لَيْسَ) oder, wie unsere Stelle lehrt (*zu* ist phonetisches Complement), *aḫaz* = hebr. אָחַז zu seinen assyrischen Aequivalenten. — *namar* ist im Assyrischen das gewöhnliche Wort für „sehen", urspr. „hell sein, glänzen" (vgl. arab. نَمِرَ „hell, klar", vom Wasser); davon *nin-mi-ru* (Z. 5) „Aufklärung, Belehrung" sowie das aus den historischen Inschriften bekannte *ta-mar-ti* (Z. 8) „Schaustück, Geschenk" (vgl. hebr. מַשְׂכִּית, שְׂכִיָּה). Zu akkad. *BIR* = assyr. *namar* siehe auch Lenormant, *E. A.* I, 3, 47. — *ni-śik* von נָסַךְ „hingiessen", dann „hinstellen, bestellen" (gleiche Bedeutungsentwicklung wie in hebr. יָצַק, יָצַג), ganz so gebraucht wie Spr. 8, 23; siehe Franz Delitzsch zu d. St. und Ps. 2, 6. Ueber ein anderes assyr. *naśak* = hebr. נָסַךְ „decken, schirmen" siehe Schrader in der DMZ, XXVIII, 128. — *dub-śar-ru-ti* ist ein aus dem urspr. akkadischen, dann in das Assyrische übergegangenen *dub-śar* „Schreibtafel" gebildetes Nomen abstractum auf *ût*: *DUB* (II R. 24 Nr. 3, 43) oder *DUBBA* (II R. 1, 114) ist der aus dem Assyrischen in das Akkadische eingedrungene Name der Tafel, assyr. *dup-pu*[1] (z. B. II R. 43, 36. 42) = aram. דַּף, דַּפָּא „Bret, Tafel"

---

[1]) Ein anderer assyrischer Name der Tafel ist *la-vu-u* (nicht *la-mu-u*, wie Norris und andere schreiben); er entspricht dem gemeinsemitischen Worte für

(Oppert, Schrader, Lenormant schreiben *dippu*, eine seltnere, so viel wir wissen, nur durch Beh. 102 sicher zu belegende Nebenform von *duppu*); *ŚAR* hingegen wird III R. 70, 78 durch *sa-ṭa-ru* = arab. سَطَرَ, hebr. שְׂטַר „schreiben" erklärt. *DUB. ŚAR* bed. somit „Schreibtafel", *NAM. DUB. ŚAR* (siehe über diese Bildung Excurs II) und das ihm entsprechende assyr. *dub-śar-ru-ti* „Tafelschreibung". Zu der Schreibweise *dub-śar-u-ti*, welche der sonst im Assyrischen gebräuchlichen Sylbentheilung zuwiderläuft und hauptsächlich bei mit *r* schliessenden Sylben sich findet, vgl. *mu-sar-u* „Zeile" (Asarh. VI, 67) neben *mu-sa-ru-u* (ibid. Z. 64 u. ö.) sowie ABK, 87. Z. 4. Wegen des auf den Plural *śarrani* folgenden Singulars *a-lik* siehe ABK, 302 f. Z. 6. *ni-mi-ki* „Tiefe", dann „geheime, unerforschliche Weisheit", hebr. עָמַק „tief sein" (Ps. 92, 6). — Die Bed. der Worte *ti-kip śa-an-tak-ki* ist auf Grund dieser einzigen Stelle nicht mit Sicherheit zu ermitteln. Für *ti-kip* bietet sich entweder targumisch-talmud. תְּכַף „verknüpfen, unmittelbar folgen lassen", wovon תְּכִיפָה „unmittelbare Folge", תֵּכֶף „continuo", oder aram. תְּקִיף „stark, mächtig sein" (*tikip* vielleicht im Sinne des lat. vis, potestas zu nehmen) zur Vergleichung dar; für *śa-an-tak-ki* (Quadriliterum סנתך) aber vermuthen wir Verwandtschaft mit targumisch-talmud. סַתֵּק (סְדַק) „spalten", so dass *śantakku* „Spalte, Columne" bedeuten würde. — *ma-lu* ist „Fülle", bekannt aus der häufigen Redensart *ma-la-ba-su* „so viele ihrer waren" (siehe ABK, 260 f.); *ba-as-mu* ist = hebr. בֶּשֶׂם „Wohlgeruch, Spezerei", hier allgemein von „lieblichen, angenehmen, nützlichen Dingen". Ueber assyr. *ba-sa-mu* = hebr. בָּשָׂם „Balsam" siehe Excurs III. Das *mu* in *ba-as-mu* ideographisch = *sumu* „Name" zu fassen (ABK, 213), verbietet die Variante *bu-as-mi*. Z. 7. Die Bedeutung des zweiten Verbums, mag man nun *az-nik* (Lenorm.) oder *aś-nik* oder *aṣ-nik* lesen, ist jedenfalls die des „Einengens,

---

„Tafel", arab. لَوْحٌ, äth. ልውሕ:, hebr., aram. לוּחַ. Von der graphischen Eigenthümlichkeit der akkadisch-assyrischen Keilschrift, die beiden Labiale *m* und *v* durch Ein gemeinsames Zeichen wiederzugeben, wird weiterhin noch die Rede sein; dessgleichen von der im Assyrischen häufigen Verflüchtigung des unpunktirten arab. ح und des ihm entsprechenden ח der nordsemitischen Dialekte.

Pressens"; vgl. arab. زَنَقَ „zusammenziehen, binden, knapp halten", syr. ܥܨܘܿܢ „bedürftig sein" (eig. „in der Klemme sein"), arab. ضَنُكَ „eng sein", hebr. צִינֹק „Gefängniss". Wir schreiben *aś-nik* mit ס, weil dieses Verbum im Assyrischen auch sonst belegbar ist; vgl. *śu-un-ḳu bu-bu-ti*[1] „Mangel an Nahrungsmitteln" Asurn. II, 7, ganz so gebraucht wie syr. ܥܨܘܿܢ „bedürftig sein", talm. סִינּוּק „Enge, Spärlichkeit" (Pesachim 3 b. Schabbath 67 a). Vielleicht ist zu übersetzen: „ich brachte auf einen engen Raum zusammen" (nämlich die Fülle von Wohldüften etc.), so dass wir das Verbum auf die enge, minutiöse Schreibweise der Syllabare zu beziehen hätten. Schrader (ABK, 15. 213) liest *aś-ruṭ* „ich bezeichnete" (arab. شَرَطَ), doch scheint diese Lesung graphisch nicht gerechtfertigt werden zu können. — *Ab-ri-'i* wird besser vom „Eingraben" der Schriftzeichen (W. בר) zu verstehen sein, da das entsprechende akkad. *SI. GAN* (II R. 36 Nr. 1 Rev. 26. 35, 52 u. ö.) anderwärts (II R. 62, 9 g. h) durch *ḫa-a-ru* = hebr. חור „aushöhlen, eingraben" erklärt wird. Z. 8. *si-ta-aś-śi.* Die von Oppert aufgebrachte Uebersetzung „Unterthanen" (vgl. arab. سَاسَ „regieren", سِيَاسَة „Regierung") lässt sich nicht halten: auch abgesehen von der bei der Annahme dieser Wurzel unerklärlich bleibenden Nominalform, scheitert sie an dem anlautenden *s* (hebr. שׂ); man erwartete wenigstens *śitaśśi* mit *ś* (hebr. ס), wie es in assyr. *śa-iś* = arab. سَائِس (II R. 31, 65—67 c; siehe Excurs IV) auch wirklich vorliegt. Wir nehmen das Wort im Sinne von „Fundation, Stiftung". Mag auch das syrisch-targumische ܫܶܬܳܐܣܳܐ „Grund, Fundament" mit Amira (siehe Bernstein, DMZ, IX, 872) für ein Com-

[1]) Die Bedeutung dieses Wortes ist gesichert; II R. 43, 12 d. e. wird *bu-bu-'-tuv* durch *ṭi-im-tuv* „Speise, Nahrungsmittel" (vgl. arab. طُعْم, hebr. טַעַם) erläutert. Siehe auch Schrader, Höllenfahrt der Istar, S. 26. Eine etymologische Deutung des Wortes ist schwer. Vielleicht liegt ihm die reduplicirte W. בּוֹא, wovon תְּבוּאָה „Erzeugniss, Ertrag", zu Grunde. Derartige aus der verdoppelten Wurzel gebildete Nominalformen sind im Assyrischen häufig.

positum aus ܫܬܐ und ܐܣܬܐ gehalten werden müssen und darum nicht zu vergleichen sein, so bleibt es dennoch unbedenklich, neben den auf die gemeinsame W. שח „stellen, setzen“ zurückzuführenden Stämmen שחל, שחם, שחק auch einen Stamm שחם mit der Bed. „gründen“ anzusetzen.

Ausser diesen Namensunterschriften des Königs Asurbanibal weist ein grosser Theil der assyrischen Thontäfelchen noch eine andere Markirung auf, welche zeigt, dass die Königliche Bibliothek bis ins Einzelnste wohlgeordnet war. Mehrere Syllabare zusammen wurden nämlich, so zu sagen, zu Serien vereinigt, diese Serien nach den Anfangsworten ihrer ersten Täfelchen benannt und die einzelnen Syllabare ausser mit den betreffenden Anfangsworten ihrer Serie noch mit einer fortlaufenden Nummer bezeichnet. So lesen wir z. B. II R. 11, 75 die Unterschrift: *Duppu I KAM. KI. KI. KAL. BI. KU = a-na it-ti-su*, in Uebereinstimmung mit den Worten der ersten Zeile des Täfelchens (11, 1): *KI. KI. KAL. BI. KU = a-na it-ti-su*, und dieselben Worte lesen wir auch am Schluss des VII. Täfelchens (10, 24). Ebenso geben sich die Syllabare II, III und VI (II R. 24, 27. 22, 40. 51, 52) durch die ihren Nummern gleicherweise folgenden Worte: *ḪAR. GUT = im-ru-u = bal-lu (bal-lu')* als zu Einer Serie, nämlich zu einer Reihe von Synonymenlisten, gehörig. Für die nähere Erklärung dieser beiden Serienüberschriften verweisen wir auf Excurs V und VI. Das der Ziffer folgende, zur Bezeichnung der Ordinalzahl dienende zusammengesetzte Sylbenzeichen ist auf ninivitischen Inschriften ein anderes als das babylonische, aus der Behistuninschrift (15. 36. 46 u. ö.) bekannte *KAM*; jenes hat vielmehr ursprünglich den Lautwerth *KAN* mit schliessendem dentalen Nasal. Indess beweist das dem *KAN* öfters, z. B. II R. 24, 27, folgende *MA*, dass die Aussprache des Schlussnasals schon sehr frühe zu *KAM* hinneigte, wesshalb wir auch geradezu *KAM* transcribiren (vgl. Lenormant, *E. A.* I, 1, 84 f.). *KAM. MA* verhält sich zu *KAM* wie *AD. DA* „Vater“ (assyr. *a-bu* II R. 32, 58 c) zu *AD* (II R. 1, 92); *BA. AB. BAR* „Aufgang“ (assyr. *a-ṣu-u* II R. 39, 14 e. f) zu *BA. AB. BAR. RA* „Sonnenaufgang“ (assyr. *ṣi-it sam-si* II R. 39,

17 e. f); *GU. LA* aus und neben *GAL. LA* „gross" (assyr. *rab-u* II R. 13, 28 c. d) zu *GAL* (assyr. *ra-bu-u* II R. 1, 123); *TUR. RA* „klein" (assyr. *ṣi-iḫ-ru* II R. 13, 29 c. d) zu *TUR* (assyr. *ṣa-aḫ-ruv* II R. 48, 20 a. b). Zu dieser sehr gebräuchlichen akkadischen Nominalverlängerung mit determinirender, individualisirender Bedeutung siehe Lenormant, *E. A.* I, 1, 68 ff.

* * *

Die specielle Aufgabe nun, welche wir uns für diese Abhandlung gestellt haben, betrifft die in dem zweiten Bande des Londoner Inschriftenwerkes veröffentlichten assyrischen Thiernamenlisten. Sie füllen daselbst das ganze V. und VI. Blatt, ein Viertel des XXIV. (Nr. 1 Rev.) und den grösseren Theil des XXXVII. Blattes (Nr. 1 Obv. Rev. Nr. 2 Obv.); kleinere Fragmente finden sich ausserdem am Ende des XXXI. (Nr. 4, 75—96), sowie in der Mitte des XL. Blattes (Rev. 23—37). Es sind sechs verschiedene Verzeichnisse, welche uns hier in grösseren oder kleineren Bruchstücken vorliegen. Die Verzeichnisse V und VI — so werden wir sie fortan kurz benennen — bilden Ein zusammenhängendes Ganze: Seite VI gibt die Vorderseite, Seite V die Rückseite ein und derselben Thontafel wieder. Dieses Syllabar ist zweispaltig. Auf Seite XXXVII sind zwei hier in Betracht kommende Täfelchen mitgetheilt: das eine, XXXVII A, enthält auf Vorder- wie Rückseite Thiernamen, das andere, XXXVII B, welches theilweise lediglich eine Wiederholung des ersteren ist, enthält deren nur auf der Vorderseite. Diese Syllabare sind dreispaltig und zwar dreispaltige Synonymenlisten. Dreispaltig sind endlich auch das Verzeichniss XXIV, gewissermassen ein Auszug aus V und VI, sowie die Fragmente XXXI und XL, welche, obwohl grösstentheils gleichlautend mit V. XXIV und XXXVII B, doch einzelne sehr schätzbare Varianten bieten.

In ihrer äusseren Beschaffenheit theilen die genannten Thiernamenlisten insofern das Loos der meisten übrigen Syllabare, als sie zum Theil sehr stark beschädigt sind. Namentlich haben die linken Columnen, welche die akkadischen Wörter enthalten, erheblich gelitten: bei den Verzeichnissen V und VI sind sie zur Hälfte weggebrochen, bei dem VI. überdies auch Theile der rechten, semitischen Columnen. Im übrigen verdanken wir es einem glücklichen Zufall, dass der assyrisch-semitische Text dieser Thontafel vor grösseren Beschädigungen bewahrt worden ist. Das gleiche gilt von den beiden Verzeichnissen XXXVII A und B: die assyrischen Synonyma sind hier nahezu unversehrt erhalten, dagegen freilich die akkadischen Namen leider grösstentheils verletzt. Verhältnissmässig am vollständigsten ist uns die Liste XXIV überkommen: zu bedauern ist nur, dass gerade bei einigen sehr schwer zu erklärenden assyrischen Thiernamen die dritte, die Synonyma enthaltende Columne theilweise oder gänzlich abgebrochen ist. Indessen steht zu hoffen, dass fortgesetzte Nachforschungen und Entdeckungen auch die Ergänzungen dieser schadhaften Stellen zu Tage fördern werden.

Aber, wird man sagen, wir lesen hier immer von „Thiernamenlisten“, von „Verzeichnissen assyrischer Thiernamen“; ist es denn so sicher, dass all diese Syllabare gerade Thiernamen enthalten? Können sie denn nicht, wenn auch nicht von Steinen und Pflanzen, so doch von irgend welchen andern Gegenständen handeln? Oder weisen etwa assyrische Ueberschriften ausdrücklich auf Thiernamen hin? — Letzteres allerdings nicht. Die einzige noch dazu sehr fragmentarisch erhaltene Ueberschrift, welche wir zu Anfang des Verzeichnisses XXXVII A lesen, enthält sicherlich nicht sowohl eine Inhaltsangabe, als sie vielmehr die Tafel dem mächtigen Schutz der grossen Götter anheimzustellen scheint. Allein wir bedürfen auch gar nicht solcher ausdrücklicher Inhaltsangaben. Die Verzeichnisse XXXVII A und B wenigstens geben sich durch das sämtlichen akkadischen Namen ausnahmslos beigefügte *ḤU* d. i. assyr. *iṣṣur* „Vogel“ (arab. عُصْفُور, hebr. צִפּוֹר) unzweifelhaft als Verzeichnisse assyrischer Vogelnamen. Dass wir ferner in den Namen der Liste VI Thiere und zwar vierfüssige Thiere zu erkennen haben, lehrt ein Blick auf Z. 1 b: *kir-ru*, 13 b: *kal-bu*, 1 d: *zi-i-bu*, 19d: *du-bu-u*, in welchen Wörtern jeder der semitischen Sprachen auch nur einigermassen Kundige sofort die Namen des „Lammes“ (hebr. כַּר), „Hundes“ (כֶּלֶב), „Wolfes“ (זְאֵב) und „Bären“ (דֹּב) erkennt. Enthält aber die Vorderseite der Tafel

Thiernamen, so wird voraussichtlich auch die Rückseite deren bieten, und diese Erwartung bestätigt sich bei näherem Zusehen durchaus. Wie wir dort Namen vierfüssiger Thiere lesen, so treten uns hier Namen von Insekten, Reptilien und Fischen entgegen: man blicke nur an das Ende der Liste, wo uns Z. 40 und 41 d. die beiden assyrischen Namen der „Motte“, *a-sa-su* und *ša-a-šu*, begegnen, in denkbar schönstem Einklang mit den aus den andern semitischen Dialekten wohlbekannten Motten-Namen: עָשׁ und סָס. Auf der Liste XXIV endlich begegnen wir zum Theil denselben Wörtern wie auf Tafel V und VI, dessgleichen auf den kleinen Fragmenten XXXI und XL denselben wie auf V. XXIV und XXXVII B: man darf hieraus sicher schliessen, dass auch in den übrigen Wörtern Thiernamen enthalten seien, dies um so sicherer, als sehr oft ihre akkadischen Aequivalente mit denen der bereits bekannten Wörter hinsichtlich der Determinative übereinstimmen.

Für eingehendere Deutung und Erklärung dieser in hohem Grade interessanten Syllabare ist bisher nicht allzu viel geschehen. Wenige vereinzelte Bemerkungen abgerechnet, welche Oppert, Lenormant und andere mit Bezugnahme auf jene Verzeichnisse gelegentlich ausgesprochen haben, sowie abgesehen von einigen Notizen, welche Talbot im *J. R. A. S.* III, 1868, pag. 6 ff. zum Verständniss der Vogelnamen-Listen gibt, hat Joachim Ménant in seinem *Syllabaire Assyrien* II, 399 ff. und anderwärts die Thiernamen des VI. Blattes kurz und, wie wir meinen, nicht mit sonderlichem Glücke besprochen, während er zu den Listen der Vogelnamen einfach bemerkt: „*Il est malheureusement difficile d'identifier ces noms d'oiseaux avec leurs noms modernes. Nous ne lisons peut-être sûrement que le nom suivant:* 'i-ru-u, na-as-ru *l'aigle*, *hebr.* נֶשֶׁר“ (a. a. O. pag. 406). Ganz neuerdings hat Eberhard Schrader, nachdem er bereits in seiner Schrift: Die Keilinschriften und das alte Testament, S. 60—62, gelegentlich eines Excurses über assyrische Thiernamen jener Vogelnamen-Listen anmerkungsweise Erwähnung gethan, in dem XXVII. Hefte der Deutschen Morgenländischen Zeitschrift (S. 706—709; vgl. XXVIII, 152f.) das Verzeichniss VI eingehender besprochen und schätzbare Beiträge zu seinem Verständniss gegeben.

Wir kommen nunmehr zur Methode der Entzifferung und Erklärung der von uns zu behandelnden Syllabare. Betreffs ersterer können wir uns kurz fassen. Denn es versteht sich von selbst, dass wir in der Entzifferung oder, was dasselbe ist, im Lesen keinen andern Weg einschlagen können, als den, welchen GROTEFEND's genialer Blick entdeckt, HINCKS, RAWLINSON, OPPERT und andere ausgezeichnete Assyriologen gebahnt, und SCHRADER's treffliche Arbeiten den deutschen Semitisten nun vollends geebnet haben. Wer diesen Weg einmal ernstlich erprobt hat, gewinnt bald die feste, von Tag zu Tag sich befestigende Ueberzeugung, dass er der richtige, allein zum Ziele führende ist. Nachdem überdies durch MÉNANT's *Syllabaire* die Lautwerthe der einfachen sowie der meisten zusammengesetzten assyrisch-babylonischen Schriftzeichen sicher erwiesen sind und nun ein jeder von der unerschütterlichen Grundlage, auf welcher die Entzifferung der assyrisch-babylonischen Denkmäler beruht, unschwer sich selbst zu überzeugen in den Stand gesetzt ist, haben wir nicht nöthig erst die Richtigkeit der Methode, wie wir die Thiernamenlisten gelesen und demgemäss transcribirt haben, zu erweisen. Können bei der Polyphonie der assyrischen Schriftzeichen einzelne Namen verschieden gelesen werden, so haben wir in zweifelhaften Fällen die andern möglichen Lautwerthe in Anmerkungen beigefügt.

Zu dem richtigen Lesen muss aber die richtige Deutung der einzelnen Thiernamen hinzukommen, ihre genaue Bestimmung gemäss der Nomenclatur unserer modernen Zoologie oder, wo dies nicht mehr möglich, wenigstens ihre Einordnung in die verschiedenen Thierclassen und Thierordnungen. Hierzu ist vor allem nothwendig, dass wir uns in den übrigen semitischen Dialekten nach Thiernamen umsehen, welche sowohl nach Laut wie Bedeutung mit den betreffenden assyrischen Wörtern verglichen werden können. Die lautliche Uebereinstimmung stellen wir als Hauptforderung voran; denn auf einem so schlüpfrigen Gebiete wie diesem, auf welchem der assyrische Wortschatz sich nicht mit „philologischer Nothwendigkeit" durch das Assyrische selbst erläutert, sondern vorwiegend, nicht selten ausschliesslich aus den semitischen Schwestersprachen zu erklären ist, steht ohne die strengste Beobachtung der assyrisch-semitischen Lautgesetze einer unabsehbaren Schaar luftiger Vermuthungen Thür und Thor offen. Wir geben desshalb zunächst in gedrängter Darstellung einen Ueberblick über die Gesetze des regelmässigen assyrisch-semitischen Lautwandels.

a) Hauchlaute. Dem א und ה der übrigen semitischen Dialekte entspricht im Wortanlaut kein besonderes assyrisches Schriftzeichen: vgl. *a-bu* „Vater“ = אָב, *i-lu* „Gott“ = אֵל, *u-ru-uḫ* „Weg“ (Khors. 110) = אֹרַח; *a-la-ku* „Zug“ (gesprochen vielleicht *ha-la-ku*) von *ha-lak* = הָלַךְ. Am Ende einer Sylbe sowie zwischen zwei Vocalen dient häufig der sog. Sylbenschliesser 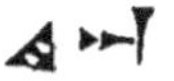 zur Bezeichnung des spiritus lenis und asper, woraus hervorgeht, dass in der lebenden Sprache beide Hauchlaute ursprünglich wohl gehört wurden, mögen sie auch allmählich immer mehr abgeschwächt und schliesslich ganz verflüchtigt worden sein. So lesen wir *sa-'-al* „flehen, bitten“ (Khors. 111), Inf. von *sa'al* = שָׁאַל; *tu-'-a-mi* „doppelte“ (Khors. 162), von *ta'am* = תָּאַם; *na-'-id* „erhaben“ (Sarg. Cyl. 1), *na-'-di-is* Adverbium (siehe ABK, 288) „erhaben, feierlich“ (Khors. 174), *nu-'-u-du* „Höhe“ (II R. 35, 33. 34 b), sämtlich von *nahad* = arab. نَهَدَ „schwellen, sich erheben“.

Wie für diese schwächsten Hauchlaute, hat die assyrische, einem nichtsemitischen Volk entlehnte Schrift auch für das stärkere ע, wenigstens wenn es mit *a* oder *u* gesprochen wird, kein eigenes Zeichen: vgl. *a-di* „bis, samt“ = עַד; *u-la-ma-at* „ewige Zeiten“ (Sanh. Tayl. II, 46) ≐ mischnisch עוֹלָמוֹת „αἰῶνες“. Am Ende einer Sylbe sowie zwischen zwei Vocalen dient häufig der Sylbenschliesser zur Bezeichnung des ע: so in dem phönicischen Eigennamen *Ba-'-lu* (I R. 48 Nr. 1, 2) = בַּעַל; *ri-'-u* „Hirt, Fürst“ (II R. 2, 345), von *ra'â* = רָעָה „weiden“; *ra-'-a-bu* „Begierde, Sehnsucht“ (II R. 35, 33 f, syn. *um-mu-luv* und *ma-am-luv* „Hoffnung“) = arab. رَغَبَ (רָעַב). Doch vgl. *ra-a-du* „Donner, Gewitter“ (Bors. II, 1) = رَعْدٌ, *sa-a-ru* „Thor“ (Khors. 164) = שַׁעַר. Wird dagegen das ע mit dem *i*-Vocal gesprochen oder bildet es mit einem vorhergehenden *i* Eine Sylbe, so wählt die assyrische

Schrift statt des Zeichens  *i* meist  '*i*, welchem in der Sprache der Schrifterfinder der Vocal *e* entsprochen zu haben scheint: vgl. '*i-nu* „Auge“ (II R. 33, 65e) = עֵין; '*i-par* „Staub“ (Tigl. Pil. IV. Z. 27) = עֵפֶר; *bi-'i-li-it* „Herrin“ (Nebuk. Grot. II, 52), auch *bí-lit*[1] (II R. 66 Nr. 2, 1) geschrieben, Fem. von *bi-luv* „Herrscher“ (II R. 38, 66b) = בַּעַל; *ti-sí-'i* Gen. „Sieg“ (Tigl. Pil. I, 13), gleichen Stammes mit תְּשׁוּעָה (2. Sam. 23, 10. 12); '*i-zi-ba* d. i. אֶעֱזֹב „ich liess zurück“ (Khors. 115) von '*azab* = עָזַב. Wie nun aber einerseits dieses עִ ('*i*) zuweilen mit einfachem *i* geschrieben wird, z. B. *i-nuv* „Auge“ (II R. 30, 8d) neben '*i-nu*, so nehmen andrerseits auch א und ה, wenn sie mit dem *i*-Vocal gesprochen werden, an dieser graphischen Besonderung Theil: so lesen wir '*i-ri-nuv* „Ceder“ (Nebuk. Grot. III, 36) = אֶרֶן; *ri-'i-su* „Haupt, Spitze“ (Bors. I, 26) statt *ri-'-su* oder *ri-i-su* = ראשׁ; *na-sí-'i* Gen. „Darbringung“ (Khors. 90. 153) von נָשָׂא; '*i-ku-lu* d. i. יֶאֱכְלוּ „er aß“ (Asurb. Sm. 227, 68) von אָכַל; endlich '*i-kal-lu* „Palast“ (siehe Schrader, Höllenfahrt der Istar, S. 148) = הֵיכָל. Ja dieses '*i* wird sogar gleich dem einfachen *i* dazu verwendet, zusammen mit einem vorhergehenden *i* ein langes *î* zu bezeichnen, wie besonders im Plural männlicher Nomina, z. B. *kir-ḫi-'i* „Burgen“ (Khors. 126) = *kirḫî*, neben *kir-ḫi* (Khors. 134), Plur. von *kirḫu* (v. כָּרָה, vgl. כַּרְכָּא „Burg“)[2]. Dieser ihm eigenthümlichen Vorliebe für Abschwächung und Vereinerleiung der Hauchlaute ist das Assyrische jedoch in einigen Fällen entgegengetreten, indem es dem ursprünglichen ע durch Verdichtung in ח grössere Festigkeit und Beständigkeit ver-

---

[1]) Die durch einen Strich über dem *i* hervorgehobenen Sylbenzeichen *bí*, *ní*, *mí*, *sí*, *tí* wechseln zwar sehr oft unterschiedslos mit den für kurzes *bi*, *ni*, *mi*, *si*, *ti* gebräuchlichen, dienen jedoch eigentlich zur Bezeichnung solcher Sylben, welche auf ein langes, vorzugsweise auf ein aus kurzem *i* und nachfolgendem spiritus asper oder lenis entstandenes langes *î* auslauten.

[2]) Von geschlossenen Sylben werden עִשׁ '*is* (אִשׁ '*is*) und עִן '*in* (אִן '*in*) durch besondere Zeichen, nämlich  '*is*, *is* und  '*in*, *in* (siehe III R. 70, 98), wiedergegeben, im Unterschiede von  und 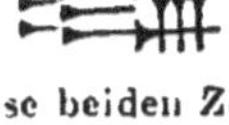, dem einfachen *is* und *in*. Alles über '*i* Gesagte findet auch auf diese beiden Zeichen Anwendung.

lich[1]: ein sicheres Beispiel dieses Lautwechsels bietet das bereits erwähnte, mit arab. صَغِيرٌ, hebr. צָעִיר „klein" zusammenfallende assyr. *ṣa-aḫ-ru, ṣi-iḫ-ru*[2] (II R. 46, 45b. 44f).

Das arabische punktirte خ, äth. ኀ sowie das ihnen entsprechende ח der nordsemitischen Dialekte ist im Assyrischen ausnahmslos durch *ḥ* vertreten: wir erinnern nur an *ḥi-iṭ-ṭu* „Sünde, Abfall" in seinem Verhältniss zu خَطِئَ, חָטָא „sündigen". Anders verhält es sich mit dem unpunktirten ح, äth. ሐ und dem ח gleichen Werthes. Zwar finden wir auch diesen schwächeren Hauchlaut in vielen Fällen durch assyr. *ḥ* wiedergegeben: vgl. *ḥu-pu-un-nu* „Handvoll, geringes Quantum" (II R. 22. 20c), arab. حُفْنَةٌ „Handvoll", حَفَنَ „jemandem wenig geben", hebr., aram. חֹפֶן „hohle Hand" (syn. *si-ḳi-nu* von *saḳan* = arab. شَقَنَ „zu wenig geben"; opp. *na-as-pa-ku* „reichliches Quantum" von *sapak* = שָׁפַךְ „ausgiessen" II R. 22, 22. 19c). Nicht minder häufig aber ist dieses ح dem gleichen Loos der Erweichung und Verflüchtigung verfallen, welches wir bei א, ה und ע zu constatiren hatten[3]. Diese Erweichung

---

[1]) Vgl. äth. ረኀበ: „hungern" gegenüber رَغِبَ, רָעֵב; mandäisch רקיהא „Firmament" = aram. רקיעא. Ueber den Wechsel von ع und ح im Arabischen siehe Wallin, DMZ, IX, 46.

[2]) Bei diesem Worte mag auch die Nothwendigkeit, es von *ṣi-ru* „hoch, erhaben" zu unterscheiden, mitgewirkt haben. Letzteres Wort combiniren wir nicht mit צוּר „Fels" (von seiner Dichtigkeit, Festigkeit, W. צר, so benannt), sondern einfach mit assyr. *ṣi-ru* „Rücken" (über die *gammali sa su-na-ai ṣi-ri-si-na* „die doppelhöckrigen weiblichen Kameele", Lay. 98, III, siehe Schrader, DMZ, XXIV, 436) und gleich diesem mit arab. ظَهَرَ „hervortreten", wovon ظَهْرٌ „Rücken", als der hervorstehende, hervorragende Körpertheil. Es lässt sich somit auf semitischem Sprachgebiet sehr wohl etymologisch begründen (gegen Nöldeke im Liter. Centralbl. 1874 Nr. 26 Col. 843).

[3]) Vgl. äth. ሒዮግ: „Lastthier", verwandt mit arab. حَدَجَ; mandäisch ן = חוּן u. a.; galiläisch *amar* = *ḥamâr* „Esel" und *ḥamar* „Wein" ebenso wie = *'amar* „Wolle" und *imar* „Lamm".

des unpunktirten ח ist eins der wichtigsten assyrisch-semitischen Lautgesetze: obwohl längst erkannt, ist es dennoch in dem ihm zukommenden Umfange bisher nicht geltend gemacht worden; eine ganze Reihe dunkel gebliebener Wörter erhält durch dieses Lautgesetz befriedigende Erklärung. Beispiele: *i-mí-ru* „Esel" (III R. 2 Nr. XX, 3. II R. 38, 30 h. 62, 66 h) = حِمَار, חֲמוֹר[1]; *i-ga-ra-a-tí* (*'i-lip-pi*) Plur. (II R. 62, 63h) „Seiten, Flanken" (des Schiffes) = arab. حَجَرَات, vom Singular حَجْرَة „Seite", z. B. حَجْرَتَا ٱلطَّرِيقِ „die beiden Seiten des Weges" (syn. *ṣi-li*, II R. 62, 62 h, „Rippe, Seite, Flanke" = צֵלָע; siehe über dieses Verzeichniss der Theile eines Schiffes Excurs VII); *ud-dis* (Asarh. III, 9) „ich erneuerte, stellte wieder her", Afel von *adas* = حَدَثَ, חָדַשׁ „neu sein"; — *ru-u-ḳu*, *ru-ḳu* „fern" = äth. ርሑቅ:, hebr. רָחוֹק; *ra-ma ni* „Inneres", dann „das Selbst" (*ra-ma-ni-su* „er selbst" Asurb. Sm. 16, 56), vgl. رَحِم, רֶחֶם; — *la-mu-u* „Tafel" = لَوْح, לוּחַ (s. oben S. 7f. Anm.); *patâ* „öffnen", wovon *ap-ti* „ich öffnete" (III R. 8, 81), *mu-pat-ti-tuv* und *nap-ti-tuv* „Schlüssel" (II R. 22, 2. 4 b) u. a., = فَتَحَ, פָּתַח; *laḳâ* „nehmen", wovon *il-ḳu-u* „sie nahmen" u. a., = לָקַח (لقح). Schliesslich sei noch darauf aufmerksam gemacht, dass ein dergestalt zum schwächsten Hauchlaut herabgesunkenes ח ganz so wie א und ה behandelt wird: wie אֹרֶן = *'i-ri-nuv*, so ist arab. حَقْل, äth. ሐቅል:, aram. חַקְלָא „Feld, Acker, Stück Land" = *'i-ki-il* (Norris I, 31), und wie *ri-'i-su* auf ראשׁ, so geht *ri-'i-mu* „Gnade" (Khors. 51) auf רָחַם zurück.

b) Kehllaute. Semitischem ג entspricht assyr. *g*: *gam-mal* „Kameel" = גָּמָל; *gim-ru*, *gi-mir*, „Gesammtheit" (Asurb. Sm. 169, 36), *ga-am-ru* „vollständig" (II R. 13, 50—53d), *ga-ma-ru* Inf. „vollenden, aufhören" (syn. *sa-ba-tu* „ruhen, feiern", vgl. שָׁבַת, II R. 25, 14 a. b), sämmtlich von *gamar* „sammeln,

[1]) Sayce, *Ass. Gr.*, pag. 10. 28, vergleicht dieses assyr. *imír* mit aram. אִמַּר „Lamm", eine durchaus unberechtigte Neuerung.

zusammenbringen, vollenden" = גָּמַר; — semitischem כ assyr. *k*: *kap-pu* „Hand" (Asurn. I, 117) = כַּף; *ku-uś-śu-u* „Thron" (II R. 46, 50 b) = כִּסֵּא, كُرْسِيّ; — semitischem ק sowohl assyr. *ḳ* als *k* (babyl. oft, assyr. zuweilen auch *g*): *ḳaḳ-ḳa-du* „Haupt" (II R. 46, 45 f) = קָדְקֹד „Scheitel"; *ḳatu* „Hand", ohne Zweifel Ein Wort mit aram. קַתָּא „Handhabe, Griff"[1]; *ip-ḳi-śu* aus *ip-ḳid-su* (siehe ABK, 202) „er übergab ihm, vertraute ihm an" (II R. 9, 7d) von *paḳad* (syn. *na-da-nu* „geben", *sa-a-mu* „setzen, bestimmen, verleihen" u. a.) = פָּקַד; *ki-rib* „Inneres" = קֶרֶב; *ku-pi-luv* „Vorderseite, Front" (II R. 48, 50 d, opp. *ar-ka-tuv* „Hinterseite" Z. 51) = قُبْلٌ. Mag auch in vielen Fällen ein solches assyrisches *k* gegenüber einem *ḳ* der übrigen semitischen Dialekte lediglich auf Rechnung ungenauer Schreibweise zu setzen sein, so wird doch in vielen andern der Hang des Assyrischen zu leichterer, bequemerer Aussprache als Ursache auch dieses Lautwandels anzuerkennen sein. Für das umgekehrte Verhältniss eines assyrischen *ḳ* gegenüber semitischem *k* werden sichere Belege kaum zu erbringen sein.[2]

c) Zahnlaute. Zur Darlegung der vollständigen Uebereinstimmung der assyrischen Dentale mit dem ד, ט, ת der semitischen Schwestersprachen genüge der Hinweis auf *dur*, *du-u-ru* „Burg, Wohnung" (II R. 2, 252) = דּוֹר; *da-ra-gu*

---

[1]) Besonders häufig im Talmudischen: z. B. „Griff" eines Messers (סַכִּינָא), einer Sichel (מַגְּלָא), einer Axt (חֲצִינָא), eines Beils (נַרְגָּא); siehe Aruch, wo am Schluss des Artikels bemerkt wird: die Hand יד dieser Werkzeuge heisst קתא. Ausser der Einen Mischnastelle Maccoth II, 1 kommt das Wort unseres Wissens nur in der babylonischen Gemara vor. Wie פַּעַם im Hebräischen den „Fuss" eines Tisches u. dgl. bezeichnet, im Phönicischen aber das gewöhnliche Wort für רֶגֶל ist, so ist im Assyrischen קת das gewöhnliche Wort für „Hand" (vgl. übrigens II R. 32, 40 b. u. ö. *ḳa-tuv sa dup-pi* „Handhabe der Tafel"), während es im Syrischen und Jüdisch-Aramäischen nur die „Handhabe" eines Dinges bezeichnet.

[2]) Die Vergleichung des assyr. *ḳaḳ-ḳa-ru* „Erdboden" mit hebr. כִּכָּר „Kreis, Umkreis" anstatt mit arab. قَرْقَرٌ, hebr. קַרְקַע „Grund und Boden" erweist sich somit schon aus lautlichen Gründen als hinfällig.

„Weg“ (II R. 38, 25 d, syn. *ḫar-ra-nu*, vgl. ሐረ፡, *ur-ḫu*, אֹרַח, *mí-ti-ḳu*, vgl. פָּסַק „fort-, weiterrücken“) von *darag* = דָּרַג (דֶּרֶךְ); *ṭab* „gut“, wovon Adv. *ṭa-bis* „bene“ (Khors. 157), = טוֹב; ʿ*i-ṭa-pu-tuv* „Bedeckung“ (II R. 25, 57 c. d, syn. *śi-śik-tuv*, vgl. טָפַף), *a-ṭa-pu* „Zuneigung, Verbindung“ (II R. 25, 52 c, syn. *u-la-pu* „Vertrautheit, Genossenschaft“, אַלֻּף, *ri-ik-śu* „Bündniss“, רֶכֶס, *dam-u-tu* „Blutsverwandschaft“, דָּם, ʿ*i-mu ba-luṭi*[1] „Lebensgemeinschaft“, חַוָּה, חַיִּים, endlich ʿ*i-ni-su* „Traulichkeit, Freundschaft“, (أُنْسٌ) von *aṭaf* = عَطَفَ, עָטַף; *tul*, *tu-ul* „Hügel“ (Asurb. Sm. 24, 53) = תֵּל; *it-ti* „mit“ = אֵת. Für Erweichung der dentalen Tenuis zur Media sind assyr. *ku-du-ru* „Krone“ (im Namen Nebukadnezar's und sonst) neben hebr., aram. כֶּתֶר sowie assyr. *nadan* „geben“, wovon *na-da-nu* „Gabe“, *id-din* „er gab“ u. a., neben hebr. נָתַן, aram. נְדַן (vielleicht aus נְתַן entstanden) zwei sichere Beispiele; im letzteren Verbalstamm weist übrigens das hebr. נְדָנִים (Ez. 16, 33) ebendieselbe Lautschwächung auf. Schreibweisen wie *tiham-ṭi* „Meer“ (III R. 5 Nr. 6, 61) anstatt *tiham-ti* beruhen auf Nachlässigkeit. — Für den dentalen Nasal *n* und seine Uebereinstimmung mit arab. ن u. s. w. weisen wir hin auf das schon erwähnte assyr. *nu-nu* „Fisch“ = נוּן, auf *ní-nu* „Geschlecht, Familie, Nachkommenschaft“ (II R. 25, 56 c, syn. *ḳar-nu* „Bund, Familienkreis“, vgl. قَرَنَ „verbinden“, قِرْنٌ „Leute, mit denen man zusammenlebt, Zeitgenossen, Rivalen“); *ni-i-ru* „Joch“ (II R. 4, 658) = aram. נִירָא. Uebergang des dentalen Nasals in den labialen vor Lippenlauten zeigt assyr. *zu-um-bi* „Schweif“ (Ménant I, 437) gegenüber זָנָב; vgl. aram. דּוּבְּבָא spr. *dumbâ*, wovon pers. دنبال *dumbâl*.

d) Lippenlaute. Auch für assyr. *b*, *p* einerseits und semitisch ב, פ andrerseits haben wir völlige Gleichheit zu

[1]) Assyr. *balaṭ* „Leben“ vergleicht sich dem gemeinsemitischen פלט „durchbrechen, entkommen, entwischen“, mit welchem es sich ungezwungen durch die Bed. „am Leben bleiben“ vermittelt; vgl. Gen. 45, 7 wo פְּלֵיטָה „Ueberrest“ (quod superstes est) und הַחֲיוֹת „Lebenserhaltung“ beisammenstehen.

constatiren: vgl. assyr. *ba-nu-u* „Erbauer“ (Khors. 191), *ba-ni* Part. „Erzeuger“ (Asarh. VI, 65), *na-ab-ni-tu* „Nachkommenschaft, Sprössling“ (II R. 29, 71 c, syn. *i-li-id-tur*, *li-i-tu*, *li-id-tu*, *li-da-u-tu*, sämmtlich von *alad* = יָלַד) u. a. m. von *banû* = בָּנָה; *ba-a-bu* „Thor“ (II R. 2, 365) = بَابٌ: — *pu-u* „Mund“ (II R. 39, 1—5 b), Gen. *pi-i* (II R. 39, 6—10 b), Acc. *pa-a*[1] (siehe Schrader, Höllenfahrt der Istar, S. 30) = פֶּה; *pa-a-nu* „Angesicht“ (II R. 4, 731, neben *i-nu* „Auge“, *uz-nu* „Ohr“, *bu-nu* „Gestalt, Statur“, *maḫ-ru* „Vorderseite“, *si-'i-pu* „Fuss“) = פָּנֶה. Bei einigen Stämmen wie *abas* „machen“, *rapas* „ausbreiten, verherrlichen“ schwankt die Schreibung und schwankte gewiss auch die Aussprache zwischen *b* und *p*; in vielen andern Fällen dagegen, in denen wir statt der zu erwartenden Tenuis die Media und umgekehrt geschrieben finden, haben wir es lediglich mit Ungenauigkeit des Schreibers zu thun. — Der labiale Nasal *m* entspricht durchaus dem *m* der übrigen Dialekte: vgl. *mal-ku* „Fürst“ = מֶלֶךְ „König“; *ma-*

[1]) Mit Unrecht hat man die assyrische Redeweise *pa-a i-bu-us* „er machte den Mund“ = „er that den Mund auf, unmöglich befunden (Nöldeke, Liter. Centralbl. 1874 Nr. 26 Col. 843). Konnte der Hebräer עָשָׂה שְׂפָמוֹ, עָשָׂה רַגְלָיו (2. Sam. 19, 25) „seine Füsse, seinen Bart machen“ im Sinne von „seine Füsse, seinen Bart zurechtmachen“ sagen, so konnte doch wohl auch der Assyrer *abas pa-a* „den Mund machen“ im Sinne von „den Mund in Bereitschaft setzen“ (nämlich zum Sprechen) gebrauchen. Dass die Assyrer sich wirklich so ausgedrückt, lehrt nicht nur der gar nicht misszuverstehende Zusammenhang der betreffenden Stellen, sondern es wird ganz unzweifelhaft durch das Syllabar II R. 39, 1—9a. b. erwiesen. Dieses lautet im Auszug: *KA* = *pu-u*; *KA. BAD. DU* = *si-it pi-i*; *KA. BA* = *si-it pi-i*; *KA. BA* = *'i-bis pi-i*; *KA. GIL* = *ši-kur pi-i*. Wie man sieht, sind *si-it* und *'i-bis* Synonyma. Da nun ein drittes Synonymum gemäss II R. 2, 354 (vgl. Lenormant, *E. A.* I, 1, 69) *pi-tu-u* „Oeffnung“ ist, so kann über die Bed. von *si-it* und *'i-pis pi-i* (opp. *ši-kur pi-i* „Schliessen des Mundes“, vgl. סָכַר) kein Zweifel obwalten, und zwar wurde wie *abas* „machen“, so auch *sît* „setzen, legen, machen“ (vgl. hebr. שִׂית לֵב u. a.) vom „Zurechtstellen“ des Mundes zum Zwecke des Sprechens d. i. vom „Oeffnen“ des Mundes gebraucht. Das räthselhafte allgewöhnliche *abas* ist vielleicht ein aus *ba-su* „es ist“ (urspr. „in ihm“ scil. ist, ganz so wie äth. ቦ፡ „in ihm, bei ihm“ scil. ist = „er hat“ oder „es ist“, siehe ABK, 304) und zwar aus dem Afel gebildetes secundäres Verbum, eine Annahme, die um so unbedenklicher ist, als assyr. *ba-su* auch sonst ganz wie ein Verbum abgewandelt wird: vgl. die Formen *ib-su* „es war“ (Sarg. Cyl. 8), *u-sab-su-u* „er machte, verübte“ (Asurb. Sm. 175, 51) u. a. m.

da-du Inf. „messen“ (II R. 2, 337), *i-ma-da-ad* [1] „er misst“ (II R. 13, 45d), von *madad* = מָדַד. Vor Sibilanten, Dentalen und Gutturalen geht *m* häufig in das dentale, beziehungsweise gutturale *n* über: z. B. *mun-taḫ-ṣi* „Kämpfer“ (Khors. 28. 34. 129) für *mum-taḫ-ṣi* = *mum-ta-ḫi-ṣi* Part. Ifte. von *maḫaṣ* = מָחַץ „zerschlagen“; *du-un-ku* „Gnade, Gunst“ (Xerxesinschr. C, a, 2) neben *du-um-ku* (E. J. H. I, 66). — Die Eigenthümlichkeit der assyrischen Schrift, den labialen Nasal *m* und den labialen Halbconsonanten *v* nicht zu unterscheiden, lässt nur für das akkadische Urvolk, welches die Schrift erfunden, auf eine Vermengung beider Laute in der Aussprache schliessen. Im Assyrischen fand eine solche Vermengung nicht statt; es ist darum unnöthig, für den Lautwechsel von *m* und *v* in den andern semitischen Dialekten nach spärlichen Analogien zu suchen.

c) Zischlaute. Der regelmässige Lautwechsel der assyrisch-semitischen Zischlaute werde durch folgende Tabelle veranschaulicht:

Arabisch.	Aethiopisch.	Assyrisch.	Hebräisch.	Aramäisch.
ز ذ	ዘ	*z*	ז	ז ד
س	ሰ, selten ሠ	*ś* *s*	ס שׂ, selten שׁ	ס שׂ
ش	ሠ, auch ሰ	*s*	שׁ, selten שׂ	ס, selten שׂ
ث	ሠ, auch ሰ	*s*	שׁ	ת
ص, ض, ظ	ጸ ፀ	*ṣ*	צ	צ, ע, ט

Beispiele: Assyr. *u-zu-nu* [2] „Wägung, Erwägung, Gleichgewicht“ (II R. 2, 273; syn. *ud-lu* „Gleichgewicht, Gleichheit“,

---

[1]) Diese Verbalformen wie *i-ma-da-ad* „er misst“, *i-sa-kal* „er wägt“ II R. 11, 3. 7d. 13, 44d), *i-sa-ka-an* oder *i-sa-ak-ka-an* „er macht“ (II R. 11, 14d. 15, 44b), Plur. *i-sa-ka-nu* „sie machen“ II R. 11, 16d) und andere, denen im Akkadischen stets das Präsens entspricht, während die kürzeren Formen *is-ku-ul* „er wog“ II R. 11, 1d), *is-ku-un* „er machte“ II R. 11, 10d) in den akkadischen Columnen durch Praeterita wiedergegeben werden, vergleichen sich in formeller Hinsicht durchaus den äthiopischen Imperfectformen ይነግር፡, ይገብር፡ *jenáger*, *jegáber*, im Unterschied von den Subjunctivformen ይንግር፡, ይግበር፡ *jénger*, *jégbar*.

[2]) Dieses *uzun* „Erwägung, Sinn, Gedanke“, nicht *uzun* „Ohr“, scheint auch in der Redensart *sakan uzun* z. B. *u-zu-un-sa is-kun* „sie richtete ihren Sinn“ vgl. Schrader, Höllenfahrt der Istar, S. 25) enthalten zu sein.

dann „ebener Boden, Grund", vgl. عَثَلٌ, in letzterer Bed. z. B. Asarh. V, 10. 28, sowie *i-sit* „Grundlage, Grund, Boden" II R. 62, 59 h: *i-sit 'i-lip-pi* = ܐܫܬܐ ܕܐܠܦܐ „Boden des Schiffes") von *azan* „wägen" = وَزَنَ, אָזַן; *uz-nu* „Ohr" (II R. 30, 6. 7 d) = أُذُنٌ, אֹזֶן; — *sahap* „fortreissen" oder „niederschlagen" (in der häufigen Redensart *pul-ḫi*[1] *iš-ḫu-pu-su* „Furcht packte ihn" oder „schlug ihn nieder", z. B. Tigl. Pil. IV Z. 27) = سَحَفَ „wegraffen", סְחַף dass. und, wie im Aram., „zu Boden werfen": *su-mu, su-um* „Name" (Beh. 49. 53. 57) = ስም:, שֵׁם; *sa-a-mu* Inf. „setzen, machen, verleihen" (II R. 7, 2 b, syn. *sakan* „machen", *sarak* „gewähren" u. a.), *sim-tu* „Loos, Geschick", eig. „das Festgesetzte" (II R. 7, 4 b) u. a. m., sämmtlich von *sûm* = שׂוּם, wovon שִׂימָה (שִׂימָה) „Bestimmtes, Beschlossenes" (2 Sam. 13, 32); — *su-mi-lu* „links" (I R. 69 Col. II, 54) = شِمَالٌ, שְׂמֹאל; *na-su-u* „Erhebung" (II R. 26, 43—59 d, z. B. *na-su-u sa 'i-ni* „Erhebung der Augen", *na-su-u sa ri-'i-si* „Erhebung des Hauptes", syn. *sa-ḳu-u*[2] *sa ri-si* II R. 30, 1—5 b) von *nasâ* „erheben" = نَشَأَ, נָשָׂא: — *sal-su* „drei" (Sanh Tayl. II, 34) = ثَلَاثٌ, שָׁלֹשׁ (aram. תְּלָת); *su-u-ru* „Stier" (II R. 25, 8 a, syn. *al-pu*) = ثَوْرٌ, שׁוֹר; *'i-ṣi-lu* „verbinden", *i-ta-aṣ-ṣu-lu* Inf. Ifta. „sich vereinigen" (II R. 27, 41. 42 d) von *aṣal* = وَصَلَ, אָצַל: *ṣa-ma-du* „Ge-

[1]) Assyr. *palaḫ* „dienen, verehren, Ehrerbietung erweisen" = aram. פְּלַח „dienen, colere"; vgl. die häufigen Redensarten: *la pa-li-iḫ i-la-su* „wer seinen Gott nicht verehrt, nicht fürchtet" (Höllenfahrt der Istar, S. 97), *nisu nakru la pa-liḫ bi-lu-ti-ja* „ein feindlich gesinnter Mensch, der meine Herrschaft nicht anerkannte" (Asarh. I, 37) u. a. m. An die Bed. des „Dienens, Verehrens" hat sich dann im Assyrischen die des „Respectirens, Fürchtens" angeschlossen (daher *pul-ḫi* „Respect, Furcht"), eine Bedeutungsentwicklung, die jedem unbefangenen Beurtheiler durchaus natürlich und ungezwungen erscheinen wird (gegen Nöldeke, a. a. O., Col. 844).

[2]) Von einem hintenvocaligen *saḳâ*, für welches sich in der Bed. „erheben" nur die in aram. סְלֵק „aufsteigen" (Imper. סַק, Afel אַסֵּק) enthaltene Wurzel סק darbietet. Wie Lenormant, *E. A.* I, 1, 15, sein שקא „être élevé" etymologisch erklärt, wissen wir nicht, da er es uns, wie gewöhnlich, nicht verräth.

schirr“ von *ṣamad* „binden“ = ضَمَدَ, צָמַד (*ṣu-ma-du sa narkabti* „Geschirr des Wagens“ II R. 27, 24 b, neben *da-pa-nu sa narkabti* „Seitenwand[1] des Wagens“, aram. דַּפְנָא, דּוֹפְנָא „Wand“, vgl. دَفَنَ bedecken, wovon auch *da-pi-nu* „Beschützer“, von Göttern und Königen gesagt, II R. 48, 50 a. Sarg. Cyl. 22 u. ö.); *ṣu-um-mi*, *a-sar ṣu-um-mi* „lechzende, dürre Gegend“ (Asarh. III, 26, opp. *ḳak-ḳar ṭabtuv* „gutes Erdreich“) von *ṣamâ* „dürsten“ = ظَمِئَ, צָמֵא, wovon צִמָּאוֹן „dürre Gegend“ (Deut. 8, 15. Jes. 35, 7). — Bemerkenswerth ist der (wohl durch *r* vermittelte) Uebergang des assyr. *s* in *l* vor nachfolgendem Dental: vgl. assyr. *ḫa-mil-ti* „fünf“ (II. R. 62, 51 h) = خَمْسَة, חֲמִשָּׁה; *il-ta-nu* „Nordwind“ = targ.-talmudisch אִסְתְּנָא (II R. 29, 2 h, neben *su-u-tav* „Südwind“ = talmud. שׁוּתָא, *sa-du-u* „Ostwind“ = talmud. שַׁדְיָא und *a-ḫar-ru* „Westwind“, vielleicht = talmud. אוּרְיָא; siehe das Nähere in Excurs VIII). Indess kommen auch die Formen mit beibehaltenem *s* nebenbei vor, so z. B. *as-ṭur* „ich schrieb“ (Khors. 53) neben *al-ṭur* (Sard. I, 99 Var.). — Ueber das Wechselverhältniss von hebräisch-assyrischem ש und ס in Eigennamen siehe Schrader, ABK, 196; Jenaer Literaturzeitung 1874, Nr. 15, S. 219.

f) Flüssige Consonanten und Halbconsonanten. Die Uebereinstimmung des assyrischen *r* und *l* mit den betreffenden Lauten der andern Dialekte ist durch die bisher beigebrachten Beispiele zur Genüge dargethan. Wir erwähnen nur noch assyr. *ra-am-ku* „Aufenthalt, Verweilung“ von *ramak* = رَمَكَ „sich aufhalten, wohnen“ (II R. 1, 138; akkad. *ISIB* ist der herübergenommene Infinitiv des assyr. *asab* = יָשַׁב „wohnen“ ebenso wie *IBIL* III R. 70, 122 das assyr. *ablu* „Sohn“; das assyrische Synonym *ri-iz-nu* II R. 48, 34 f. vergleicht sich dem arab. Synonym von رَمَكَ, nämlich رَزَنَ); assyr. *la-pa-tuv* Inf. „wenden, verdrehen“ (*la-pa-tuv sa inâ*

---

[1] Die Richtigkeit obiger Auffassung wird als zweifellos erwiesen durch das entsprechende akkadische Wort *TI*, welches auch als Aequivalent der oben erwähnten assyrischen Wörter *ṣi-li* „Rippe, Seite“ und *igartuv* (Plur. *i-ga-ra-a-ti*) „Seite, Flanke“ in den Syllabaren (II R. 62, 62. 63 g. h) aufgeführt wird.

„Verdrehen der Augen" II R. 48, 41. 43 f) von *lapat* = لَفَتَ, לָפַת. Betreffs der Halbconsonanten *j* und *v* stellt sich heraus, dass bei den Stämmen, in welchen anlautendes *j* der nordsemitischen Dialekte in den südsemitischen Dialekten durch *v* vertreten ist, das Assyrische statt des *j* oder *v* den blossen spiritus lenis aufweist (vgl. das eben genannte hebr. אָצַל gegenüber arab. وَصَلَ), dessgleichen aber auch bei den Stämmen, bei welchen im Arabischen und Aethiopischen gleich den andern Dialekten anlautendes *j* sich findet: es entspricht daher nicht nur dem arab. وَلَدَ, hebr. יָלַד im Assyrischen *alad* „gebären", sondern ebenso dem arab. يَتِيمٌ, hebr. יָתוֹם „Waise" assyr. *a-ta-mu* (II R. 30, 40c, syn. *ma-ar* „Sohn" und viele andere, siehe hierüber Excurs IX) Sichere Ausnahmen sind nur assyr. *ja-a-mu*, Gen. *ja-a-mi* „Meer" = يَمٌّ, יָם (vgl. II R. 41, 45a. 43, 59a. b), sowie *im-mu* „Tag" (II R. 25, 24a), eine seltnere Nebenform des gewöhnlichen *jumu, jum,* welche zeigt, dass wir dieses *ju-um* mit anlautendem *j*, genau entsprechend dem arab. يَوْمٌ, hebr. יוֹם, und nicht *u-mu* zu lesen haben.

Die strenge Beobachtung dieser durch ausreichende Induction erwiesenen assyrisch-semitischen Lautgesetze ist überall da, wo wir zur Erklärung assyrischer Wörter die andern semitischen Dialekte zu Hülfe nehmen, das erste unerlässliche Erforderniss. Wir würden es allerdings überspannen, wenn wir im Widerspruch mit den mannigfachen unregelmässigen Lautwandlungen, die ja auch auf semitischem Sprachgebiete in grosser Anzahl zu Tage treten, in allen Fällen ohne Ausnahme allseitige lautliche Uebereinstimmung verlangen und der Vergleichung eines assyrischen Thiernamens mit dem eines andern semitischen Dialektes etwa schon desshalb von vornherein aus dem Wege gehen wollten, weil beide vielleicht in einem Zischlaute differiren[1]. Indessen wird immerhin festgehalten werden müssen, dass alle Wortvergleichungen, welche im Widerspruch stehen mit jenen Lautgesetzen, so

---

[1]) Ein Beispiel für den unregelmässigen Wechsel der assyrisch-semitischen Zischlaute ist assyr. *ši-ba* „sieben" (II R. 19, 14b) gegenüber hebr., aram. שְׁבַע.

lange als Vermuthungen zu gelten haben, bis überzeugende Beweise anderer Art die phonetische Ausnahme constatiren.

Ausser der lautlichen Uebereinstimmung kommt aber bei der Vergleichung assyrisch-semitischer Thiernamen zweitens auch die B e d e u t u n g in Betracht. Wir werden überall da, wo uns bekannt ist, zu welcher Classe des Thierreichs das so oder so benannte Thier gehört, von dem zu vergleichenden semitischen Worte verlangen müssen, dass es ein Thier bezeichne, welches zu ebenderselben Thierclasse gehört, und werden hinwiederum in den Fällen, wo von zwei Synonymen das eine bereits sicher gedeutet ist, zur Erklärung des andern nur ein solches semitisches Wort vergleichen können, welches dasselbe oder wenigstens ein nahe verwandtes Thier bezeichnet. So lesen wir z. B. in dem Verzeichniss XXXVII A Rev. 10 einen Thiernamen *pa-aś-pa-śu*, welcher mit dem arabisch-aramäischen Namen der Wanze فَسْفَس, ܦܣܦܣܐ so genau wie nur möglich (das *ś* wäre ja kein unübersteigliches Hinderniss) zusammenstimmt; und dennoch müssen wir auf die Einheit beider Wörter verzichten, weil sowohl aus dem assyrischen Synonym als aus dem akkadischen Aequivalent unzweifelhaft hervorgeht, dass *paśpaśu* irgend einen Vogel bedeutet. In dem Verzeichniss V begegnen uns ferner die beiden Namen *zir-zir-ru* (2 d) und *ṣar-ṣa-ru* (17 d); was liegt näher als bei jenem an arab. زُرْزُور, زَرْزُور, talmud. זַרְזִיר, syr. ܙܪܙܝܪܐ „Staar“, bei diesem an arab. صُرْصُر „Hahn“, von صَرْصَرَ „krähen“, zu denken? Beides aber erweist sich bei näherem Zusehen als falsch; denn die entsprechenden akkadischen Wörter lehren, dass nicht sowohl Vögel als geflügelte Insekten gemeint sind: wir werden sehen, dass *zirzirru* der Name der geflügelten Ameise, *ṣarṣaru* aber, in Uebereinstimmung mit arab. صُرْصُر, der der Grille ist. Mit dem Vogelnamen *raḳ-raḳ-ḳu*, XXXVII A Rev. 8, endlich wird, so verführerisch auch die Consonanz ist, doch nicht arab. شِقِرّاق, شَرَقْرَاق (شَقِرَّاق), aram. שְׁרַקְרְקָא „Bienenspecht“ verglichen werden können, da sein assyrisches Synonym *la-ḳa-la-ḳa* ohne Zweifel mit arab. لَقْلَق „Storch“ identisch ist. Wie aber Specht und Storch im Akkadischen unmöglich Einen gemeinsamen Namen führen können, so ist es auch undenkbar, dass der semitische Name des Bienenspechts im Assyrischen der Name des Storches geworden sei. Bedeutungsübergänge sind ja freilich auch bei Thiernamen nicht selten (wir erinnern nur an äth. ዝእብ: „Hyäne" = זְאֵב „Wolf"); allein Bienenspecht und Storch sind doch zu verschiedene Thiere, um Vertauschung zuzulassen. Wir werden uns darum für *raḳraḳḳu* nach einer andern Deutung umzusehen haben.

Aber wie nun, wenn weder das Arabische noch das Aramäische noch einer der übrigen semitischen Dialekte einen Thiernamen aufweist, welcher nach Laut und Bedeutung mit dem assyrischen Worte verglichen werden kann? Dann freilich — wir sprechen es offen aus — ist es mit genauer, oft auch mit nur ungefährer zoologischer Bestimmung so ziemlich aus. Wir mögen bei den zweispaltigen Syllabaren für diesen oder jenen Namen auf Grund seiner Wurzelbedeutung sowie des ihm entsprechenden akkadischen Wortes Vermuthungen und vielleicht richtige Vermuthungen aufstellen; wir mögen bei den dreispaltigen Verzeichnissen obendrein durch das Zusammenhalten der beiden Synonyma auf die richtige Fährte gelenkt werden; wir mögen endlich durch besonders glücklichen Zufall dem einen oder andern Namen auf Denkmälern anderen, etwa geschichtlichen Inhaltes begegnen und somit durch den Zusammenhang in seiner Deutung unterstützt werden: *zweifellos sichere* Ergebnisse ermöglicht keines dieser auch noch so schätzbaren Hülfsmittel, ja sogar trotz dieser Hülfsmittel werden wir nicht selten vor dem assyrischen Thiernamen völlig rathlos stehen bleiben und dies vielleicht für immer. Der Assyriologie kann hieraus begreiflicher Weise ebenso wenig, ja noch weit weniger ein Vorwurf erwachsen als etwa der talmudischen Sprachkunde, die uns doch auch eine genaue etymologisch-zoologische Bestimmung der meisten in den Talmuden, namentlich in dem Tractat Chullin, überlieferten Thiernamen bis jetzt schuldig geblieben ist. Ein grosses Hinderniss haben uns jene assyrischen Gelehrten selbst, welche mit der Abfassung der Syllabare betraut waren, dadurch in den Weg gelegt, dass sie in der Anordnung der einzelnen Thiernamen, besonders der Vogelnamen, keinem bestimmten Principe folgten. Bei den Verzeichnissen der vierfüssigen Thiere, Reptilien und Insekten liessen sie sich wenigstens einigermassen durch die sachliche Zusammengehörigkeit der einzelnen Thiernamen leiten, schlossen sogar diejenigen, welche besonders eng zusammen gehörten, durch Horizontalstriche von den übrigen ab. In den Listen der Vogelnamen dagegen fehlt jedweder Plan: hier steht der Adler friedlich neben dem Storch, der Habicht neben dem Schneefink. So viel noch zu erkennen ist, war bei der Anordnung der Vogelnamen lediglich der zufällig gleiche Anlaut der akkadischen Thiernamen massgebend. Es leuchtet hieraus ein, dass aus dem Zusammenhange d. h. aus der Bedeutung des unmittelbar vorhergehenden und nachfolgenden Vogelnamens ein entscheidender Grund für diese oder jene Erklärung des in der Mitte stehenden nicht entnommen werden kann.

Der von uns in Transcription wiedergegebene Text der assyrischen Thiernamenlisten ist durchaus der des Londoner Inschriftenwerkes. Die den einzelnen Namen vorstehenden Zahlen bezeichnen die Zeilen dieses Textes. Sind ab und zu Zahlen übersprungen, so hat dies seinen Grund darin, dass entweder für Ein assyrisches Wort mehrere akkadische Synonyma aufgeführt sind oder dass für ein oder mehrere verzeichnete akkadische Namen ein entsprechender assyrischer nicht existirt. Im ersteren Falle steht in der assyrischen Columne das Wiederholungszeichen, ähnlich dem bei uns gebräuchlichen in zwei parallelen Verticalkeilen bestehend, oder aber ein unserm „idem“ zu vergleichendes *su*, *su-u* „das Gleiche“ ( VI, 34 b,  II R. 32, 59; vgl. *su'-u* Khors. 168) von *savâ* = שָׁוָה „gleich sein“; im letzteren Falle ist die assyrische Columne einfach unausgefüllt. Von einer Transcription des akkadischen Textes glaubten wir wegen der starken Beschädigungen, die er erlitten, absehen zu müssen. Indess werden wir überall da, wo das akkadische Wort erhalten ist und uns zum Verständniss des entsprechenden assyrischen irgendwelche Beihülfe gewährt, dankbaren Gebrauch davon machen. Auch haben wir die akkadischen Thiernamen, so wie sie ihrer ausdrücklich bezeugten Aussprache oder dem jedesmal geläufigsten Werthe ihrer Schriftzeichen nach lauten, in alphabetischer Ordnung anhangsweise beigegeben.

II.

Text und Erklärung

der assyrischen Thiernamenlisten.

I.

Namen vierfüssiger Thiere.

II R. VI.

Text.

Columne b:

1. kir-ru
6. nis-ṭi-nu[1]
7. du-ma-mu
8. na-aṭ-ru[2]
10. kab-bi-luv[3]
13. kal-bu
14. mi-ra-nu
15. ka-lab 'I-lam-ti
16. „ pa-ra-si-i
17. „ mi-'i
18. „ ur-ṣi
19. „ Sa-mas

Z. 20—24: beschädigt.

25. su-mu[4]
26. kal-bu si-gu-u
27. lim-nu
28. ṣa-i-du[5]
29. ka-lab il-la-ti
30. kal-ba-tuv
31. ni-'is-tuv
32. a-lid-tuv
33. mu-na-śik-tuv
34. na-ṭir-tuv
35. rum-ṣu[6]

4. bi-ib-bu
5. a-tu-du
6. sap-pa-ru
7. di-ta-nu[7]
8. lu-li-mu
9. ai-luv
10. tu-ra-ḫu
11. ai-lu
12. na-ai-lu[8]
14. ṣa-bi-[i]
16. da-as-su[9]
17. u-za-luv
18. an-na-bu
19. da-bu-u
21. sa-ḫu-u[10]
23. kur-ki-za-an-nu

Z. 24—27: beschädigt.

28. ma-ak-ka-nu-u
29. „ dam-ḳu
30. ḫu-us-su-u
31. ru-us-su-u
32. ba-nu-u
33. ap-par-ru-u
35. bit-ru-u[11]
36. ku-za-ai[12]

36. rum-ṣu[6]
Z. 37—53: fehlt.
Columne d:
1. zi-i-bu
3. a-ki-luv

37. ma-ru-u
38. „ dam-ku
44. sa-ḫi-tuv[13]
47. pi-a-zu
Z. 48—53: beschädigt.

[1]) man-di-nu. [2]) na-ad-ru, na-at-ru. [3]) kat-bí-luv. [4]) su-vu. [5]) za-i-du; XXIV, 5: ṣa-ai-i-du. [6]) dil-ṣu, til-ṣu. [7]) ṭi-ta-nu. [8]) XXIV, 7: na-a-lu. [9]) ṭa-as-su. [10]) gar-ḫu-u [11]) 'i-ru-u. [12]) ku-ṣa-ai. [13]) gar-ḫi-tuv.

Erklärung.

Columne b.

1. **kir-ru** „Lamm, Schaf". — Auf die Bedeutung dieses Namens im Allgemeinen führt schon das ihm entsprechende, aus den historischen Inschriften (z. B. Tigl. Pil. VII, 13. Salm. Obel. 135) bekannte akkadische *LU*, welches durch zahlreiche Parallelstellen als der Name des „Kleinviehes", der „Schafe und Ziegen", assyr. *ṣi-'i-ni* (Asarh. I, 25) d. i. hebr. צאן (arab. ضَأْنٌ „Schafe"), erwiesen wird. Mitunter lesen wir sogar dieses *LU* als Determinativ des phonetisch geschriebenen *ṣi-'i-ni* oder *ṣi-ni* (z. B. Tigl. II, 52. Asurn. I, 52. Salm. Obel. 137). Bezeichnet sonach *kirru* ein zum Schaf- oder Ziegengeschlecht gehöriges Thier, so kann dies kein anderes sein als hebr. כַּר „Lamm, Schaf", so benannt vom hüpfenden Hinundherspringen; vgl. arab. كَرَّ, كَرْكَرَ, hebr. כִּרְכֵּר Pilp. „tanzen". Ebenso Schrader (DMZ, XXVII, 707); Ménant (*Syllabaire* II, 122.402) ungenau: „*le bélier*". — Das akkadische *LU* findet sich auch zuweilen in Verbindung mit den beiden Ideogrammen 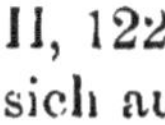 und 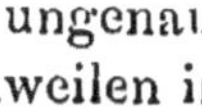, von denen ersteres nach II R. 7, 6c. den Lautwerth *NITA* hat und entweder (II R. 7, 6c. d) dem assyr. *zi-ka-ruv* urspr. „männlich, Mann" (זָכָר), dann „Diener" (vgl. unsere „Mannen") oder (vgl. II R. 33, 12 e. f) dem assyr. *ar-du* „Niedrigstehender, Diener, Knecht", nom. abstr. *ar-du-ti* „Unterwürfigkeit, Knechtschaft" entspricht (von *arad* = יָרַד

„herabsteigen“, wovon auch *ri-du-u* „Knecht“ II R. 2, 360. 24, 57 a. b, siehe Excurs IV), während letzteres nach II R. 1, 157 *ŚIŚŚI* auszusprechen ist und gleich dem assyr. *ni-ḳu-u* (II R. 1, 157. 45, 38 d. e), von *nakâ* = נָקָה „rein, ledig sein“ (vgl. נִקָּה Iob 10, 14), das „Sühnopfer“ bedeutet. *LU. NITA* oder *kirru arduti* (*ardu-tav*), z. B. Sanh. Tayl. I, 60. II R. 44, 12 c. f, scheint sonach das dem Menschen dienstbare „Hausschaf“ zu bedeuten, im Gegensatz zu den wild herumstreifenden Schafen[1] (vgl. *PAŚ*[2] *ardutav*, II R. 44, 8 f, das „zahme Thier“, bes. das „Lastthier“, auch Asarh. VI, 47), *LU. ŚIŚŚÍ* aber oder *kirru niḳi* (Sanh. Bav. 33) das „Opferlamm“, wie *alap niḳi* (II R. 44, 11 f) den „Opferstier“. — Ausser *LU* bietet der Wortschatz der akkadischen Sprache noch vier andere Benennungen des Lammes, nämlich [*LU*] *GAR*, Z. 2 a, [*LU*] *NUM*, Z. 3 a (vgl. II R. 44, 12 f: *LU ardu-tav* = *LU. NUM*), [*LU*] *GUK. KIL*, Z. 4 a (vgl. II R. 43, 52 c), und [*LU*] *ZIG*, Z. 5 a, deren Grundbedeutung wir noch nicht sicher bestimmen können.

6. 7. **nis-ṭi-nu, du-ma-mu** „Kater, Katze“. — *Dumamu* ist das Masculinum des arab. دِمَّةٌ, äth. ድሙት፡ „Katze“; *nisṭinu* aber, welches durch die beiden Horizontalstriche als gleichbedeutend mit *dumamu* bezeichnet wird, ist eine echt assyrische Nominalbildung mit dem Präfix *n* von *saṭan* = שָׂטַן „nachstellen“ und bed. somit, gleich شَيْطَانٌ, שָׂטָן, den „Nachsteller“ — gewiss ein treffender Name für die schleichende, listige, falsche Katze; vgl. aram. חַתּוּל „Katze“ sowie arab. خَتُولٌ „Laurer, Heranschleicher“.

Den Namen der Katze folgen unmittelbar die Namen

[1]) Man könnte auch *kirru ardutav* für den Namen des „Leithammels“ halten, arab. *mirjâ'*, „des unzertrennlichen Gefährten, welcher dem Hirten auf Schritt und Tritt folgt, dessen Brottasche trägt und von jeder Mahlzeit seinen Antheil bekommt“ (Wetzstein zu Delitzsch, Hoheslied, S. 170). Siehe jedoch unter *lulimu* Z. 8 d.

[2]) Die Aussprache *PAS* des Zeichens  oder  ist nicht unanfechtbar; keinesfalls aber hiess das „Lastthier“ im Akkadischen, wie man gewöhnlich auszusprechen pflegt, *TUM*. Vgl. Norris II, 426; Lenormant, *E. A.* I, 3, 29 No. 232.

des Hundes: Hund und Katze, die auf Kriegsfuss mit einander stehenden Hausgenossen, stehen also schon in der Zeit des assyrischen Königs Asurbanibal monumental bei einander.

8. 10. **na-aṭ-ru, kab-bí-luv** „Wächterhund, Kettenhund". — Den akkadischen Aequivalenten dieser beiden Namen lässt sich ein doppeltes entnehmen: einmal beweist das beiden vorstehende *LIK*[1] (XXIV, 2. 3), dass wir es mit Hundenamen zu thun haben; denn *LIK* ist gemäss II R. 4, 762 der akkadische Name des Hundes, assyr. *kal-bu* (Z. 13). Sodann aber lässt sich aus VI, 9. 10, verglichen mit XXIV, 3, wo beiden Namen akkad. *LIK. KA. GAB. A* entspricht, der Schluss ziehen, dass sie beide wesentlich ein und dasselbe Thier bezeichnen. Da nun assyr. *naṭru* auch sonst den „Wächter" bedeutet, von *naṭar* „bewachen" = نَطَرَ, נָטַר (vgl. Asurb. Sm. 230, 96f.: *u-na-aś-śi-ḫa rîmi na-aṭ-ru-ti śi-kur baba-ni ʿis-ri-ʿi-ti Ilamti*[2] „ich entfernte die Büffel, welche bewachten den Verschluss der Thore der elamitischen Tempel"), *kabbilu* aber (vgl. zur Form hebr. אַבִּיר) sich ungezwungen von arab. كَبَلَ, hebr. כָּבַל „fesseln", wovon כֶּבֶל „Kette, Fusseisen", herleitet, so wird es nicht zu kühn sein, wenn wir in *naṭru* und *kabbiluv* die assyrischen Vertreter unseres „Phylax" erkennen. Auch der akkadische Name *LIK. KA. GAB. A* passt, wie wir meinen, zu dieser Erklärung. *LIK* bed. nämlich, wie bereits bemerkt wurde, den „Hund"; *KA* (mit dem Grundbegriffe der „Oeffnung") entspricht entweder dem assyr. *pu-u* „Mund" (s. oben S. 21 Anm.) oder dem assyr. *ba-bu* „Thüre, Eingang" (siehe Schrader, Höllenfahrt der Istar, S. 148;

[1]) So, nicht *UR*, lesen wir in Uebereinstimmung mit Lenormant, *E. A.* I, 1, pag. 9.

[2]) Worterklärung: *u-na-aś-śi-ḫa* 1. Pers. Imperf. Pa. von *naśaḫ* = נָסַח „herausreissen, mit Gewalt entfernen"; — *rîmu* (vgl. رِئْم, רְאֵם „antilope leucoryx"), bezeichnet auf den assyrischen Inschriften ein Thier wie der Büffel; *AM* oder *AM. ŚI* d. i. „gehörnter Am" (*ŚI* = assyr. *ḳar-nu* d. i. קֶרֶן „Horn" II R. 1, 176); — über *śi-kur* s. o. Seite 21; — *baba-ni*, hier *KÂ-ni* geschrieben: *KA. A* = *ba-a-bu* „Thor" gemäss II R. 2, 365; — *ʿis-ri-ʿi-ti*, auch Asurb. Sm. 251, 14 u. ö., ist wahrscheinlich das Grundwort zu dem biblischen אֲשֵׁרָה „Astarte-Heiligthum".

vgl. auch unten Anm. 2); *GAB* ist das akkadische Aequivalent des assyr. *paṭar* „spalten, öffnen, freilassen“ = פָּטַר (vgl. *IN. GAB* = *ip-ṭu-ru* „er spaltete, öffnete“ II R. 11, 44 g. h, *NAM. GAB* = *ip-ṭi-ru* „Freilassung, Freiheit“ II R. 13, 16—19 a. b; vgl. auch 22, 2—4 a. b); *A* endlich ist das akkad. Participialsuffix (siehe Lenormant, *E. A.* 1, 1, 120 ff.). Das Ganze bed. somit entweder „den das Maul öffnenden, die Zähne zeigenden, anschlagenden“ oder „den das Thor (von Eindringlingen) befreienden Hund“ — eines wie das andere passende Beschreibung unseres „Kettenhundes“.

13. **kal-bu** „Hund, Haushund“. — Arab. كَلْبٌ, hebr. כֶּלֶב „Hund“. Im Akkadischen entspricht hier *LIK. KU*; *KU* ist nach II R. 4, 692 ff. = assyr. *tu-kul-luv* (von תָּכַל, secundär aus وَكَلَ gebildet) „Vertrauen, Ergebenheit, Unterthänigkeit“, concret „Diener“ (syn. *mar-ka-śu* „Gebundenheit, Dienst, Unterthänigkeit“, concret „Diener“, opp. *sar-ru* „König“, vgl. רָכַס, II R. 31 No. 2, 10), *LIK. KU* bed. somit, im Gegensatz zu *LIK. ḪUL*, dem „feindlichen Hunde“ (Z. 27), den zahmen, abgerichteten, dem Menschen allerlei Dienste leistenden, ihm treu ergebenen „Haushund“. Diese Grundbedeutung von *LIK. KU* scheint übrigens allmählich vergessen worden zu sein[1]; denn wir hören z. B. Asarh. II, 2 ff. den assyrischen König berichten, dass er die besiegten Einwohner der Stadt Arṣâ nach Assyrien versetzt und ihnen *ina di-ḫi sa'ari sa aṣu sa Ninua it-ti A. ŚI kalbu* (geschrieben *LIK. KU*) *saḫu*[2] d. i. „vor dem östlichen Thor von Ninive in der Nachbarschaft von Büffel, Hund und Tiger“ Wohnsitze angewiesen habe, wo

---

[1]) Oder ist vielleicht *LIK. KU* blosse Nominalverlängerung des einfachen *LIK*? Siehe oben S. 10 f.

[2]) Worterklärung: *ina di-ḫi* „in der Nähe von“, vgl. hebr. דָּחָה „an jemand stossen“; — *sa'ari*, hier mit dem akkadischen Namen des Thores *KÂ. GAL* d. i. „grosse Thüre“ geschrieben; — *aṣû* „Aufgang, Osten“ von *aṣâ* = יָצָא, akkad. *UD. DU* (auch II R. 1, 83. 62, 52 c. d, syn. *na-ai-ru sa ju-mi* „Aufleuchten des Tages“, vgl. נָהַר, נְהָר, II R. 8, 6 a. b); — *A. ŚI* (auch Asurn. Obel. I, 23), ganz so gebildet wie das oben erwähnte *AM. ŚI* und mit diesem vielleicht geradezu identisch; es scheint ein Thier mit langen Hörnern zu bedeuten (akkad. *A* = assyr. *ruḳu* „fern“, siehe *ABK*, 106; syn. *arik* „lang“ = אָרֵךְ, wovon später); — wegen *saḫu*, akkad. *SAḪ*, siehe zu Verzeichniss VI, 21 d.

selbstverständlich an „Haushunde“ nicht wohl gedacht werden kann. — Vgl. noch *lisân kalbi* (II R. 43, 67—73 d) = arab. لِسَانُ ٱلْكَلْبِ „Hundszunge“, ein Pflanzenname, sowie den Namen des „Hundssternes“, akkad. *MUL. LIK. KU* (II R. 49, 43 a) d. i. assyr. *kakkab kalbi* (zu *MUL* = *kakkab* = כּוֹכָב siehe *KAT*, 50 Anm.).

14. **mi-ra-nu** „Männchen“. — *Miranu* ist eine Adjectivbildung auf *ân* von dem auch im Assyrischen durch zahlreiche Derivata vertretenen Stamme مَرُؤَ „stark, kräftig, männlich sein“, wovon arab. مَرْءٌ, اِمْرَأٌ, اِمْرُؤٌ „Mann“, اِمْرَأَةٌ „Weib“, مُرُوءَةٌ „Humanität“, aram. מָרֵא „Herr“, assyr. *ma-ru, ma-ru-u* „männlich“, insonderheit „männliches Kind, Sohn, männliches Junges“ (syn. *zi-ka-ruv* „männlich“, *ṣa-aḫ-ruv* „klein, jung“; akkad. *US, NIGA, NITAḪ. TUR* und *DÛ*, II R. 32, 65. 66 a. b. 7, 5 c. d. 48, 20 a. b. III R. 70, 120), auch *ma-a-ru* geschrieben (II R. 36, 47—56 d; syn. *mi-i-ru, im-mi-ru, mu-u-ruv* u. v. a., siehe Excurs IX), *ma-ar-tuv* „Mädchen, Tochter“ (II R. 30, 50—52 d; syn. *mi-ir-tuv, im-mi-ir-tuv*), *ma-ru-tu*, nom. abstr. auf *ût*, „Kindschaft“ (II R. 33, 6 f). *Miranu* bed. sonach den „männlichen Hund“, vor allem den „jungen männlichen Hund“, das „Männchen“, worauf auch das in der akkadischen Columne erhaltene *TUR* hinführt, und stellt sich so in Parallele mit dem auf *kalbatuv* „Hündin“ folgenden *ni-ʿis-tuv* „Weibchen“ (Z. 31). Vgl. auch Sanh. Bell. Cyl. 14, wo es von Belibus, dem nachmaligen Beherrscher von Sumir und Akkad, heisst, man habe ihn in Sanherib's Palast auferzogen *kima mi-ra-a-ni ṣa-aḫ-ri* „wie einen kleinen Hund“, „wie ein Schoosshündchen“ (siehe Schrader, DMZ, XXVIII, 152).

Dem vergleichenden *kima* (كَمَا, כְּמוֹ כְּמָה) werden wir besonders bei Thiervergleichungen im Verlaufe dieser Abhandlung öfter begegnen. — Im Anschluss an *miranu* gestatten wir uns hier noch zwei weitere Bemerkungen. Khors. 168 ist die Rede von *alpi ma-ru-u-ti*, was Oppert mit „tauri alati“ übersetzt, indem er das hebr. מָרָא, dessen Hifil Iob 39, 18 vom Flügelschlage des Strausses gebraucht wird, zur Vergleichung herbeizieht. Vgl. auch Ménant, *Annales*, pag. 191.

Allein so ansprechend die Bedeutung „geflügelte Stiercolosse" ist, so kann sie doch weder formell noch begrifflich aus dem iobischen Hapaxlegomenon gewonnen werden. Vielleicht ist einfach „männliche Rindscolosse, Stiercolosse" zu übersetzen (*marûti*, Plur. von *maru*), so dass den Gegensatz jene Rindscolosse, assyr. *sîdi* oder *lamaśśi* (*lavaśśi*[1]), bilden, welchen *RAK*, das Zeichen des weiblichen Geschlechtes, vorhergeht: Asarh. V, 17. 52 u. ö. — Als Belegstelle zu *mar-tuv* „la femme" führt Ménant (II, 167) II R. 1, 193 an, wo es heisst: *ṣi-i* = *ṢI* = *mar-tuv*. Wir bezweifeln die Angemessenheit dieses Citates; uns scheint der Sinn des Syllabars ein ganz anderer zu sein. Man werfe nur einen Blick auf Asarh. I, 9—29, wo der assyrische König berichtet, dass er Sidon eingenommen und dem Erdboden gleich gemacht habe, und dann fortfährt (Z. 29 f.): [*ina libbi 'ir*] *sa-nuv-va ṢI u-si-bis-va 'ir* [*Kar-Asur-*] *aḫ-iddi-na at-ta-bi ni-bit-śu*[2] d. h „alldort liess ich eine andere Stadt .... erbauen und nannte ihren Namen „Asarhaddonsstadt". Mit *mar-tuv* „la femme"

[1]) Zu *sîdu* = hebr. שֵׁד (von שׁוּד Ps. 91, 6 „gewaltig sein, vergewaltigen") „gewaltiger Herr" (akkad. *ALAP* d. i. assyr. *alpu*, „Stiergott" II R. 1, 174) siehe Schrader in der Jenaer Literaturzeitung 1874 No. 15, S. 218; *lamaśśu* (akkad. *LAMMA* II R. 1, 175) harrt noch seiner etymologischen Deutung. Liest man *lavaśśu*, so lässt sich Zusammenhang mit arab. لَوْث „Kraft", أَلْوَثُ, أَلْيَثُ, أَلْيَسُ „stark, kräftig", wovon لَيْث, לַיִשׁ „Löwe", vermuthen.

[2]) Worterklärung: *sanu*, *sanuvva*, *sanavva* „ein anderer, ein zweiter" (auch Asurb. Sm. 179, 100 u. ö.), Plur. *sa-nu-u-ti* „andere" (Xerxesinschrift D, 12), dann „die Anderen, die Zweiten", der bekannte, dem hebr. מִשְׁנֵה הַמֶּלֶךְ entsprechende Titel der assyrischen Statthalter; — *u-si-bis* Shaf. von *'abas*, „machen", wie *u-si-sib* „ich liess wohnen" (Asarh. II, 5. 51. III, 21 u. ö.) von *asab*, *u-si-li* „ich liess hinaufsteigen" (Asarh. IV, 6) von *'alâ* = עָלָה, *u-si-si-ru* „ich richtete her" (Asarh. VI, 20) von *asar* = אָשַׁר, u. v. a. Daneben freilich finden sich auch Formen mit erhaltenem ursprünglichen *a* vor dem ersten Radical: vgl. das oben S. 7 erklärte *u-sa-ḫi-zu*, אָחַז, *u-sa-zi-zu*, sie verhalfen zum Sieg" (Asarh. IV, 41) [illegible] *'azaz* = עָזַז, *u-sa-li-ṣa* „ich liess jubeln" (Asarh. VI, 38) von *'alaṣ* = עָלַץ, u. a. m.; — zu *kar* „Stadt, Burg" vgl. hebr. קֶרֶת; — *at-ta-bi*, für *antabi*, 1. Pers. Imperf. Ifte. von נָבָא „verlautbaren": „ich nannte (mir zu Ehren)"; *nibit* „Benennung, Name"; anderwärts lesen wir auch die Redensarten: *sum-su ab-bi* (Khors. 60. 65), *az-ku-ra ni-bit-śu* (Khors. 155) „ich nannte seinen Namen".

als der assyrischen Uebersetzung von *SI* ist in diesem Zusammenhange offenbar nichts anzufangen; dagegen drängt sich das akkadische *MAR. TU* „Westen“ (vgl. *KUR.*[1] *MAR. TU. KI* = *mat a-ḫar-ri-i* „Westland“ d. i. Phönicien und Palästina II R. 50, 57 c. d. Khors. 17. 161. Sanh. Tayl. II, 55; *IM. MAR. TU* = *a-ḫar-ru* „Westwind“, siehe Excurs VIII) unmittelbar auf, so dass der Sinn der Stelle ist: „eine andere Stadt im Westen liess ich erbauen“. *Mar-tuv* ist somit der ins Assyrische übergegangene akkadische Name des Westens, *ṢI* aber ein akkadisches Synonym zu *MAR. TU.* Norris (III, 867) hält *ṢI* für ein semitisches Wort, indem er es von hebr. יָצָא „ausgehen“ ableitet. Allein gleich dem hebr. יָצָא wird assyr. *aṣâ* und sein Synonym *napaḫ* „ausgehen“ (aram. נְפַק) stets nur vom Ausgang d. i. Aufgang der Sonne gebraucht (*ṣi-it san-si* = *ni-pi-iḫ san-si* „Osten“ Khors. 144); der Aufgang der Sonne ist dem Semiten ein Herausgehen, der Untergang ein Ein- oder Heimgehen.

Es folgen nun einige specielle Namen des Hundes, welche sich auf seine Abstammung, Dressur, Sinnesart u. s. w. beziehen.

15. **ka-lab 'I-lam-ti** „Susianerhund“. — Dem assyr. *'Ilamti* entspricht in der akkadischen Columne deutlich erkennbar *NUM. MA. KI*; dies ist aber der aus der Behistuninschrift (5. 30. 40. 42. 91) bekannte Name des altpersischen Uvaǵa oder Susiana, des hebr. עֵילָם. Wir haben es also mit einer aus Susiana stammenden, ohne Zweifel edlen und, wie die Erwähnung der *'Ελυμαῖοι κύνες* bei Pollux (V, 37) zeigt, weithin berühmten, sonst aber nicht näher zu bestimmenden Hunderace zu thun. Zur Benennung von Hunderacen nach ihrer Heimath vgl. die von den Arabern als Jagdhunde besonders geschätzten „seleukischen Hunde“, الكلاب السلوقيّة (siehe Fleischer, *Dissertatio de glossis Habichtianis*, pag. 21—23; Jakût's *Mo'ǵam al-buldân*, ed. Wüstenfeld, III, S. 125 f.), sowie unsere „Neufundländer“, „Bernhardiner“ u. a. Die Grundbedeutung des akkad. *NUM. MA. KI* ist „Hochland“; vgl.

---

[1]) Zu akkad. *KUR* = assyr. *ma-a-tav* „Land“ siehe III R. 70, 117.

II R. 30, 7g. h: *SI*[1]. *NUM* = *ma-tuv 'i-li-tuv* „hohes Land, Hochland“, II R. 30, 5c. d: *NU. UM. MA* = *'i-li-tuv* „sich erheben, Erhebung“ (über *NUMMA* gegenüber *NUM* s. oben S. 10f.), endlich auch III R. 70, 144: *NUM* (*NIM*) = *sa-ḳu-u* „Erhebung“ (s. oben S. 23 Anm. 2). Wenn nun ebendieses akkadische *NUM*[2] (*NIM*), dessen Bedeutung „hoch sein, sich erheben“ durch die drei angeführten Stellen gesichert ist, in dem Syllabar II R. 3, 451. 452 durch assyr. *'i-la-mu* erklärt wird, so leuchtet ein, dass dieses *'ilamu* nicht „Ewigkeit, Welt“ bedeuten und so dem hebr. עוֹלָם entsprechen kann (Lenormant, *E. A.* I, 3, 43. 78 u. ö.), da letzteres ja von dem Grundbegriff der „Verhüllung“, der „Unabsehbarkeit“ ausgeht (siehe Franz Delitzsch, Psalmen II, 111), sondern gleichfalls „hoch, erhaben“ bedeuten muss — eine Bedeutung, welche auch dem arab. عَلِمَ „erkennen, wissen“ zu Grunde liegt und in arab. عَلَمٌ „alles was über die Ebene hervorragt“, dann die „Fahne“ (bei den Dichtern geradezu = جَبَلٌ „Berg“) unverkennbar sich kundgibt. Wir haben hier denselben Bedeutungsübergang von „hoch sein“ in „sichtbar, erkennbar sein, erkennbar machen, erkennen“ wie in sem. *nagad* (siehe Franz Delitzsch, Jesaia, S. 48), wovon הִגִּיד „zu Tage fördern, kund thun“ und *amar* (siehe Gesenius, *Thesaurus*, pag. 119. Dillmann, *Lexicon*, col. 728), wovon das mit عَلَامَةٌ „Kennzeichen“ wechselnde أَمَارَةٌ herkommt. Bedeutet nun aber assyr.

---

[1]) *SI* ist ursprünglich das akkadische Aequivalent von *i-nuv* „Auge“ (z. B. II R. 30, 8—10c. d) und *pa-nu* „Angesicht, Front, Vordertheil“ (z. B. *SI. MÂ* = *pa-an 'i-lip-pi* „Vordertheil des Schiffes“ II R. 62, 74g. h, siehe Excurs VII). Zur Bed. „Land“ gelangte es wohl durch den Mittelbegriff der „Oberfläche“ (vgl. hebr. פְּנֵי). — Zu *SI. NUM* siehe die Nachträge.

[2]) Akkadische Synonyma von *NUM* „hoch sein“ sind *ZA. NA* und *ZA. NA. RU* (II R. 30, 67c. d: *ZA. NA. PI* und *ZA. NA. RU. PI* = *'i-lit uz-niv* „das sich Spitzen des Ohres“), *MUḤ* (aus den historischen Inschriften als dem assyr. *'ili* „über“ entsprechend wohl bekannt), *BAR* und *AN. NA* (II R. 8 - 10c. d: *MUḤ. SI*, *BAR. SI* und *AN. NA. SI* = *'i-lit i-niv* „das sich Aufthun des Auges“). Lenormant, *E. A.* I, 165. 166 übersetzt: „au-dessus de l'oreille“, „au-dessus de l'oeil“, allein assyr. *'ilit* bedeutet nicht „oberhalb“.

'ilamu „hoch, erhaben“, so wird auch *'Ilamti*, hebr. עֵילָם, gleich dem akkad. *NUM. MA. KI* nichts weiter als „Hochland“ bedeuten, und diese Erklärung des Wortes empfiehlt sich um so mehr als seine bisher übliche Zurückführung auf ein supponirtes *Airjama* „Arierland“ gewichtige Bedenken gegen sich hat.[1]

16. **ka-lab pa-ra-si-i.** — An Persien kann bei *parasi* nicht gedacht werden, da dieses Land im Assyrischen *Parśu* heisst (Beh. 1. 5. 14. 16 u. ö.), mit gleicher Beibehaltung des ursprünglichen *s* (پارس) wie in allen übrigen semitischen Dialekten: vgl. فَارِس, اَلْفُرْس, פָּרַס, wovon ܦܪܣܝܐ „Perser“ u. s. w. Der Stamm *paras* mit ש ist bis jetzt nur durch die Nifalformen *ip-pa-ris* „er entfloh“ (z. B. Khors. 126. Sanh. Tayl. III, 57), *ip-par-su* (aus *ip-pa-ri-su*) „sie entflohen“ (Sanh. Tayl. I, 18), *a-par-su* (ungenau statt *ap-par-su*) „ich eilte herbei“ (Asarh. I, 18. 46) belegt. Die Grundbed. des Wortes ist die des „Ausbreitens, Zerstreuens“, Nif. „sich zerstreuen, auseinanderfahren, entfliehen“, dann „enteilen, herbeieilen“; vgl. zu dieser Bedeutungsentwicklung hebr. פָּרַשׂ Ps. 68, 15 und פָּרַד. Wie nun freilich das Wort *parasî* (doch wohl ein Gen. Plur.) in unserm Thiernamen zu fassen sei, muss, zumal da uns der akkadische Name nicht erhalten ist, dahingestellt bleiben. Vielleicht bed. *parasu* (vgl. auch II R. 30, 37) die „weite Ebene“, wie arab. فَرْش, so dass wir an eine besonders zur Steppenjagd sich eignende Hunderace zu denken haben, im Gegensatze zu dem unmittelbar folgenden „Wasserhund“.

17. **ka-lab mí-'i** „Wasserhund“. — *Mí-'i* ist der Gen. Plur. von *mí* „Wasser“, hebr. מַיִם; im Akkadischen entspricht *A*. Da an den „Seehund“ (תַּחַשׁ?) kaum gedacht werden kann, so scheint unter *kalab mí'i* ein Hund verstanden werden zu müssen, welcher besonders gern im Wasser jagt, also an eine Art Hühnerhund oder Pudel. Oder ist etwa assyr. *kalab mí'i* Name des „Bibers“, wie arab. كلب الماء?[2]

---

[1]) Vgl. Dillmann in Schenkel's Bibel-Lexikon II, Artikel Elam; Nöldeke in den Göttinger Gel. Anz. 1874, Stück 13, S. 187 ff.

[2]) Wahrscheinlich ist auch in der Mischna Kelim XVII, 13 der „Hund des Wassers“ (כלב המים), welcher wenn er gejagt wird auf das Festland

18. **ka-lab ur-ṣi.** — *Urṣi* ist jedenfalls der Genitiv einer Segolatform *urṣu*, über deren Ableitung und Bedeutung wir jedoch zur Zeit nichts Bestimmtes aussagen können. In dem Syllabar II R. 40, 43. 44 c. d. wird *ma-suk-tuv* als Synonym von *ur-ṣu* und *a-mid-ti ma-suk-tuv* als synonyme Redensart von *ʿi-lit ur-ṣu* aufgeführt. Da nun II R. 30, 1 c. d. auf *ʿi-lit ur-ṣi* unmittelbar *ʿi-lit ba-sa-mi* „Emporsteigen, Duften des Balsams" folgt, so liegt es nahe auch in *ur-ṣu* und *masuktuv* Namen eines wohlriechenden Stoffes (des Moschus?) zu vermuthen; indess bleibt dies bis auf Weiteres nur Vermuthung.

19. **ka-lab Sa-mas** „Sonnenhund". — Dies die wörtliche Uebersetzung. Wie es scheint, eine Hunderace mit gelblicher Farbe (vgl. V, 45 b) oder der „Schakal" (canis aureus). Auch ein Stern trug diesen Namen; siehe II R. 49, 63 a: *MUL. LIK. AN. UD.* d. i. *kakkab kalbi Samas.*

25. **su-mu.** — Unbekannt.

26. **kal-bu sí-gu-u** „toller Hund". — Wie assyr. *sípu* „Fuss" mit שָׁפָה „reiben" zusammenhängt, so ließe sich *sígu* mit שָׁגָה „irren, herumirren" combiniren, so dass also *kalbu sígu* eine Bezeichnung der verwilderten und herrenlos herumlaufenden Hunde wäre, jener Landplage des Orients. Da jedoch diese gefährlichen, die Menschen anfallenden, ja zerreissenden Hunde unter dem „feindlichen Hund" der nächstfolgenden Zeile zu verstehen sein werden, so ziehen wir es vor, *kalbu sígu* im Sinne des arab. شَجِعَ, hebr. מְשֻׁגָּע als „tollen Hund" zu fassen.

27. **lim-nu** „feindlicher Hund". — Dass *kalbu* vor *limnu* zu ergänzen ist, zeigt das in dem Verzeichniss XXIV, 4 vor *ḤUL*[1] erhaltene akkadische *LIK.* Die Bed. des Wortes *limnu* „feindlich" (siehe Norris II, 690 f., syn. *aibu* = אוֹיֵב und

---

flicht und deshalb nicht zu den reinen Wasserthieren zählt, nicht der „Seehund", wie dort erklärt wird, sondern der „Biber". Uebrigens findet sich der Seehund nicht blos in dem Polarmeere. Strabo XVI p. 776 erwähnt eine Robbeninsel in der Nähe Petrāa's als von der Menge dieser Thiere so benannt.

[1]) II R. 48, 32 g. h. wird *ḤUL* durch assyr. *ḳu-ul-lu-lu* „schmähen, verfluchen" erklärt; vgl. *ḳul-lul-ti* „Schmähung, Verachtung" (scil. der assyrischen Macht), syn. *ḫi-ṭi-ti*, Gen. von *ḫi-ṭu-tu* „Sünde, Abfall" (Sanh. Tayl. III, 6).

nakru; opp. *damḳu*), Fem. *limuttu* = *limuntu* (z. B. *i-nu, li-sa-an, sap-tav li-mut-tav* „feindliches Auge, feindliche Zunge, feindliche Lippe" II R. 17, 31—33 b), nom. abstr. *limnutu* „Feindschaft" (z. B. Khors. 113) ist vollkommen gesichert, obwohl eine etymologische Erklärung bis jetzt nicht hat gelingen wollen. Man hat an arab. لَامَ med. v „tadeln, beschuldigen" gedacht, allein diese Combination ist offenbar nur ein schlechter Nothbehelf. Vielleicht ist assyr. *limnu* verwandt mit arab. لَحَمَ, hebr. לָחַם „fest und dicht andrängen", Nif. „kämpfen, streiten", מִלְחָמָה „Getümmel, Schlacht, Krieg"; es wäre dann ebenso durch Elision aus *liḥmânu* entstanden, wie *ram-ni-su* „er selbst" (Khors. 125) aus und neben *ra-mâ-ni-su* (Khors. 77).

28. **ṣa-i-du** „Jagdhund" (?). — Dass wir auch hier eine Hundeart vor uns haben, geht nicht nur aus dem Zusammenhang, sondern auch aus dem akkadischen *LIK. NIGIN* (XXIV, 5) hervor. Am nächsten liegt es, *ṣa-i-du* zu lesen und dieses für ein Participium von *ṣûd* = صَادَ, צוּד „jagen" zu halten: *ṣaidu* wäre also der „Jagdhund", wie arab. كَلْبٌ صَيُودٌ. Das *a* der ersten Sylbe wird durch die analogen Participialbildungen der übrigen semitischen Dialekte als lang erwiesen; im Assyrischen selbst wechselt ja z. B. *da-is* „niedertretend, niederwerfend" (Asarh. II, 22) mit *da-a-is* (Sarg. Cyl. 32), von דּוּשׁ. Die Form *ṣa-ai-i-du* (XXIV, 5), in welcher der Vocal *a* durch rückwirkenden Einfluss des *i* diphthongirt ist, bildet den Uebergang zu Formen wie *aibu* „feindlich" aus *â-i-bu, ai-i-bu*; *ka-ai-nav* „Priester" (E. I. H. I, 17) = כֹּהֵן, u. a. Warum aber haben wir dennoch der so nahe liegenden Uebersetzung „Jagdhund" ein Fragezeichen beigefügt? Desshalb, weil das akkad. *NIGIN* II R. 24, 50 a. b. durch *ṣa-a-du (za-a-du) sa la-mi-'i (la-vi-'i)*, 34, 64 g. h. durch *pa-ḫa-ru sa a-la* .... erklärt wird und sonst (z. B. Asurb. Sm. 32) dazu dient, bei längeren Aufzählungen das „Gesammtergebniss", die „Summa" zu bezeichnen (Smith umschreibt es an der angegebenen Stelle richtig mit assyr. *puḫur* von *paḫar* „sich versammeln"). Da es uns nun einerseits unmöglich

scheint, zwischen den Begriffen „jagen" (*ṣâdu*) und „sich versammeln" (*paḫaru*) eine Vermittlung herzustellen, andrerseits aber hebr. זיד (mit ז) und חָמַר zwei bekannte Synonyma mit der Grundbed. „sieden, überkochen" sind, mit welcher sich die Bed. der „Gesammtheit", der „Summe" (id quod redundat) ungezwungen vermitteln lässt (vgl. auch arab. زَادَ, زِيَادَة), da endlich assyr. *za-i-du* neben *dun-nu* „gewaltig" (II R. 48, 19c) sicher auf זיד und nicht auf צוד zurückzuführen ist, so schien es uns rathsam, auch für den in Rede stehenden Hundenamen die Lesart *za-i-du* mit *z* bis auf Weiteres noch freizugeben. Siehe übrigens Nachträge.

29. **ka-lab il-la-ti** „Treibhund". — Schrader (DMZ, XXVII, 707) nimmt *illatu* in der Bed. „Familie" (ילדתי) und übersetzt „Hund mit Jungen". Indess so passend auch der Name, so aufgefasst, zu den nun folgenden Namen der Hündin überleiten würde, so scheint uns doch diese Erklärung weder grammatisch noch inhaltlich zulässig; denn „Hund mit Familie" müsste wohl anders ausgedrückt sein als „Hund der Familie"; auch liesse sich in diesem Falle eher die Hündin genannt erwarten. Besser liesse sich an den „Familienhund, Haushund", arab. كَلْبٌ أَهْلِيٌّ, denken. Aber ist überhaupt *illati* in der Bed. „Familie", in seiner Abstammung von *alad* = יָלַד gesichert? So viel wir sehen, ist ein assyr. *illatu* „Familie" weder durch die historischen Inschriften noch durch die Syllabare zu belegen. Ueberall vielmehr, wo uns das Wort begegnet, bedeutet es ausschliesslich „Macht, Heeresmacht" (vgl. die häufigen Redensarten: *u-par-ri-ru il-lat-śu* „ich schlug seine Heeresmacht", Sanh. Tayl. III, 53; *u-pa-ḫir il-lat-śu* „er versammelte seine Macht", Asurb. Sm. 47, 68) und ist entweder mit hebr. חַיִל (KAT, 225) oder mit אֱלַל (אול) „stark sein" zu combiniren. Hier, da von Hunden die Rede ist, nehmen wir *illatu* in dem Sinne von „Meute" und verstehen unter *kalab illati* den „Parforcehund", den „Treibhund".

30. **kal-ba-tuv** „Hündin". — Femininum von *kalbu* (Z. 13); arab. كَلْبَةٌ.

31. **ni-'is-tuv** „Weibchen". — Vgl. Z. 14: *miranu* „Männchen". *Ni-'is-tuv* ist Femininum von *ni-'i-su* „männlich" und

dieses (vgl. *ṣi-ʿi-nu* „Kleinvieh" neben *ṣi-nu*) nur eine andere Schreibweise von *ni-su* „Mensch, Mann" (II R. 2, 378), Plur. *nisi* „Menschen". Die Verwandtschaft dieser Wörter mit arab. إِنْسٌ, إِنْسَانٌ; نَاسٌ, hebr. אִישׁ (aus אִנְשׁ), Plur. אֲנָשִׁים, אִשָּׁה (aus אִנְשָׁה), liegt auf der Hand. *Nistuv* ist = נֶשֶׁת = אִנְשֶׁת; das anlautende א ist erhalten in *as-sa-tu* „Weib" (II R. 10, 2. 4. 9. 10. 36, 45d) = *ansatu*[1].

32. **a-lid-tuv** „werfende Hündin". — So auch Schrader und Ménant (II, 286): *„celle qui a des petits"*. *Alidtu* ist Femininum von *âlid*, Part. von *alad* „gebären", welches mit *bâni*, Part. von *banâ* „erzeugen", und dem gleichbedeutenden *ba-nu-u* (siehe Norris I, 105 f.) unterschiedslos wechselt: vgl. *a-li-di-ka* „deines Erzeugers" (Bors. II, 27), *a-li-di-ja* „meines Erzeugers" (E. J. H. VII, 12). Der status constructus würde *âlidat* lauten.

33. **mu-na-śik-tuv** „beschützende Hündin". — Das Wort ist jedenfalls Part. Fem. Pael von einer W. *naśak* (*nasak*?); *munaśiktuv* statt des zu erwartenden *munaśśiktuv* ist ungenaue Schreibweise. Ménant (II, 286) vergleicht hebr. נָשַׁךְ „beissen" und übersetzt *„celle qui mord"*, ebenso wie er den von ihm I, 423 citirten Namen eines Hundes Asurnaṣirhabal's, *mu-na-si-ku*, mit *„celui qui mord"* wiedergibt. Allein bei dieser Auffassung des Wortes bleibt es stets befremdend, dass das „Bissigsein" gerade an der Hündin als Eigenschaft hervorgehoben wird. Schrader (a. a. O) vergleicht hebr. נָשַׁק „küssen" und übersetzt: „säugende, eig. küssenmachende" Hündin. Gegen die Richtigkeit dieser Auffassung spricht aber nicht nur der schwierige Bedeutungsübergang, sondern auch dies, dass assyr. *nasaḳ* im Ḳal wie im Pael stets nur in der

---

[1]) Die in dem Syllabar II R. 36, 43—46 c. d. als Synonyma von *assatu* aufgeführten Wörter sind *ḥi-ra-tuv* und *ḥi-ir-tuv* „Gattin", auch in den historischen Inschriften häufig, = syr. ܚܐܪܬܐ „die Freie, die Herrin"; *is-su* aus *insu*, vgl. arab. أُنْثَى „weiblich"; endlich *mar-ḥi-tuv*, dessen etymologische Deutung noch dahingestellt bleiben muss. — Assyr. *in-su* „schwach" (syn. *ma-ṭu-u* „schwankend, hinfällig", מוט, opp. *dan-nu* „stark", II R. 13, 30—32 c. d) schliesst sich an hebr. אָנַשׁ in der Bed. „schwach, krank sein" an.

einfach transitiven Bedeutung „küssen“ gebraucht wird: vgl. die häufige Phrase *unassiḳu sipâja* „sie küssten meine Füsse“. Wir schreiben *munaśiktuv* und fassen das Wort, gleichbedeutend mit *naṭirtuv* der folgenden Zeile, als die ihre Jungen „in Obhut nehmende, beschützende“ Hündin; *naśak* = hebr. נְסַךְ „bedecken, beschirmen“ (s. oben S. 7).

34. **na-ṭir-tuv** „bewachende Hündin“. — Part. Fem. von *naṭar* „bewachen, behüten“, wovon auch *naṭru* „Wächterhund“ (Z. 8). Schrader, welcher ebendiese Wurzel annimmt, kommt von da aus zu der Bedeutung „trächtig“; aber sollte auf die „gebärende“ und „säugende“ Hündin zuletzt noch die „trächtige“ folgen? Ménant (II, 286), welcher *na-kar-tuv* liest und „celle qui n'obéit pas“ übersetzt, scheint die beiden Zeichen  *ṭir* und  *kar* verwechselt zu haben.

35. **rum-ṣu**. — Dieser Name, welcher auffälliger Weise zweimal nach einander sich wiederholt, lässt sich schon desshalb nicht sicher erklären, weil man wegen der ihm folgenden Lücke nicht wissen kann, ob sich das Register der Hundenamen noch weiter fortsetzte oder was für Thiere nun an die Reihe kamen. Auch in etymologischer Hinsicht kommt man, mag man nun *rumṣu* oder *tilṣu* lesen, zu keinem befriedigenden Resultate. Wäre es gestattet, auf Grund von II R. 3, 576 *asḫal* zu lesen, so könnte man darin eine Bezeichung des„ Löwen“, hebr. שַׁחַל (sonst *a-ri-a* d. i. אַרְיֵה genannt, siehe KAT, 60. 166 f.) oder aber des „Fuchses“, hebr. שׁוּעָל, erkennen (betreffs der Verhärtung von ע in ח s. oben S. 16f.). Indess, selbst die Richtigkeit dieser Lesung angenommen, wäre es doch immerhin auffallend, dass der Name nicht, gleich allen übrigen, auf die Nominativendung *u* auslautet.

Im Anschluss an die eben besprochenen Hundenamen gestatten wir uns eine Bemerkung über einen vermeintlichen assyrischen Namen des „jungen Hundes“. Norris (II, 511) hat einen solchen nämlich in dem Syllabare II R. 39, 19—21 c.f. zu entdecken geglaubt, wo von einem *si-ga-ruv*, einem *sigaruv kalbi* (geschrieben *LIK. KU*) und einem *sigaruv arja* (geschrieben *LIK. MAḪ*, wörtlich übersetzt: „grosser Hund“) die Rede ist, indem er dieses *sigaruv* dem hebr. שֶׁגֶר gleichsetzt. Allein so richtig diese Combination auf den ersten

Blick scheinen mag, so gewichtige Bedenken erheben sich dagegen bei näherem Zusehen. Zuvörderst erscheint *sigaru* überall, wo es sich sonst in den historischen Inschriften und in den Syllabaren findet, als Bezeichnung des Theiles einer Thüre (assyr. *da-al-tuv* = דָּלֶת, akkad. *IK*, gewöhnlich mit dem Determinativ *IZ* „Holz"; II R. 23, 1 c. d. 25, 29 e. f), meist neben *śi-ip-pu* „Schwelle" = hebr. סַף und *mi-di-lu* „Riegel", = syr. ܡܘܕܠܐ (vgl. Norris III, 747 f.). Da nun weiter das Syllabar II R. 23, 32—41 c. d. als Synonyma dieses *sigaru* eben jenes *midilu* sowie *śik-ku-ru* (II R. 15, 2 a. b: *śi-ku-ru*) „Riegel", syr. ܣܘܟܪܐ (vgl. Schrader, Höllenfahrt, S. 29), *su-ul-bu-u* „Querleiste", vgl. hebr. שְׁלַבִּים, *śa-ak-ka-pu* „Balken, Gebälk", hebr. שֶׁקֶף (oder أُسْكُفَّةٌ „Schwelle"?) und andere aufführt, so unterliegt es keinem Zweifel, dass wir in diesem *sigaru* nicht hebr. שֶׂגֶר, sondern vielmehr arab. شِجَارٌ[1] „Querriegel" zu erkennen haben. Dass aber dieses *sigaru* auch in dem von Norris citirten Syllabare vorliegt, ergibt sich mit Sicherheit daraus, dass den dort entsprechenden akkadischen Wörtern sämmtlich das Determinativ *IZ* „Holz" vorhergeht; ja wir lesen sogar das dem *sigaru* entsprechende akkad. *IZ. MA. NU* II R. 22, 37 a. b. mitten in einem Verzeichniss hölzerner Geräthe und 23, 28 f. mitten in einer Liste architektonischer Wörter. Was wollen nun aber die beiden Zusätze *kalbi* und *arja* bei dem „Querbalken", dem „Verschluss"? Wir erinnern daran, dass für die Löwenjagden der assyrischen Könige die Löwen in Käfigen grossgezogen und an dem Tage der Jagd freigelassen zu werden pflegten; diese Käfige, deren Wände aus einzelnen Querbalken bestanden (siehe die Abbildung in George Rawlinson's *Five great monarchies* I, 509), verstehen wir unter *sigaru arjâ*[2] und dem entsprechend

---

[1]) Die Grundbed. des arab. شَجَرَ ist „in die Quere gehen, sich verästen", daher auch „einen Querriegel vorschieben" und dadurch „abschliessen, abhalten, verhindern"; شَجَرَةٌ „Baum" als der sich verästende, verzweigende.

[2]) Von hebr. סָגַר, סָכַר „verschliessen", womit assyr. *sikkuru* „Riegel" zusammenhängt, ist obiges *sigaru* (mit ש geschrieben) zu trennen. Hebr. סוּגַר

unter *sigaruv kalbi* die jedenfalls ähnlich gebauten „Hundehütten". Vgl. auch II R. 22, 27 b. c, wo von einer *na-bartuv sa arja* die Rede ist.

Columne d.

1. **zi-i-bu** „Wolf". — Arab. ذِئْبٌ, hebr. זְאֵב, aram. דִּיבָא. Assyr. *zi-i-bu* (*zîbu*) ist ebenso aus *zi-'-bu* entstanden, wie im Arabischen ذِئْبٌ und ذِيبٌ, im Hebräischen רְאֵם und רֵם mit einander wechseln. Im Akkadischen heisst der Wolf *NU. UM. MA* d. i. „Gewaltiger" (über die Grundbed. von *NUM* „hoch, gross sein" siehe oben S. 39); doch führt er auch noch einen andern Namen, welcher ihn passend als „gefrässigen Hund" bezeichnet: akkad. *LIK. BI*[1]. *KU.* Das Ideogramm  nämlich, welches nach II R. 32, 58 a. *KU* zu sprechen ist und aus 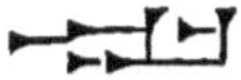 *KA* „Mund" und  *GAR* „Vorrath, Speise" (siehe Schrader, Höllenfahrt, S. 49) zusammengesetzt ist[2], wird Asurn. I, 53 in einer Variante durch *akal* d. i. אָכַל „essen" erklärt (vgl. Ménant II, 397. 112 sowie II R. 32, 58 a. b), wie denn auch in unserm Verzeichniss als assyrisches Synonym zu *zîbu*

3. **a-ki-luv** „Gefrässiger" = אָכֵל genannt wird. — Einen dritten Namen des Wolfes siehe Z. 37 d.

4. **bi-ib-bu** „Bock". — Oppert und Ménant (II, 351. 404) vermuthen in *bibbu*, akkad. *LU. BAD*, einen Namen der „Katze", während Lenormant (*E. A.* I, 1, 31) sich an der unbestimmten Uebersetzung „espèce de quatrupède" genügen lässt. Uns scheint das *LU* des akkadischen Wortes ein sicherer Fingerzeig zu sein, dass *bibbu* ein zum Schaf- oder

---

(Ez. 19, 9), von Hieronymus mit „cavea" übersetzt und auch von Rosenm. Ges. sowie den meisten Neueren als „Käfig" (des Löwen) gedeutet, kann daher mit assyr. *sigaruv arja*, unmittelbar wenigstens, nicht verglichen werden.

[1]) Die Bedeutung der Sylbe *BI* in dem Namen *LIK. BI. KU* wissen wir nicht anzugeben.

[2]) Ueber diese zusammengesetzten ideographischen Zeichen siehe Lenormant, *E. A.* I, 1, 45.

Ziegengeschlecht gehöriges Thier bezeichnet (siehe oben S. 32), und zwar benennt es dieses, wie wir glauben, nach seinem Meckern: vgl. äth. በበዐ:, ቢበዐ: „lactum clamorem tollere“, paläst.-aram. בְּעָא „schreien“, arab. بَغَبَ, wovon بِغْبِيبٌ „caper dorcadum pinguis.“ Freilich liesse sich *bibbu* auch an das arab. بَبٌّ, بَبَّةٌ knüpfen, mit ähnlicher Uebertragung wie von غُلَامٌ und شَبٌّ auf ein Thier. Wir übersetzen den Namen schlechtweg „Bock“, da sich nicht sagen lässt, ob der Schafbock oder Ziegenbock oder sonst ein männliches Thier dieser Familie ausschliesslich so genannt worden sei. Dem akkadischen *LU. BAD* vermögen wir zur näheren Bestimmung des Wortes nichts zu entnehmen. Es sei nur darauf hingewiesen, dass das akkadische Volk mit dem Thiernamen *LU. BAD* (*MUL. LU. BAD*) sowohl die Planeten im Allgemeinen (siehe III R. 57, 67) wie speciell den Saturn als den Planeten *κατ' ἐξοχήν* benannte. Letzteres ist aus dem Syllabar II R. 57, 50a. b. ersichtlich: *MUL. LU. BAD* = *A-dar*, denn Adar ist der Saturn (siehe Schrader in den Studien und Kritiken 1874, S. 329). Aus II R. 48, 53a. b. 49 No. 3, 44 geht übrigens hervor, dass auch der Jupiter einfach mit *MUL. LU. BAD* (*bibbu*) bezeichnet werden konnte.

5. **a-tu-du** „Ziegenbock“. — Arab. عَتُودٌ, hebr. עַתּוּד „Ziegenbock“ (so genannt als der kampfbereite, streitfertige). Das kurze *u* der zweiten Sylbe beruht, wie die verwandten Wörter der semitischen Schwestersprachen lehren, lediglich auf graphischer Incorrectheit (vgl. *li-sa-nu* „Zunge“ statt des durch die übrigen Dialekte geforderten *li-sa-a-nu*). Der akkadische Name dieses Thieres ist *ŚI. IḲ. ḲA* (siehe II R. 4, 662), als dessen Grundbedeutung wohl „Thier mit emporstehenden Hörnern“ anzunehmen sein wird: denn *ŚI* ist = *ḳarnu* d. i קֶרֶן „Horn“ (siehe oben S. 34), *IḲ* aber entspricht gemäss II R. 26, 48c. d. 27, 18a. b. dem assyr. *na-su-u* „Erhebung“. Ebendiesen akkadischen Namen, nur durch nachgesetztes *BAR* „Gazelle“ (siehe Z. 14d) vermehrt, führte

6. **sap-pa-ru** „Gazellenbock“. — Ménant (II 266. 404) übersetzt *sapparu* ebenso wie *atûdu* mit „le bouc“, ohne aber seine Uebersetzung zu begründen. Hebr. צָפִיר „Ziegenbock“,

woran man zunächst denkt, ist in formeller und vor allem in lautlicher Beziehung (man erwartete wenigstens *ṣapparu*, mit *ṣap* geschrieben) zu sehr verschieden, um verglichen werden zu können. In befriedigendster Uebereinstimmung befindet sich dagegen assyr. *sapparu* mit arab. شَفَّر „junge Gazelle“, welches auch hinsichtlich seiner Bedeutung trefflich zu dem akkad. *ŚI. IḲ. ḲA. BAR* passt. Im Hinblick auf eben dieses akkadische Wort ist übrigens zu vermuthen, dass *sapparu* eine etwas weitere Bed. als arab. شَفَّر hatte und nicht sowohl das „Gazellenjunge“ als die „Gazelle“ überhaupt, vorzugsweise die „männliche Gazelle“ bezeichnete. Solche Bedeutungserweiterungen kommen auch sonst vor: vgl. arab. عُصْفُور, hebr. צִפּוֹר meistens „kleiner zwitschernder und singender Vogel“, dagegen assyr. *iṣṣur* „Vogel“ überhaupt. Die Verdoppelung des zweiten Radicals in *sapparu* beruht, wie das Arabische lehrt, auf ungenauer Schreibweise, wie auch in assyr. *gammal* „Kameel“ — hebr. גָּמָל, *ab-bu* „Vater“, *aḫ-ḫu* „Bruder“ (vgl. II R. 33, 8. 9f) = אָב, אָח.

7. **di-ta-nu** „Gemse“ (?). — Aus der Stellung dieses Namens zwischen *sapparu* und *lulimu* wird geschlossen werden dürfen, dass das nach ihm benannte Thier gleichfalls zur Familie der Hohlhörner (Cavicornia) und zwar zu den Antilopen, Ziegen oder Schafen gehöre. Etymologisch freilich ist das Wort dunkel; es bleibt nichts anderes übrig als nach Fleischer's Vermuthung arab. ثَيْتَل, تَيْتَل (letzteres Wort fehlt bei Freytag), den Namen einer Gemsenart, zu vergleichen. Der Wechsel von *l* und *n* hat nichts Auffallendes, das anlautende *d* aber erklärt sich leicht durch die dem Assyrischen eigene Vorliebe für weichere Aussprache der Consonanten: vgl. das neben *takal* „vertrauen“ vorkommende und aus ihm entstandene assyr. *dagal*, wovon *da-gil* „ergeben“ (Asurb. Sm. 154, 31), *u-sad-gi-la* „ich vertraute an, übergab“ (Khors. 117. 121. 136), u. a.

8. **lu-li-mu** „Bock“. — Das *LU* des entsprechenden akkadischen Namens *LU. LIM*, welchem das assyr. *lu-li-mu* entlehnt ist, weist, wie oben bei *LU. BAD* (Z. 4 d), deutlich auf ein zum Schaf- oder Ziegengeschlecht gehöriges Thier

hin. Ménant (II, 404) und Lenormant (*E. A.* I, 1, 31) übersetzen „le cerf", ohne zu sagen, aus welchen Gründen. Uns gilt auch *lulimu* als ein Name des „Bockes", einmal, weil der Planet Saturn (*LU. BAD. SAK. US* d. i. assyr. *ka-ai-va-nu* II R. 25, 78 a. b. 32, 25 e. f, arab. كَيْوَانُ, hebr. כִּיּוּן Am. 5, 26) neben *LU. BAD* auch *LU. LIM* genannt wird (II R. 48, 52 a. b), und sodann, weil assyr. *lulimu,* wie I R. 43, 2 der Zusammenhang und II R. 31, 41 das Syllabar: *lu-li-mu* = *sar*-[*ru*] ausdrücklich lehrt, zuweilen die Bed. „Fürst, König" hat, dies aber sofort an die im Hebräischen gebräuchliche metaphorische Bezeichnung der „Fürsten" als עַתּוּדִים „Böcke" (synon. אֵילִים „Widder") erinnert. Das akkad. *LU. LIM* wissen wir nicht sicher zu deuten; doch mag es wenigstens als Vermuthung ausgesprochen werden, dass *LU. LIM* den „Leithammel", wörtlich das „Schaf an der Spitze", das „Schaf des Vortrabes" bedeutete: akkad. *LIM* nämlich ist ein Synonym von *SI,* dies entspricht aber, wie wir oben S. 39 Anm. 1 sahen, dem assyr. *panu,* hebr. פִּנָּה, „Angesicht, Vorderseite, Front".[1] Würde sich diese Vermuthung erwahren, so liesse sich auch akkad. *LU. BAD* zwanglos als Name des „Leithammels" erklären: *BAD* ist ja = assyr. *pi-tu-u* „Oeffnung" (siehe oben S. 21 Anm.), *LU. BAD* wäre somit der „den Zug der Schafheerde eröffnende, an der Spitze marschirende" Leithammel.

9. **ai-luv** „Widder, Schafbock". — Hebr. אַיִל „Widder". Der akkadische Name des Thieres, *ŚI. MUL,* ist nach den bereits gegebenen Erklärungen vollkommen durchsichtig: er bezeichnet, im Gegensatz zu *ŚIḲḲA,* dem Ziegenbock mit „emporstehenden Hörnern", ein „sternförmig gehörntes" Thier, gewiss eine passende Benennung des Widders mit seinen von vorn nach hinten zusammengedrückten, kreisförmigen Hörnern.

10. **tu-ra-ḫu** „Antilope". — Arab. أُرْخ, Plur. آرَاخ „Antilope". Das anlautende *t* ist Bildungsbuchstabe, wie in hebr.

---

[1]) Vgl. das akkadische Wort für „König" *SI. DU* oder *LIM. DU* (II R. 25, 22 c. d), wörtlich „der an der Spitze Gehende", assyr. *a-lik maḫ-ri* (II R. 36, 7 c. d); *DU* = assyr. *a-la-ku* „gehen" II R. 10 Nr. 5, 59.

תּוֹלָע „Wurm" von לָעַ „lecken, nagen" (siehe Gesenius, *Thesaurus* 597). Ebenso nun, wie äth. ቲ.ይረ.ኒ: „junger Stier" dem arab. يَفَنٌ „vierjähriges Kalb" und arab. تَاجٌ „Krone" dem gleichbedeutenden assyr. *a-gu-u* (II R. 25, 15—23d. 44, 31f), entspricht assyr. *turâḫu* dem arab. أَرَاخٌ. Andere Beispiele dieser Nominalbildung sind assyr. *tu-up-ḳu*, *tu-pu-ḳa-tuv* „Zone, Himmelsgegend" (II R. 2, 306. 353 (?). 35, 38b. III R. 70, 124; akkad. *UB*) = arab. أُفْقٌ, أُفُقٌ; *tam-ḫu-u*, *tam-ḫa-a-tuv* „Dunkel, Dämmerung, Nacht" (II R. 32, 19a. b. 25, 25a. b, syn. *li-la-a-tuv* = לַיְלָה „Nacht", *ša-mur ju-mi* oder *ša-ḫar*[1] *ju-mi* „Abenddunkel" oder „Morgengrauen" = arab. سَمَرٌ oder سَحَرٌ) von *maḫâ*[2] = مَحَا, מָחָה „abwischen, vertilgen"; *taḫ-tir-ri-'i-tuv* „Eingang, Thüre" von *ḫatar* = חָתַר „durchbrechen" (II R. 23, 24c. d, syn. *tu-'-a-ma-ti* „Thürflügel"); endlich *tu-bal-la-aṣ*, Synonym des Vogelnamens *bal-lu-ṣi-tuv*, arab. بَلَصُوصٌ (XXXVII A Obv. 18). Dem Namen *tu-ra-a-ḫu* begegnen wir auch Asurn. Obel. I, 19. Vielleicht ist der Name des Vaters Abram's, תֶּרַח, welcher bis jetzt sich nicht befriedigend erklären liess, eben dieser babylonisch-assyrische Thiername. Im Akkadischen heisst die Antilope *DA. RA* (siehe III R. 70, 51).

11. **ai-lu** „Hirsch". — Denselben Thiernamen, nur mit dem labialen Auslaut, lasen wir bereits Z. 9. Es fragt sich, ob *ailu* und *ailuv* ein und dasselbe Thier bezeichnen. Ménant und, wie es scheint, auch Schrader bejahen diese Frage: sie sehen in dem einen wie dem andern Namen das hebr. אַיָּל, welches Ménant irrig mit „le cerf" übersetzt (II, 146. 404). Allein es wäre doch wirklich ein allzu neckisches Zusammentreffen, dass gerade dieses *ailu* vor allen andern vierfüssigen Thieren an zwei verschiedenen Stellen genannt sein, und gleichwohl nur Ein Thier bezeichnen sollte, während ihm in

---

[1]) Die beiden Sylbenwerthe *ḫar* und *mur* werden im Assyrischen durch ein und dasselbe Schriftzeichen wiedergegeben.

[2]) So in Uebereinstimmung mit Ménant II, 362f., gegen KAT, 11. — Zur Bedeutung vgl. lat *nox* von W. *nak* (*neco*) „vertilgen".

den semitischen Schwestersprachen wirklich zwei fast gleichlautende und in den Zusammenhang gleich trefflich sich fügende Thiernamen entsprechen. Es kommt hinzu, dass das akkadische Aequivalent des Namens *ailu* Z. 11, *DA. RA. BAR*, dieses Thier als zum Antilopen- und Gazellengeschlecht gehörig erscheinen lässt: nun konnte wohl der Hirsch dem akkadischen Volke als eine Antilopenart erscheinen, aber doch nimmermehr der Schafbock. Wir sehen darum, wie in jenem *ailur* den „Widder“, so in diesem *ailu* den „Hirsch“. Man könnte allerdings einwenden, dass die semitischen Namen des „Hirsches“, arab. إِيَّل, أَيِّل, äth. ሀየል፡. hebr. אַיָּל, vielmehr ein assyr. *a-ja-lu* anstatt *ailu* erwarten liessen. Indess erstens kann *ailu* doch sehr wohl gleich dem aram. אַיָּלָא aus *ajalu* contrahirt sein, und sodann, wer bürgt dafür, dass die Assyrer nicht wirklich *ajalu* gesprochen haben? So gut sie z. B. *da-a-an* „Richter“ und *u-ka-a-an* „er stellt fest“ geschrieben und doch zweifelsohne *dajan* und *ukajan*, W. דִּין, כּוּן (siehe ABK, 23. 138) gesprochen haben, so gut konnten sie auch — bei der Nothwendigkeit einer Unterscheidung von *ailu* „Widder“ ist dies sogar wahrscheinlich — den *a-a-lu* geschriebenen Namen des Hirsches *ajalu* sprechen, wenn auch, wie es die Art des semitischen Jod ist, in weicher, fast unhörbarer Weise. Schon die assyrische Schreibweise des Diphthonges *ai*, nämlich *a* + *a*, beruht ja darauf, dass sich zwischen die beiden Vocale unwillkürlich ein *j* einzuschieben pflegt (vgl. קָאם und קָיֵם): aus *a-a* wurde *a-j-a* und hieraus endlich *ai*.

12. **na-ai-lu** „eine Gazellenart“. — Je schwerer der assyrische Name dieses Thieres mit Sicherheit zu deuten ist, um so erfreulicher, dass uns die akkadischen Namen die zoologische Bestimmung einigermassen erleichtern. Denn während *DA. RA. BAR. KAK* das Thier als eine Antilopen- oder Gazellenart ausweist (II R. 44, 14f. wird *DA. RA. BAR. KAK* geradezu dem akkad. *BAR. KAK* d. i. *ṣa-bi-'i* „Gazelle“, Z. 15d, gleichgesetzt), führt der zweite Name *DA. RA. HAL. HAL. LA* obendrein auf eine durch Schnellfüssigkeit ausgezeichnete Gazelle. Akkad. *HAL. HAL* wird nämlich II R. 27, 11a. b. durch *ga-ra-ru ša mi-'i* erklärt, was nicht sowohl

„le fracas des eaux“ (Ménant II, 386) bedeutet — denn was sollte Z. 12 *gararu sa nisi* „das Getöse des Menschen“ heissen? — als vielmehr das „ungestüme Dahineilen des Wassers“, vgl. hebr. גָּרַר „reissen“. Die Grundbed. des akkad. *ḪAL* ist die der pfeilschnellen Bewegung, worauf auch sein Synonym *BU. LUḪ* (in der Aussprache auch zu *BU. LIG* erweicht, II R. 4, 757) deutlich hinweist, welches nichts anderes ist als der ins Akkadische übergegangene assyrische Inf. Pa. von *palaḥ*[1] = פָּלַח (vgl. פֶּלַח Spr. 7, 23); dieses *BULUḪ* wird sogar II R. 7, 10 g. h. geradezu durch *ḫa-a-su*, Inf. von *ḫûs* = חוּשׁ „dahinstürmen, eilen“ erklärt. Treffend hiess daher der pfeilschnell dahinfliessende Tigrisstrom im Akkadischen *ARI.*[2] *ḪAL. ḪAL* (Asurn. II, 104 Var.). Vgl. auch II R. 48, 46 a. b: *ARI. ḪAL. ḪAL. LA* = *am-mu* „brausende Fluth“, vgl. hebr. הָמַם, sowie den Beinamen des Gottes Adar II R. 57, 24 c: *AN. ḪAL. ḪAL. LA.* — Die beiden Formen des assyr. Namens, *na-ai-lu* und *na-a-lu* (XXIV, 7), verhalten sich zu einander, wie arab. وَعِل, hebr. יָעֵל und وَعْل, äth. ዋል: „Steinbock“. In der Form *na-a-lu* lesen wir diesen Thiernamen auch auf der Jagdinschrift Asurnaṣirhabal's (Asurn. Obel. 1, 19f.), wo er zwischen den *tu-ra-a-ḫi* oder „Antilopen“ und den *ja-ʿi-li*[3] oder „Steinböcken“ (= وُعُل, יְעֵלִ) mitten inne steht.

---

[1]) Ebenso ist akkad. *BULUG*, welches II R. 48, 16 e. f. durch assyr. *ḳa-ra-su sa iṣi* „Abschneiden, Spalten des Holzes“ (hebr. קָרַשׁ) erklärt wird, Ein Wort mit assyr. *palag* = فَلَجَ, פָּלַג „spalten, zertheilen“.

[2]) Ueber die Aussprache *ARI* des Ideogrammes , assyr. *na-ha-ru* = נָהָר (II R. 50, 5 c. d 10, 6 a. b), des bekannten Determinatives vor Flussnamen (aber auch vor *a-gam-mi*, אֲגַמִּים, „Sümpfen“, Sanh. Tayl. III, 59, und *mar-ra-ti* „Meer“, Khors. 22. 122), siehe II R. 62, 77 c. d. Norris I, 45. Lenormant, *E. A.* I, 1, 41.

[3]) Wir haben in diesem letzteren Worte eine Ausnahme von der oben S. 25) aufgestellten Regel, der zufolge anlautendes arab. و im Assyrischen in den spiritus lenis überzugehen pflegt. Der Grund im vorliegenden Falle war, wie es scheint, die beabsichtigte Unterscheidung dieses Thiernamens von *ailu* und *ajalu*.

14. **ṣa-bi-i** „Gazelle". — Arab. ظَبْيٌ, hebr. צְבִי, aram. טַבְיָא „Gazelle" (nicht „cerf", Ménant II, 405). Die akkadischen Namen sind *BAR* und *BAR. KAK.*

16. **da-as-su** „Gazellenbock". — Die Stellung dieses Namens zwischen *ṣabî* und *uzaluv*, noch mehr aber das ihm entsprechende akkadische *BAR. KAK. NITA* (*NITA* wohl = *NITAH*, s. oben S. 36) zeigen mit Evidenz, dass *dassu* eine Gazelle und zwar eine männliche Gazelle bezeichnet. In etymologischer Hinsicht wird hebr. דִּישׁוֹן, gleichfalls Name einer Gazellenart, verglichen werden dürfen, von welchem es sich, wie aram. דִּיצָא, nur durch das Fehlen der Endung *ân*, *ôn* unterscheidet. Im Assyrischen selbst wechseln solche Formen, wie z. B. *li-du* „Sohn, Junges" und *li-da-nu* (siehe Excurs IX). Das Stammwort דוש (דוץ) bedeutet „hüpfen, springen"; die Form *dassu* scheint ein gleichbedeutendes דשש vorauszusetzen.

17. **u-za-luv** „junge Gazelle". — Arab. غَزَالٌ, targum. אִזְדְּלָא, syr. ܥܙܠܐ „junge Gazelle". So auch Ménant (II, 146. 405). Der *a*-Vokal der zweiten Sylbe ist, wie die Dialekte zeigen, lang. Das akkadische Aequivalent lautet: *ṢUR* (?) *BAR. KAK.*

18. **an-na-bu** „Hase". — Arab. أَرْنَبٌ, hebr. אַרְנֶבֶת, aram. אַרְנְבָא „Hase", vielleicht zusammengehörig mit أرن „munter, behend sein", wie ثَعْلَبٌ „Fuchs" mit שׁוּעָל (ثُعَل). Im Assyrischen ist *r* dem *n* assimilirt. Akkad. *KA. ZIN. NA*[1] bezeichnet den Hasen als „Thier der Wüste, der Ebene"; *ZIN* wird nämlich II R. 17, 2 a. b (vgl. 8, 27 c. d) mit *ṣi-'i-ruv* übersetzt, dies bedeutet aber, wie aus vielen Stellen zweifellos hervorgeht, die „Ebene" oder „Wüste": vgl. *ṣa-ab ṣîri* „Leute der Wüste" d. i. „Nomaden" (Khors. 123), *PAŠ ṣîri* „Thiere der Wüste" (Asurn. Obel. I, 24), opp. *PAŠ ardutav* „zahme Thiere" (siehe oben S. 33). Mit arab. صِيرٌ „Aeusserstes eines Dinges"

---

[1]) Betreffs des Lautwerthes *ZIN* siehe Lenormant, *E. A.* I, 3, 33 No. 269. *NA* ist Postposition; es dient häufig, gleich dem gebräuchlicheren *GA*, zur Bezeichnung der Abhängigkeit, Zugehörigkeit, also zur Bezeichnung unseres Genitives (oder Adjectives).

(KAT, 289) hat dieses *ṣîru* nichts zu thun; es ist vielmehr abermals ein sicheres Beispiel für die Abschwächung des arab. ح im Assyrischen, indem es von demselben Stamme صَحَرَ herzuleiten ist, von welchem صَحْرَاءُ, das bekannte arabische Wort für die sonnenverbrannte blendend weisse (vgl. hebr. צחר) „Einöde, Wüste, Ebene".

19. **da-bu-u** „Bär". — Arab. دُبٌّ, hebr. דֹּב, דּוֹב „Bär", von seinem geräuschlosen Schleichen so genannt (arab. دَبَّ). Der Stamm *dabab* ist auch sonst im Assyrischen wohlbekannt und zwar mit der verwandten Bedeutung heimtückischen Handelns (vgl. hebr. דִּבָּה, aram. אָכֵל דִּבְבָא): so heisst es z. B. in der Khorsabad-Inschrift (Z. 112. 113) von einem gewissen Muttallu, dass er gewesen sei *nisu pa-tu-u lim-nu la a-dir zik-ri ili ka-pi-du lim-ni-'i-ti da-bi-bu za-rar-ti*[1] „ein leichtfertiger, feindlich gesinnter Mensch, der den Namen der Götter nicht ehrte, auf Feindschaft ausging und Abfall heimlich plante". Die akkadischen Namen des Bären, *DAM. SAḪ* und *GIM. SAḪ*, sind wenig klar: *SAḪ*, welches als Determinativ vor sämmtlichen Z. 25—40 d. aufgeführten Thiernamen steht, bezeichnet wilde Thiere, Raubthiere sowohl als wildlebende Thiere (im Gegensatz zu den gezähmten Hausthieren); *DAM* bedeutet den Mann und das Weib, letzteres vorzugsweise (vgl. unser „Gemahl, Ehegemahl") und entspricht desshalb bald dem assyr. *mu-tav, mu-ut* „Mann" = hebr. מַת, Plur. מְתִים (äth. ምት:) bald dem assyr. *as-sa-tu* „Weib" (II R. 2. 4. 9. 10 a. b); *GIM* endlich ist entweder das assyr. *kima* „wie, gleichwie" und wird in dieser Bedeutung dem Substantiv nachgesetzt oder es bedeutet „enfanter, produire" (nach Lenormant, *E. A.* I, 3, 44 No. 393). *DAM. SAḪ* könnte demgemäss den „männlichen Bär", *GIM. SAḪ* den „weiblichen Bär" bezeichnen; indess erwartete man in diesem

---

[1]) Worterklärung: *pa-tu-u* „offenstehend", nämlich für Verführung, = hebr. פְּתִי; *a-dir*, Part. von *adar* = הָדַר „ehren", syn. *palaḫ* (siehe oben S. 23 Anm. 1); *ka-pi-du*, Part. von *kapad* „zusammenziehen, intricare", vgl. קָפַד „sich zusammenziehen", *kapidu limnûti* also genau das franz. „intrigant"; — *za-rar-ti*, von *zarar* „abfallen", vgl. hebr. זור זרר (Ni. נָזוֹר).

Falle statt *GIM* das gewöhnliche Zeichen des weiblichen Geschlechtes, *RAK* oder *ŚAL*.

21. **sa-ḫu-u** „Tiger“ (?). — Der assyrische Name kann sowohl *gar-ḫu-u* als *sa-ḫu-u* gelesen werden. Liest man *garḫu* (Schrader, DMZ, XXVIII, 152), so vergleicht sich arab. جَرَحَ „packen, verwunden“, wovon جَارِحَةٌ „Raubthier“, vorzugsweise „Raubvogel, Habicht, Falke“. Liest man dagegen *saḫu* — und dieser Lesung geben wir den Vorzug —, so ist dies das semitisirte akkadische *SAḪ*; dergleichen entlehnte Wörter sind ja im Assyrischen häufig: vgl. *lulimu* (Z. 8 d) und *ṭarru* (XXXVII B 32) = akkad. *LU. LIM* und *ṬAR*. Auf alle Fälle wird angenommen werden müssen, dass ebenso wie akkad. *PAŚ* als Determinativ vor Lastthieren zu stehen pflegt, für sich allein aber das Lastthier κατ᾽ ἐξοχήν, nämlich den „Esel“ bezeichnet, *SAḪ* als Determinativ für wilde Thiere überhaupt gebraucht wurde, für sich allein dagegen ein bestimmtes wildes Thier, vielleicht den Tiger, diesen furchtbarsten Räuber, bedeutete. Auf eine solche individuelle Bedeutung des Wortes scheint nicht nur der Zusammenhang der Thierliste mit Nothwendigkeit hinzuweisen, sondern auch die oben S. 35 citirte Stelle Asarh. II, 4 sowie der neben *SAḪ* als Synonym sich findende akkadische Name *ṢI. AḪ*: letzterer ist bis jetzt wenigstens als genereller Name des Raubthiers nicht nachgewiesen. Den Namen eines nach diesem Thier benannten und als ungünstig (*NU. ḪI. GA* d. i. *la ṭa-a-bu* „nicht gut, nicht günstig“, II R. 13, 34c. d) prädicirten Sternes *MUL. SAḪ* lesen wir II R. 49, 44 a. b.

23. **kur-ki-za-an-nu** „Rhinoceros“. — Zweifellos richtig vergleicht Schrader diesem Namen arab. كَرْكَدَّن, vulgär كَرَكَدَّن, كَرْكَنْد, äth. ኀርኀንድ፡ „Rhinoceros“. Der Wechsel zwischen arab. *d* und assyr. *z* bedarf keiner besonderen Rechtfertigung.

28. **ma-ak-ka-nu-u** „Nilpferd“ (?). — Die akkadische Benennung dieses Thieres *SAḪ. MA. KAN. NA*[1] erinnert sofort an den mit ebendemselben  als Zeichen der

[1] Wegen *NA* als dem Zeichen des abhängigen Casus siehe oben S. 54 Anm.

Sylbe *ma* (II R. 2, 280) geschriebenen Landesnamen Makan, dem wir in den Annalen Asurbanibal's (Asurb. Sm. 15, 51) begegnen. Hier berichtet nämlich der König, dass er auf seinem ersten Feldzug, welcher gegen Tarku (תִּרְהָקָה), den König von Aegypten und Aethiopien (*Tar-ḳu-u sar Mu-ṣur Ku-u-śi*), gerichtet war, *a-na Ma-kan u Mi-luḫ-ḫa* d. i. gegen das Land Makan und Meroë[1] (Oberägypten) gezogen sei. Da nun eines Landes Makan als einer speciellen unter- oder oberägyptischen Provinz im Verlaufe dieses Berichtes nirgends Erwähnung geschieht, vielmehr immer nur von Aegypten und Aethiopien im Allgemeinen die Rede ist, und Asurb. Sm. 17, 69 geradezu gesagt wird, dass der König auf seinem ersten Feldzuge sich *a-na Mu-ṣur u Ku-u-śi* gewendet habe, so unterliegt es für uns keinem Zweifel, dass wie *Miluḫḫa* und *Kûśi* beide Aethiopien (Oberägypten), so *Makan* und *Muṣur* beide gleicherweise Aegypten bezeichnen — eine Annahme, die sich auch sonst empfiehlt. Ebenso nun wie in dem Verzeichniss der verschiedenen Arten von Schiffen (II R. 46, 1—7 c. d) neben den Schiffen von Sumir (*su-mi-ri-tuv*), Assur (*as-su-ri-tuv*), Ur (*u-ri-tuv*) und Akkad (*ak-ka-di-tuv*) des „ägyptischen" (*ma-ak-ka-ni-tuv*) und „äthiopischen" Schiffes (*mi-luḫ-ḫi-tuv*) Erwähnung geschieht; und ebenso wie bei der Aufzählung der verschiedenen Arten von *pa-as-su-ru* (II R. 46, 40—51 e. f), eines zu den Insignien der Gottheit und des Königs gehörenden Geräthes[2], ausser dem *passuru*

---

[1]) Siehe KAT, 13f.

[2]) Das dem assyr. *passuru* entsprechende akkadische Ideogramm ist mit dem Determinativ *IZ* versehen: es bezeichnet somit irgend ein hölzernes Geräth. Auf ein solches führt auch der Umstand, dass *passuru* in dem Verzeichniss II R. 23, welches lediglich hölzerne Geräthe, Theile einer Thüre u. s. w. enthält, genannt wird. Ein zu den königlichen Insignien gehörendes Geräth aber vermuthen wir nicht nur wegen der Zusätze *ili* und *sarri*, sondern auch desshalb, weil *passuru* II R. 23, 13—28 a. b. unmittelbar auf den „Thron", assyr. *ku-uś-śu-u*, folgt. Die Bedeutung des Wortes ist leider noch nicht ermittelt. Lenormant, *E. A.* I, 3, 13 No. 39, übersetzt es mit „sorte de parasol, insigne de pouvoir; vaisselle, plat", ohne — was für ihn doch ein Leichtes gewesen wäre — mit Einem Worte diese seine Auffassung zu begründen. Wir sind geneigt *passuru* dem arab. فَتُّورٌ zu vergleichen; doch muss diese Vermuthung erst durch eine entsprechende Erklärung der II R. 23, 14—28 a. aufgezählten Synonyma unterstützt werden. Vgl. auch II R. 1, 42.

ra-bu-u, *ṣi-iḫ-ru*, *sa ḳak-ḳa-du*, ferner dem *passur ili* und *sar-ri* sowie dem *passuru u-ru-u* und *ak-ka-du-u* ein *passuru ma-ak-ka-nu-u* und *mi-luḫ-ḫu-u* genannt wird (vgl. auch II R. 46, 77. 78a) — so lesen wir in unserm Thierverzeichniss ein Thier *mak-kanu* und haben darunter eine Thiergattung zu verstehen, welche die Assyrer während ihres ägyptischen Kriegszuges in jenem Lande kennen lernten. Was es nun freilich für ein Thier gewesen sei, wissen wir mit Bestimmtheit nicht zu sagen, weil der assyrische Text der der Z. 28 unmittelbar vorausgehenden Zeilen leider beschädigt, das akkadische *SAḤ. ṢI. DA. BAR. SUR. RA* der Z. 27 aber seiner Bedeutung nach zur Zeit noch unerschlossen ist. Wir vermuthen in diesem ägyptischen Thier das specifisch africanische „Nilpferd". Die Nachbarschaft des Rhinoceros ist dieser Vermuthung günstig und auch der Beiname

29. **ma-ak-ka-nu-u dam-ḳu** „ungefährliches Nilpferd" passt zu diesem in ungereiztem Zustande harmlosen und friedfertigen Thiere. Assyr. *damaḳ*, akkad. *ḲURU* (siehe *E. A.* I, 3, 41 Nr. 361), ist in der Bed. „herablassend sein, gnädig sein, beschützen" gesichert; daher *damḳu* „gnädig", *du-un-ku*, *du-un-ḳu* (E. I. H. I, 66. Xerxesinschr. C, a, 2) „Gnade, Gunst". Als Gegensatz zu *damḳu* lesen wir gewöhnlich *limnu* „feindlich", akkad. *ḤUL* (vgl. z. B. Lenormant, *Textes inédits*, pag. 89). In unserm Thiernamen wird das „Günstigsein" vom „Schadlossein" verstanden werden müssen. Siehe Z. 38 d.

30. **hu-us-su-u** „eine Gazellenart". — Mit Recht vergleicht Schrader das arab. خَشَفٌ, Demin. خُشَيْفٌ, welches eine kleine Gazellenart bezeichnet. Die Richtigkeit dieser Vergleichung bestätigt sich durch den folgenden Thiernamen

31. **ru-us-su-u** „junge Gazelle"; — arab. رَشَأٌ, Bezeichnung einer Gazelle, welche so weit erstarkt ist, um mit ihrer Mutter laufen zu können. Im Akkadischen entspricht beiden Namen, dem der alten wie der jungen Gazelle, *SAḤ. RUS. A.*

Unterscheidende Benennungen für das Alte und Junge der Hirsch- und Antilopenfamilie glauben wir auch in den beiden folgenden Zeilen erkennen zu sollen.

32. **ba-nu-u** „das alte (Thier)". — Dieses Wort ist aus der in den historischen Inschriften häufig wiederkehrenden

Phrase *abu ba-nu-u-a* „der Vater, mein Erzeuger" (z. B. Asarh. II, 57) zur Genüge bekannt. Von demselben Stamme *banâ* = בָּנָה „bauen, erzeugen" leitet sich übrigens im Assyrischen nicht nur der Name des „Erzeugers", des „Vaters" her, sondern auch, gleich arab. اِبْنٌ, hebr. בֵּן, der des „Erzeugten", des „Sohnes"; vgl. im Excurs IX das Syllabar II R. 36, 50c.d: *bu-u-nu* = *ma-a-ru* „Sohn".

33. **ap-par-ru-u** „das Junge". — Arab. غُفْرٌ, غَفْرٌ „Gazellenjunges", hebr. עֹפֶר „Junges vom Hirsch, dem Reh, der Gazelle". Schrader vergleicht arab. عِفْرٌ, عُفْرٌ „Eber", was lautlich ebenso möglich; doch wird unserer Zusammenstellung der Vorzug zu geben sein wegen des vorausgehenden *banu*, zu welchem dieses *apparru* einen passenden Gegensatz bildet. Im Akkadischen entspricht dem assyr. *banu SAḤ ŚIZI. A*, dem assyr. *apparru SAḤ. BAR. LUM* und *SAḤ ŚI. ḤAR. RA*. Eine Erklärung dieser Wörter wagen wir nicht; es sei nur darauf hingewiesen, dass *ŚIZI* II R. 26, 50e.f. durch *a-ra-ḳu, ar-ḳu* „gelb, grün" = יָרָק, יֶרֶק erklärt wird: das Alte der Gazelle scheint somit nach seiner Farbe benannt worden zu sein. In *ŚI. ḤAR. RA* („mit geringelten Hörnern"?) aber ist das schon mehrmals erwähnte *ŚI* „Horn" enthalten, was gleichfalls der Combination von *apparru* mit عِفْرٌ „Eber" widerstrebt. Zu *ḤAR* = *sé-mir* (שָׁמִיר) „Diamant", dann „Diamantenring, diamantene Arm- und Fussspange" siehe Norris II, 438 f. Schrader, Höllenfahrt, S. 38.

35. **bit-ru-u.** — Der akkadische Name *SAḤ. NAM. ÍN. NA. AK. A* ist hier vollkommen durchsichtig: *NAM. IN* ist = *bi-lu-tav* „Herrschaft" (II R. 25, 21c.d; siehe Excurs II); *AK* entspricht dem assyr. *abas* „machen, ausüben" (*AK* = *'i-pi-su* Inf. II R. 2, 290; *IN. AK* = *i-bu-us* „er machte" II R. 9, 8c. d) und *A* ist das Suffix des Participiums. Das Ganze bezeichnet also das Thier als „Herrschaft ausübend", etwa wie wir vom Löwen als vom „König" der Thiere reden oder wie man den Eber den „Ritter" des Waldes genannt hat. Das assyrische *bitru* dagegen wissen wir nicht befriedigend zu erklären. Wäre uns das akkadische Aequivalent nicht er-

halten, so würden wir im Anschluss an *apparru* sowie im Hinblick auf das seinem Zweck nach allerdings ziemlich dunkele Syllabar III R. 70, 166 ff., wo wir *bitru* neben *a-sa-ri-du* „Erstgeborener", *bi-ru* = *ma-ruv* „Sohn" und anderen Wörtern lesen, geneigt sein, *bitru* für ein Synonym von *apparru* zu halten, und es entweder nach Analogie von *bit-kur* „Erstgeborener" neben *bu-kur* = בְּכוֹר (siehe ABK, 214), von בְּרָה, בָּרָא „schaffen" herleiten, wovon auch das eben genannte *bi-ru* d. i. בַּר, oder aber *biṭru* lesen und dies dem hebr. פֶּטֶר „Erstgeburt" gleichsetzen. Indess will dies nicht recht zu dem akkadischen Namen passen. Vielleicht ist *'i-ru-u* zu lesen und arab. عَيْرٌ, hebr. עַיִר „Wildesel" (junger Wildesel) zu vergleichen.

36. **ku-za-ai** „Marder". — Syr. ܩܘܙܐ „Marder", wegen seiner grossen Sprungkraft so benannt. In formeller Hinsicht ist assyr. *kuzai* ein Beziehungsadjectiv auf *ai*. Der akkadische Name des Thieres ist *SAḪ. TAB. RI. RI. GA*, zu dessen Erklärung die Stellen II R. 38, 11 e.f. 49, 64—66 b. zu berücksichtigen sein werden.

37. **ma-ru-u** „Wolf" (?). — Sicher Ein Wort mit dem oben S. 36 besprochenen assyr. *ma-ru-u* „männlich, männliches Kind". Vielleicht bezeichnet es ein Thier als „männliches" *κατ' ἐξοχήν*, wie aram. דְּכַר den „Mann" und das „männliche Schaf", den „Widder", das nachbiblische גֶּבֶר den „Mann" und den „Hahn" bedeutet. Da arab. مَرْءٌ gleichfalls nicht nur den „Mann", sondern auch den „Wolf" bezeichnet, so liegt es nahe, auch in *maru* einen Namen des „Wolfes" (neben *zîbu* und *akiluv* Z 1. 3 d) zu erkennen (so Schrader). Das akkadische *SAḪ. NIGA* würde sich bei dieser Auffassung als blosse Uebersetzung des assyr. *maru* erweisen. Lenormant, *E. A.* I, 1, 43 nimmt *maru* in seiner gewöhnlichen Bed. „männliches Junge" und hält *SAḪ. NIGA* für „le petit de l'ours". Allein wenn dies der Sinn des *maru* wäre, so hätte es unbedingt unmittelbar hinter *da-bu-u* „Bär" Z. 19d. seine Stellung erhalten. Eher könnte man *maru* für den Namen des Jungen der wilden Thiere überhaupt halten. — Der Zusatz *dam-ḳu* „ungefährlich, schadlos" in

38. **ma-ru-u dam-ku** dürfte auf ein Thier wie der „Schakal" hinweisen.

In den beiden folgenden Zeilen 39 und 40 wird in der akkadischen Columne ein *SAḤ. UD* und ein *SAḤ. GIG*, „ein Tagraubthier" und ein „Nachtraubthier" unterschieden: *UD*, *UDDA* (syn. *BABBAR*, s. oben S. 10) bed. den Tag", assyr. *ju-mu* „Tag" oder *ur-ru* „Licht, Tageslicht" = אוֹר, אור (II R. 47, 60e. f); *GIG. KUGA*, entstanden aus *GIGGA*, wie *GULA* „gross" aus *GALLA* (s. oben S. 11), mit Verhärtung des anlautenden Consonanten (syn. *GI. 'I* und *MI*), bed. die „Nacht", assyr. *mu-su* „Nacht" = אֶמֶשׁ Job 30, 3 (II R. 1, 149), oder *'i-ri-bu* „Untergang", *'i-rib sam-si* „Sonnenuntergang", von *'arab* = עָרַב (II R. 39, 15. 18c. f). Assyrische Aequivalente sind für diese beiden Thiernamen nicht angegeben.

44. **sa-ḫi-tuv** „ein Raubthier". — Participium von dem auch sonst im Assyrischen nachweisbaren *saḥat* „verderben, zerreissen, umbringen" = سَحَتَ, שָׁחַת. Welches specielle Raubthier so genannt worden sei, ob etwa der „Luchs" oder „Leopard", lässt sich nicht mehr bestimmen.

47. **pi-a-zu** „Gepard" (?). — Der Hiatus *i-a* weist auf einen Hauchlaut als zweiten Radical. Unsere Combination mit arab. فَهْد Gepard, cynailurus (zum Wechsel von *d* und *z* vgl. *kurkizannu* gegenüber دَرْدَنٌ) mag wenigstens als Vermuthung geprüft werden. Wie II R. 49, 45a. lehrt, wurde auch ein Stern nach diesem Thiere *kakkab bi-a-zi* genannt.

2.

Namen von Insecten und Fischen.

II R. V.

Text.

Columne b:

Z. 1—6: fehlt.

7. zu-um-bi ni-‘i-si
8. „ ni-‘is-ti
9. „ bar-ba-ri[1]
10. „ kal-bi
11. „ al-pi
12. sa-aś-śu-ru[2]
13. za-ak-ki-tuv
14. as-tur-ru
16. ku-za-zu[3]
19. ḫa-sip-tuv[4]
21. zu-um-bi sa-‘i[5]
22. zu-um-bi ab-ni[6]
23. nu-ub-tuv
24. zu-um-bi tiṣ-ṣab[7]
25. „ ḫi-mí-ti[8]
26. ut-pu-uk-ku[9]

Z. 28: beschädigt.

29. lal-la-ar-tuv
30. ḫal-lu-la-ai[10]
31. u-ṣab i-za-ar[11]
33. it-tu-tuv
37. an-zu-zu[12]
38. lu-um-mu-u
39. ai-ub[13] ilu
40. ḫa-av-vu[14]
42. „ mí-‘i
43. um-mi mí-‘i
44. ku-li-li-tuv

6. zi-za-nu
7. „ kis-ti[17]
8. ṣa-ṣi-ru
9. „ kis-ti[17]
10. sa-’-i-luv
11. „ ik-li
14. śi-ik-tuv
15. a-du-dil-luv
16. lal-la-ar-tuv
17. ṣar-ṣa-ru
18. si-i-ḫu
19. nap-pil-luv[18]
20. ṣa-ṣi-ru
21. i-lak[19] bu-ka-ni
22. up-lu
23. na-a-bu
24. kal-ma-tuv
25. pur-su-’-u
26. kal-ma-tuv
29. kal-mat[20] ik-[li]
30. „ ki-ri-i
31. „ sí-iv
32. „ sa-mas-sam-mí
33. „ śu-lu-up-pi[21]
34. ri-a-su[22]
35. bal-ṭi-it-tuv
36. kalmat gusu-ra = 35.
37. kal-mat[20] ar-ki
38. „ ki-mi
39. „ su-ba-ti

45. kal-mat Sa-mas
Columne d:
Z. 1: beschädigt.
2. zir-zir-ru[15]
3. 'i-rib tur-bu-'-ti[16]
4. „ tiham-tiv
5. ku-li-luv

40. a-sa-su
41. śa-a-śu
42. mi-iḳ-ḳa[-a-nu][23]
43. tul ...
44. mu-bat-ti[-ru][24]
Z. 45—48: beschädigt.

1) mas-ba-ri. 2) XXXI, 77: śa-śu-ru. 3) Syn. XXIV, 17: za-an-zi-zi-tav. 4) ḥa-mi-tuv, ḫa-ví-tuv. 5) gar-'i. 6) XXXI, 76 falsch: ab-za. 7) tiz-zap, tis-bir, tis-pir. 8) ḥi-ví-ti, ḥi-sib-ti. 9) ud-bu-uk-ku. 10) XXIV, 19: ḥal-lu-la-ja, syn. SAḪ ḳaḳ-ḳa-ri. 11) u-zap i-ṣa-ar. 12) Syn. XXIV, 18: ḥa-di-lu. 13) ai-ar ilu. 14) ḥa-am-mu. 15) Syn. XXIV, 15: zu-un-zu-nu. 16) XXIV, 14: 'i-ri-bu-u, syn. ka-su-bu. 17) kiz-ti, kiṣ-ti. 18) nab-bil-luv. 19) i-sit, i-rid. 20) So ist statt des im Text des Londoner Inschriftenwerkes stehenden kal-sí zu lesen; richtig V, 45d XXIV, 22. XXXI, 82. 21) Siehe XXXI, 82. II R. 52, 67g. h. 22) XXXI, 83: ri-'-a-su; syn. XXIV, 22: kal-mat sí-av. 23) Ergänzt nach XXXI, 84. 24) Ergänzt nach XXXI, 86; mu-mit-ti-ru.

Erklärung.

Columne b.

7 ff. **zu-um-bi** „Fliegen, Bremsen". — Arab. ذُبَابَة, Plur. ذُبّ, ذُبَاب, hebr. זְבוּב, targ. דִּיבְבָא, syr. ܕܒܳܒܳܐ, ܕܶܒܳܒܳܐ. Das Assyrische bietet hier, wie öfters, vgl. *i-nam-bu-u* (= *inabbû*) „sie nennen" (Asarh. II, 26. VI, 60), Pa. von *nabû*, נָבָא, statt der Verdoppelung einen eingeschobenen Nasal: *zumbi* = *zubbi*, Plur. von *zubbu*. Unser Syllabar unterscheidet mehrere Arten von Fliegen. Zunächst **zu-um-bi ni-'i-si** und **zu-um-bi ni-'is-ti** (Z. 7. 8) „Mannsfliegen" und „Weibsfliegen". Die Wörter *nisi* und *nisti* (siehe deren etymologische Erklärung unter *ni-'is-tuv*, S. 43f.) können nur Genitive des Singulars sein. Da nun aber eine Unterscheidung von Fliegen, welche ausschliesslich den Mann, und solchen, welche ausschliesslich das Weib mit ihren Stichen belästigen, der Naturbeobachtung widerstreitet, so wird unter den „Fliegen des Mannes und des Weibes" lediglich Eine Gattung von Fliegen verstanden wer-

den müssen, Fliegen nämlich, welche ganz besonders den Menschen plagen, im Gegensatz zu den Hundsfliegen, Rinderbremsen u. s. w. Sodann lesen wir **zu-um-bi bar-ba-ri** (Z. 9) „Gansfliegen“, wohl synekdochisch Fliegen, welche in Federvieh sich einzunisten pflegen, vgl. hebr. בַּרְבֻּרִים 1. Reg. 5, 3; ferner **zu-um-bi kal-bi** (Z. 10) „Hundsfliegen“, äth. ጸንጸያ፡ ከልብ፡ *κυνόμυια*, und **zu-um-bi al-pi** (Z. 11) „Rinderbremsen“. Von den beiden folgenden Fliegennamen (Z. 21. 22), welche durch Horizontalstriche als eng zusammengehörig hervorgehoben sind, ist der eine, nämlich **zu-um-bi ab-ni** (Z. 22) „Steinfliegen“ unmittelbar klar: *abnu* ist das gewöhnliche assyrische Wort für „Stein“, hebr. אֶבֶן; es werden entweder Fliegen gemeint sein, welche sich zwischen Gestein, zwischen zerklüfteten Felsen aufzuhalten pflegen oder vielleicht die unter Steinen nistenden sogenannten „Steinhummeln“ (vgl. zu dieser Bedeutungserweiterung des assyr. *zumbi* das arab. ذُبَّبٌ, welches gleichfalls die „Biene“ in sich begreift). Der akkadische Name des Steines ist *TAK* (z. B. II R. 30, 24 g. h: *TAK. NA* = *ab-nu 'i-lu-u* „hoher Stein“); da ferner *NUM* gemäss II R. 7, 48 g. h. und XXIV, 17, wo es den Namen der „Biene“ und des „Flohes“ determinativisch vorgesetzt ist, stechende Insecten zu bezeichnen scheint[1], so werden wir berechtigt sein, den in Fragment XXXI, 76 erhaltenen akkadischen Namen *NUM. TAK* d. i. „Insect des Steines“ als Aequivalent eben dieses *zumbi abni* anzusehen und hiernach die dort gegebene Uebersetzung [*zu-um-bi*] *ab-zu* in *ab-ni* zu corrigiren. Für den zweiten Namen **zu-um-bi sa-'i** oder **gar-'i** (Z. 21) stehen zwei Möglichkeiten zur Wahl. Liest man *gar-'i*, so bietet sich aram. גַּר (גָּרָ) „Steinhaufen“ zur Vergleichung dar: *zumbi gar'i* und *zumbi abni* würden in diesem Falle Synonyma sein. Gegen diese nächstliegende Auffassung scheint jedoch der Umstand zu sprechen, dass in dem Fragment XXXI dem *NUM. TAK* unmittelbar *NUM. A* vorhergeht und dass in der akkadischen Columne des Ver-

[1]) Dieses *NUM*-kann mit dem S. 39 erwähnten *NUM* „hoch sein“ nicht zusammenhängen; es scheint vielmehr mit dem II R. 24, 36 durch *na-ka-ru* d. i. נָקַר „stechen, bohren“ erklärten *NUM* Ein Wort zu sein.

zeichnisses V dieses schliessende *A* wirklich noch zu erkennen ist. Dann würden wir allerdings nicht „Steinfliegen", sondern „Wasserfliegen" vor uns haben. Wie freilich mit dieser Bedeutung das Wort *sa-'i* in Einklang zu bringen, würde ein Räthsel bleiben. — Die beiden letzten Fliegennamen endlich, **zu-um-bi tiṣ-ṣab** (Z. 24) und **zu-um-bi ḫi-mí-ti** (Z. 25), lassen schon desshalb keine sichere Deutung zu, weil sie einerseits mehrere Lesungen gestatten und andrerseits die ihnen entsprechenden akkadischen Namen, welche uns ohne Zweifel auf die richtige Fährte lenken würden, verloren gegangen sind. Letzteres ist der Grund, wesshalb überhaupt die meisten assyrischen Wörter dieser Columne so schwer zu bestimmen sind. Wir haben hier, so zu sagen, einen negativen Beweis dafür, dass die Hülfe des akkadischen Textes für das Verständniss des assyrischen keineswegs „illusorisch" ist (Nöldeke, a. a. O., Col. 842); der positiven Beweise für die unschätzbare Hülfe des Akkadischen sind im Verlaufe dieser Abhandlung bereits viele beigebracht und werden noch mehr beigebracht werden.

12. **sa-aś-śu-ru** „ein grüngelbes Insect". — Das Fragment XXXI, 77 hat uns diesen Namen in der zweifellos richtigeren Gestalt *śa-śu-ru* mit anlautendem *ś* erhalten und ausserdem auch das ihm entsprechende akkadische Wort *NUM. ŚIZI. ŚIZI* d. i. „grüngelbes Insect". Ueber *ŚIZI* = *araḳu, arḳu* d. i. hebr. יָרֹק, יֶרֶק „grün, gelb" siehe oben S. 59; die Verdoppelung des Adjectivs dient, wie in יְרַקְרַק u. dgl., zur Steigerung des Begriffes. Diese Erklärung des akkadischen Wortes wird unterstützt durch den XXXI, 78 folgenden Namen *NUM. ZA. KUR. NA* d. i. „kupferfarbenes Insect"; *ZA. KUR* entspricht nämlich dem assyr. *ṣi-ip-ruv* „Kupfer" = arab. صُفْر, صِفْر (z. B. II R. 40, 48 a. b). Das assyr. *śaśuru, śaśśuru* ist entweder lautnachahmend, so dass es das betreffende, nicht mehr näher zu bestimmende Insect nach seinem Brummen und Summen benennt, oder es geht gleich assyr. *śi-śi-ruv*, „Kind, Sohn" (II R. 30, 33 c; syn. *ma-ar* „Sohn", siehe Excurs IX) und *śi-iś-śi-ru*, *śa-az-za-ru*, *śa-az-za-ar-tuv*[1] „Kind-

[1]) Wohl nur ungenaue Schreibweise statt *śa-aś-śa-ru*, *śa-aś-śa-artuv* (nicht *śa-aś-ḫa-ar-tuv*!).

heit, Jugend" (II R. 36, 46—53 a. b: syn. *ṣi-iḫ-ḫi-ru-tu, ṣi-ḫi-ru-tuv* „Kleinheit, Kindheit, Jugend", von *ṣaḫar* = צָחַר; *zu-ḫa-ru-u*, von *zaḫar* = זָחַר; *da-ka-ki-tu* und *du-ka-ku-u*, von *da-kak* = דָּקַק; endlich *aḫ-ru-u-tuv* „Nachkommenschaft", von *aḫar* = אָחַר) auf eine W. *śaśar* = *śarśar* „klein sein" zurück (vgl. כָּרַם „verstümmeln", welches sich zu dem Begriffe der Kleinheit verhalten würde wie קָטַן, Wurzel קט, zu קָטָן „parvus", eig. curtus) und bezeichnet demnach das Insect als ein „winzig kleines".

13. **za-ak-ki-tuv** „ein stechendes Insect". — Als Wurzel ist gewiss זכ „stechen" anzunehmen, wovon arab. ذَكَ urspr. „stechen", رِيحٌ ذَاكٍ „stechender Geruch" u. s. w. Vielleicht ist die durch ihre schmerzhaften Stiche als Plage für Menschen und Vieh bekannte „Stechfliege" gemeint.

14. **as-tur-ru.** — Unbekannt.

16. **ku-za-zu** „Floh". — Arab. قُذَذ. Das Verzeichzeichniss XXIV, 17 bietet das Synonym **za-an-zi-zi-tav**, welches den Floh als winzig kleinen oder als schnell hüpfenden (vgl. زَعْزَعَ) zu bezeichnen scheint. Das akkadische Wort ist dunkel (vgl. Lenormant, *E. A.* I, 3, 49 No. 448). Den allgemein semitischen Namen des Flohes lesen wir Columne d, Z. 25.

19. **ha-sip-tuv** „grüne Fliege". — Arab. خُشْفٌ, خَشَفٌ, خُشَّفٌ.

23. **nu-ub-tuv** „Biene". — Arab. نُوبٌ, äth. ንህብ: „Biene". Im Syllabar II R. 7, 36—48 g. h. ist dieses *nubtuv* neben *na-bu-u* „Verkündigung, Prophezeiung, Prophet", *ni-bit-tav* „Benennung, Name", *mu-nam-bu-u* Part. Pa. „verkündend" und andere Ableitungen von נָבָא „verkünden" gestellt. In etymologischer Hinsicht ist dies natürlich ebensowenig massgebend, als wenn in dem Syllabar II R. 7, 1—29 a. b. die aus pronominalen Elementen erwachsene Partikel *sum-ma* „wenn, gesetzt dass" mit *sa-a-mu* „setzen", *sim-tuv* „Gesetztes, Geschick", *si-mu-u* „bestimmt, glücklich bestimmt, glückbringend" in Verbindung gebracht wird. Immerhin gewähren uns diese und ähnliche Fälle interessante Einblicke in die sprachliche Bil-

dung jener mit der Abfassung der Syllabare betrauten assyrischen Gelehrten; betreffs *summa* lehrt uns überdies jene Zusammenstellung mit שׂוּם unzweifelhaft, dass wir *summa* und nicht *suvva* zu sprechen haben (vgl. Schrader, Höllenfahrt, S. 29). Der akkadische Name der Biene ist, abgesehen von dem Determinativ *NUM*, nach Aussprache und Bedeutung noch unaufgehellt.

26. **ut-pu-uk-ku** „eine Fliegenart" (?). — Liest man *udbukku*, so liegt es nahe, Zusammenhang mit dem auch sonst im Assyrischen nachweisbaren Stamme *dabaḳ* = דָּבַק „anhangen, ankleben" anzunehmen und etwa an die Schmeissfliege oder sonst eine in Thierkörpern sich einnistende Fliegenart zu denken. Ist dagegen *utpukku* das Richtige, so wird *t* als Infix zu betrachten und arab. عُفُقٌ „Fliegen" zu vergleichen sein.

29. **lal-la-ar-tuv** „ein geflügeltes Insect". — Wir begegnen diesem Namen auch auf Columne d, Z. 16. Wenn angenommen werden darf, dass *lallartuv* hier wie dort ein und dasselbe Thier bezeichnet, so lässt sich aus dem Z. 16d. entsprechenden akkadischen *ḤU. BIR. ḤA. MUNU* mit Sicherheit schliessen, dass es Name irgend einer geflügelten Insectenart (etwa des Schmetterlings?) ist. Siehe wegen *ḤU. BIR* Seite 70 f. Mehr wissen wir über den Namen nicht zu sagen. Das akkad. *MUNU* wird II R. 1, 165 durch *ṭa-ab-tuv* d. i. hebr. טוֹבָה erklärt. *Lallartuv* aber wird schwerlich aus dem Semitischen erklärt werden können, so wenig wie das II R. 32, 18 f. erwähnte Wort *lallaru*. Vielleicht sind beide Wörter dem Akkadischen entlehnt.

30. **ḥal-lu-la-ai** „ein in Erdlöchern lebendes Thier". — Die Endung *ai* (XXIV, 19: *ḥal-lu-la-ja*) kennzeichnet das Wort als Beziehungsadjectiv: *ḥallûl* (*ḥalûl*) scheint den Ort zu bezeichnen, an welchem das betreffende Thier sich aufzuhalten pflegt. Im Allgemeinen wird dieser Ort schon durch das Synonym **SAḤ ḳaḳ-ḳa-ri** (XXIV, 19) angegeben; *SAḤ* ist, wie oben S. 55 gezeigt wurde, die akkadische und ins Assyrische übergegangene Benennung wilder oder wildlebender Thiere, *ḳaḳḳaru* aber bed. den „Erdboden". Das Thier lebt also keinesfalls im Wasser, ist kein Fisch; es kann aber auch

nicht „wildlebendes Thier des Erdbodens" in dem Sinne heissen wie alle wilden Vierfüssler (vgl. hebr. חַיַּת הָאָרֶץ, שְׂדֵי, בַּהֲמוֹת), sondern muss ein Thier bezeichnen, welches auf dem Erdboden kriecht, an oder in dem Erdboden lebt und zwar in *ḫallûl* d. i. in „Erdlöchern" sich aufhält: vgl. arab. خَلَّ „durchbohren", خَلَلٌ „Riss, Spalt", hebr. מְחִלָּה „Höhle", aram. חֲלָלָא „Höhlung". Was mag das für ein Thier sein? Daraus, dass dem in Verzeichniss XXIV, 19 erhaltenen akkadischen Namen *U. PAD* weder *NUM* noch *HU. BIR* noch *UH* (siehe S. 79) als Determinativ vorhergeht, würde man schliessen können, dass es kein Insect, sondern ein Reptil, und daraus, dass ihm nicht *ṢIR* d. i. „Schlange" (siehe S. 87) vorhergeht, dass es keine Schlangen-, sondern eine Eidechsenart bezeichnet. Allein so passend auch eine grosse Eidechse mit jenen beiden Namen benannt sein könnte, so macht uns doch auch hier wieder das Fragment XXXI irre, welches Z. 79 die Worte zeigt: *NUM. SAK. PAD* = *ḫal-lu-u* ...... Da nun *SAK* sehr leicht falsch statt *U* gelesen sein kann (wie denn überhaupt der Text dieses Fragmentes einer Revision bedarf), die assyrischen Wörter beider Syllabare aber wohl identisch sind, so hat es doch als möglich zu gelten, dass unter *ḫallulai* ein *NUM*, ein „Insect", etwa eine Käfer- oder Ameisenart zu verstehen sei.

31. **u-ṣab i-za-ar.** — Vielleicht „Gürtel- oder Ringeleidechse", entsprechend hebräischem צַב אֵזוֹר, arabischem ضَبّ إزار.

33. **it-tu-tuv** „grosser Fisch". — Arab. حُوت „Fisch, bes. grösserer Fisch". Es ist eine auch sonst (siehe XXXVII A Rev. 16) zu constatirende Erscheinung, dass die im Assyrischen so beliebte Nominalbildung mittelst eines nach dem ersten Radical eingeschobenen *t* ganz besonders in jenen Fällen angewendet wurde, in welchen durch Verflüchtigung eines anlautenden Hauchlautes und Schwäche eines oder der beiden letzten Radicale ein Wort so zu sagen allen Halt verloren hätte. Das assyrische *ittûtuv* würde somit arabisch إِحْتُوت zu umschreiben sein; das anlautende *i* ist Prosthese.

37. **an-zu-zu** „Meerziege". — Das Synonym dieses Thier-

namens **ḥa-di-lu** (XXIV, 18), welches sich als Participium von arab. خَدِلَ „fleischig, dick, plump sein" (hebr. חָדֵל mit der verwandten Bed. „schlaff, lass sein, ablassen") gibt, weist auf ein dickes, schwerfälliges Thier hin. Zur Vergleichung bietet sich, im Anschluss an *iṭṭûr*, ungezwungen arab. عَنْزَرٌ „ein Fisch, so gross, dass ihn kaum ein Esel zu tragen im Stande ist", talm. דְּבִינָא אִגָּא, worunter vielleicht der Dujung (Halicore) zu verstehen ist; Lewysohn, Zoologie des Talmuds, S. 270 f., denkt an eine Art der schwerfälligen und langsamen Hornfische. Der akkadische Name ist *KU. KUR. KIL.*

38. **lu-um-mu-u** „Roche". — Arab. لُمَّى „Lymma" (Forskål, *Descript. Animal.* VIII), eine Unterart der Rochen, jener zum Theil sehr grossen und schweren Meerfische mit flachem, scheibenförmigem Körper.

39. **ai-ub ilu.** — *Aiub* ist vielleicht stat. constr. von einem mit *aibu* „Feind" gleichbedeutenden *ajjûbu*, *aiûbu*, gebildet wie חַנּוּן, רַחוּם, שַׁכּוּל; der Name würde dann „Feind Gottes" bedeuten und etwa eine so gewaltige und gefährliche Schlange bezeichnen, dass man sie, persisch ausgedrückt, für den verkörperten Ahriman ansah. Im Akkadischen entspricht *BAR.ṬAR.ṬAR(?).NU.KUR.RA* (XXIV, 9).

40. **ḥa-av-vu** „Schlange". — Arab. حَيَّةٌ, vom Stamme حَوَى statt حَوْيَةٌ, aram. חִוְיָא.

42. **ḥa-av-vu mí-'i** „Seeschlange".

43. **um-mi mí-'i** „Meerweihe". — Dieser Name, wörtlich übersetzt: „Mutter des Wassers", kehrt in der Vogelnamenliste XXXVII A Obv. 6 wieder und wird dort als „Sumpfweihe" erklärt werden. Hier, in Verzeichniss V, kann, abgesehen vom Zusammenhang, schon desshalb dieser Vogel nicht gemeint sein, weil in der akkadischen Columne das nachgesetzte Determinativ *ḪU* d. i. „Vogel" fehlt. Es ist desshalb wahrscheinlich, dass man verschiedenen Classen angehörige Thiere homonym benannte und dass *ummi mi-'i*, ebenso wie lat. milvus, nicht nur die „Weihe" als Vogel, sondern auch die „Meerweihe", einen Raubfisch, bedeutet. Der akkadische Name des Thieres *LUKU. A*, XXXVII B 56, bedeutet gleichfalls

„Mutter des Wassers"; zu dem Lautwerth *LUKU* des Ideogrammes 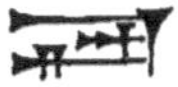 siehe II R. 32, 44c (vgl. Lenormant, *E. A.* I, 3, 22 Nr. 48); sinnverwandt ist *AGARIN* II R. 1, 192.

44. **ku-li-li-tuv** „Mücke". — Eben diesem Namen, nur ohne die Femininendung, begegnen wir Columne d, Z. 5. Wir werden wie bei *lallartuv* (29b) annehmen dürfen, dass beide Wortformen ein und dasselbe Thier, nämlich die „Mücke", bezeichnen. Siehe zu Z. 5d.

45. **kal-mat Sa-mas** „Sonnenkäfer" oder eigentlich: „Käfer des Sonnengottes", vgl. *ka-lab Sa-mas* S. 41. Zu *kalmat* = aram. קַלְמְתָא siehe Col. d, Z. 24. Welches Thier gemeint ist, ob der auch von uns so genannte „Sonnenkäfer" oder der „Leuchtkäfer" oder eine Art Coccinella („Sonnenkälbchen"), lässt sich nicht entscheiden.

Columne d.

Diese Columne beginnt mit einer Reihe von Thiernamen (Z. 2—17), deren akkadische Aequivalente sämmtlich das Determinativ *ḤU. BIR* aufweisen. Da nun *ḤU* den „Vogel" bedeutet, so könnte man, wie bereits in der Einleitung (S. 26) bemerkt wurde, meinen, dass diese Namen eben Vogelnamen seien, eine Vermuthung, welche durch *zir-zir-ru* (Z. 2, vgl. زُرْزُور „Staar"), *'i-rib* (Z. 3, vgl. עֹרֵב „Rabe") u. a. verlockend begünstigt wird. Allein diese Ansicht, welche Norris (I, 46) ausspricht und welche auch den Herausgebern des Londoner Inschriftenwerkes bei ihrer Ueberschrift *„Animals, Birds etc."* vorgeschwebt haben muss, wird bei näherer Betrachtung hinfällig. Denn während wir in den Listen wirklicher Vogelnamen (XXXVII A und B) ausnahmslos das blosse *ḤU* als Determinativ des Vogels (und zwar dem akkad. Namen nachgesetzt) lesen, geht hier den Thiernamen ebenso ausnahmslos *ḤU. BIR* vorher. Nur zweimal — und da gewiss nur irrthümlich — tritt dafür in dem Verzeichniss XXIV (Z. 14f.) *NAM. BIR* ein, welches durch II R. 19, 39. 40b. XXXVII B 32. 33. 40. 41. 48. 49 als Synonym von *ḤU* „Vogel" erwiesen wird. Das in Verzeichniss V zu *ḤU* hinzutretende *BIR*[1], welches II R. 2, 293. 3, 430 durch *ṣa-a-bu*, d. i. hebr. צָבָא „Heer, Schaar“ erläutert wird, kennzeichnet hiernach diese Art geflügelter Wesen als in Menge zusammenlebend — es sind nicht Vögel, die hier aufgezählt werden, sondern Insecten, denen ja, mit Ausnahme nur weniger Familien und Gattungen, die Flügel nie fehlen. Die Einzeluntersuchung wird die Richtigkeit dieser, auch von Schrader getheilten Auffassung des Gattungsnamens bewähren.

2. **zir-zir-ru** „Ameise“. — Wir vergleichen arab. ذَرٌّ, den Namen einer ganz kleinen rothen Ameisenart. *Zirzirru* geht zurück auf die reduplicirte Wurzel זר, welche auch im Arabischen (vgl. ذَرْذَرَ „ausstreuen“ neben ذَرَّ) gebräuchlich ist. Für die Richtigkeit dieser Deutung ist das akkadische *NAM (ḤU). BIR. TUR. TUR* (XXIV, 15) d. i. „ganz kleines Insect“ ein unwidersprechlicher Beweis. Das Synonym **zu-un-zu-nu** scheint ebenso wie *zirzirru* das geschäftige Wimmeln und Kribbeln dieser winzigen Thierchen zu malen. Vielleicht ist es geradezu aus *zirzirru* umgelautet: dass *r* kann zu *n* erweicht sein, wie in assyr. *zu-un-nu* „Regen“ (Bors. II, 1. II R. 43, 13 e, syn. *di-ḫu* vgl. רחץ Hif. „hinwegspülen“, *ri-iḫ-ṣu*[2] von *raḫaṣ* = רָחַץ „abwaschen“, vgl. Jes. 4, 4, *mi-iṭ-ru* von *maṭar* = מָטַר „regnen“, II R. 43, 13. 20. 23 d. e; akkad. *A. AN* „Wasser Gottes“, Sanh. Tayl. IV, 77. II R. 43, 25 e) gegenüber dem urthümlicheren hebr. זֶרֶם (vgl. äth. ዘገም:). Gesichert aber ist dieser Lautwandel im vorliegenden Fall nicht, denn *zu-un-zu-nu* liesse sich auch mit arab. زُنَّةٌ „kleines ameisenartiges Insect“ vergleichen.

3. **'i-rib tur-bu-'-ti** „Wanderheuschrecke“. — '*Irib* oder, wie der Name im stat. absol. lautet, '*i-ri-bu-u* (XXIV, 14)

---

[1]) Akkadische Synonyma von *BIR* sind *ZAB* (II R. 3, 431), dem assyr. *ṣâbu* entlehnt. und '*IRIM* (Lenormant, *E. A.* I, 3, 47 No. 425 falsch: '*IGIL*; siehe II R. 2, 293 und 3, 430), wie es scheint, gleichfalls ein ursprünglich assyrisch-semitisches Wort, vgl. hebr., aram. עֲרֵמָה „Haufe“.

[2]) Auch die Femininform kommt in der Bed. „Regen, Unwetter“ vor; so II R. 32, 15b: *ju-um ri-ḫi-iṣ-ti-ir* „Regentag“, neben *ju-um zig-ga-ti* „stürmischer Tag“, vgl. Nedarim 28 a. דְּאִיכָּא זִיקָא נְפִישָׁא d. h. „wenn heftiger Wind (Raschi: רוּחַ קָשָׁה) ist“.

ist sicher eins mit hebr. אַרְבֶּה, dem gewöhnlichsten und eigentlichen Namen der „Heuschrecke". Das akkadische *NAM* (*ḤU*). *BIR. ZUN*[1], XXIV, 14 (zu *ZUN* = *ma'du* „viel" siehe Asurn. II, 64 Var.; eine andere Variante Asarh. VI, 15 bietet statt *ZUN* das Pluralzeichen, vgl. II R. 1, 139), bezeichnet dieses Thier als das „Masseninsect" κατ' ἐξοχήν, ganz so wie hebr. אַרְבֶּה auf רָבָה „viel sein" zurückgeht, und besiegelt somit obige, bereits von Schrader (DMZ, XXVIII, 153) gegebene Erklärung des *'iribu*. Das Synonym von *'iribu*, welches wir im Verzeichniss XXIV lesen, lautet **ka-su-bu** oder ka-su-pu, vielleicht von dem Verbalstamm كَثَبَ[2] „zusammenbringen, vereinigt, geschaart sein", so dass auch *kasûbu* die Heuschrecke als „geschaartes Insect" bezeichnet. Was bedeutet nun aber in unserem Verzeichniss der Zusatz *tur-bu-'-ti*? Schrader (a. a. O.) liest *TUR* d. i. *habal bu-'-ti* und übersetzt: „Heuschrecke, Kind der Wüste", indem er *bu'ti* dem hebr. בהו gleichsetzt (zur Femininform des Wortes liesse sich der ophitische Demiurgen-Name Jaldabaoth = ילדא בהות vergleichen). Wir möchten einer andern Auffassung den Vorzug geben. Gegen jene Lesung *TUR bu'ti* scheint uns nämlich nicht nur der status constructus *'irib* statt des zu erwartenden *'iribu* zu sprechen, sondern auch das unmittelbar folgende *'irib tihamtiv*, statt dessen *'irib habal tihamtiv* zu erwarten wäre, vor allem aber das Syllabar II R. 32, 9g.h, welches *tur-bu-'-tuv* geradezu als Ein Wort, als nicht zusammengesetzt aufführt. Dass aber dieses *turbu'tuv* mit dem *turbu'ti* (Genitiv) unseres Verzeichnisses identisch ist, geht daraus hervor, das ihnen beiden in der akkadischen Columne ein und dasselbe Wort, nämlich *IS* oder *ŚAḤAR* entspricht (zu *ŚAḤARRA* V, 3c. siehe oben S. 10f., zu *ŚAḤAR. KIR.*

---

[1]) Ebenso mit *ZUN* zusammengesetzt ist *BIR. ZUN* „viele Leute, zahlreiches Heer" = assyr. *um-ma-ni*, *um-ma-na-a-ti* „Truppen" (Khors. 73. 97. 120), von *'amam* = עָמַם „binden, sammeln, vereinigen".

[2]) Von demselben Stamme *kasab* = كثب lesen wir II R. 34. 41c.d. ein Substantiv *ki-si-bu* mit dem Synonym *rik-śu sa ḳani* „Rohrbündel"; zu *GI* = *ḳa-nu*, *ḳa-an* „Rohr", hebr. קָנֶה, siehe II R. 24, 2. 3. 6—10. 12 u. ö. Der Tractat Chullin 65b. führt unter den Heuschreckenspecies auch eine essbare Heuschrecke, Namens כרספא (= *kasûpu*?) an.

KIR II R. 32, 9 g. vgl. Lenorm., *E. A.* 1, 3, 37 Nr. 322). Da nun *ŚAḤAR* oder *IS* II R. 1, 122 durch *ip-ru* d. i. עָפָר „Staub“ erklärt wird, so muss auch *turbu'tuv* nothwendig etwas wie den „Staub“ bedeuten. Nun läge es allerdings am nächsten, *turbu'tuv* mit arab. تُرَابٌ, تُرْبٌ, تُرْبَةٌ „Staub“ zu combiniren, allein diese Vergleichung scheitert an dem Sylbenschliesser, welcher auf einen Hauchlaut als dritten Radical hinweist. Wir haben uns also nach einer andern Deutung des Wortes *turbu'tuv* umzusehen, und diese wird uns durch das Syllabar II R. 3—9 g. h, welches der Erklärung des akkad. *IS* gewidmet ist, an die Hand gegeben. In Zeile 6 heisst es nämlich: *IS. KISI* = *'i-par zir-ba-bi* (ergänzt gemäss II R. 2, 383; über *zirbâbu* „Heuschrecke“ siehe S. 78) d. i. „Staub der Heuschrecken“. Dies kann, so viel wir sehen, nichts andres bedeuten, als „staubgleiche Masse der Heuschrecken“; das Syllabar will also zeigen, dass akkad. *IS*, assyr. *'ipar* (gleich dem hebr. עֲפַר יַעֲקֹב, Num. 23, 10, „Staub Jakob's“ d. i. „unzählige Menge Jakob's“) auch in der Bed. „zahllose Menge“ gebraucht wird. Man erinnere sich nun, dass in der citirten Stelle Num. 23, 10 mit עֲפַר יַעֲקֹב in Parallele gesetzt wird רֹבַע יִשְׂרָאֵל, gegen dessen Uebersetzung „Viertheil Israels“ der Parallelismus mit Recht bedenklich macht; Knobel, Numeri S. 139, liest desshalb רִבּוֹת „Myriaden“. Wir halten an der Lesart רֹבַע fest und leiten es gleich unserm *turbu'tuv* von רָבַע[1] = רָבָה „viel sein, sich mehren“ ab, so dass also רֹבַע, gleich תַּרְבּוּת, „Nachkommenschaft, Samen“, *turbu'tuv* aber „Schaar, zahllose Menge“ bedeutet. Akkad. *ḤU. BIR. ŚAḤAR. RA*, assyr. *'irib turbu'ti* bedeuten somit gleichfalls „Insect zahlloser Menge, Masseninsect“, und erweisen sich so als reine Synonyma von *ḤU. BIR. ZUN.*

4. **'i-rib tiham-tiv** „Meerheuschrecke“.* — Akkad. *ḤU.*

[1]) Auch in arab. رَبَعَ tritt die Bed. des „Vielseins“ hervor; vgl. die X. Form, vom „sich Häufen“ des Sandes und Staubes gebraucht. — Möglich freilich auch, dass *turbu't*, von רָבַע = רָבַץ, das von Thieren gebräuchliche Wort in der Bed. „Brut“ für das edlere *tarbut* (von רבה) ist und die wimmelnde sich aus sich selbst ergänzende Menge bedeutet. Jedenfalls ist *irib turbu'ti* Name der als Landplage in zahlloser Brut erscheinenden Heuschrecke.

BIR. A. AB. BA d. i. „Meerinsect"; die Bed. von *A. AB. BA* = *tihamtiv* „Meer" (תְּהוֹם) ist durch dieses Syllabar gesichert (vgl. auch I R. 48 No. 1, 1. 14); seiner Zusammensetzung aus *A* „Wasser" und *AB. BA.* d. i. *abu* „Vater" oder *si-bu*, auch *a-bi a-bi* „Alter, Grossvater" (II R. 32, 60 c. 33, 10 c. f. 32, 61 c. d) scheint eine mythologische Vorstellung zu Grunde zu liegen. Welches Thier ist nun aber unter dieser „Meerheuschrecke" zu verstehen? Eine wirkliche Heuschreckenart, auf welche der Zusatz „des Meeres" passende Anwendung finden könnte, gibt es nicht; auch ist es nicht wahrscheinlich, dass ein Insect gemeint sei, welches am Meere, überhaupt an Gewässern zu leben pflegt und der Heuschrecke nur äusserlich ähnlich ist, wie etwa die „Wasserjungfer" (Libellula). Es bleibt vielmehr nur Eine Möglichkeit, dass nämlich *'irib tihamtiv* ebenso wie arab. جَرَادُ ٱلْبَحْرِ (oder إِرْبِيَانٌ) die auch bei uns unter dem Namen „Meerheuschrecke" bekannte Krebsart (Squilla mantis) bezeichnet. Zu dieser gemeinschaftlichen Benennung von Thieren verschiedener Classen vgl. den Namen *ummi mí'i* Col. b, Z. 43.

5. **ku-li-luv** „Mücke". — Das akkadische *HU. BIR. ARI. DA* bedeutet „Flussinsect"; zu *ARI* = *naharu* siehe oben S. 53 Anm. 2; *ARIDA* verhält sich zu dem einfachen *ARI* wie *MA. DA* „Land" (= *ma-a-tuv*, II R. 39, 12 c. d) zu *MA* (ibid. Z. 11); *UB. DA* „Himmelsgegend" (= *tu-pu-ḳa-tuv*, II R. 35, 39 a. b) zu *UB* (= *tu-up-ḳu*, III R. 70, 124) u. a. m. Wir sehen in dem „Flussinsect" eine Bezeichnung der „Mücken", welche in der Nähe von Gewässern vorzüglich häufig sind und als die gefährlichste Plage heisser Länder in unserm Verzeichniss kaum vergessen sein dürften; und da semitischer Lautwechsel von *l* und *n* durch viele Beispiele wie arab. كَنَّةٌ „Schwiegertochter" gegenüber hebr. כַּלָּה, صَنَمٌ „Bild" = צֶלֶם u. a. erwiesen ist, so wird der hebräische Mückenname כִּנִּים dem assyr. *kuliluv* gleichgesetzt werden dürfen.

6. **zi-za-nu** „Gewürm". — Dem „Flussinsect" oder der „Mücke" folgt das „Insect des Feldes", akkad. *HU, BIR. GANA. NA.* Das akkadische *GANA* entspricht gemäss III R.

70, 96. 97 entweder dem assyr. *gi-nu-u* d. i. hebr. גַּן, גִּנָּה „Garten“ oder *ik-lu*[1] d. i. aram. חַקְלָא „Feld, Stück Land“; zu *NA* als Zeichen des abhängigen Casus, siehe oben S. 54 Anm. Assyr. *zi-zanu* aber ist bis auf das nominalbildende *ânu* (vgl. *lidânu* „Sohn“ neben *lidu*) ganz das hebr. זִיז „Gewürm, Gethier“ (זִיז שָׂדַי „Gethier des Feldes), targum. זִיזָא „Wurm“, W. זוז, verwandt mit زَعْزَعَ „sich rasch hin und her bewegen“ (vgl. κινώπετον „Gewürm“ von κινεῖν)[2]. — Ueber **kis-ti** oder k i ś - t i oder wie nun zu lesen sein mag und das ihm gleichkommende akkad. *TIR. RA* (Z. 7. 9) sind wir rathlos. Jedenfalls gibt es näher den Ort des Gefildes an, an welchem eine bestimmte Art Würmer und Schaben (Z. 8) sich zu finden pflegt.

8. **sa-ṣi-ru** „Schabe“ (?). — Im Unterschied von dem Heuschreckennamen *ṣa-ṣi-ru* (Z. 20) und von *ṣar-ṣa-ru* „Grille“ (Z. 17) wird hier ein Insect wie das von Forskål, *Descr. Animal.* XXII, namhaft gemachte arab. صُرْصُرٌ „Schabe, Küchenschabe“ (blatta aegyptiaca) gemeint sein. Das akkadische Wort ist beschädigt.

10. **sa-'-i-luv.** — Auf ein kriechendes oder hüpfendes Insect führt der Zusatz **ik-li** (Z. 11), akkad. *A. SÂ. GA* „des Feldes“ (zu dem Lautwerth *SÂ* siehe II R. 3, 424. III R. 70, 6; zur Postposition *GA* siehe Lenormant, *E. A.* I, 1, 56 f.) Im Akkadischen führt das Thier mehrere Namen; es heisst: *ḤU. BIR. IN. MÍ. LI*; *ḤU. BIR. ŚA. GI. LUM* und *ḤU. BIR. ŚA. GI. ṢU*, deren Bedeutung zur Zeit noch nicht sicher erklärt werden kann[3]. Das assyrische

---

[1]) Der Beiname des Gottes Malik (Moloch) *NIN. GAN* (II R. 57. 16a.b) d. i. *Bil ikli* ist also wohl nicht „Herr voller Einsicht“ (ABK, 149) zu übersetzen, sondern „Herr des Gefildes“.

[2]) Nach II R. 57, 41 c. d. führte der Gott Adar den Beinamen *zi-za-nu*.

[3]) Die beiden Wörter *ŚA. GI. LUM* und *ŚA. GI. ṢU* sind gebildet nach Analogie der Schiffsnamen *MÂ. GI. LUM* und *MÂ. GI. ṢU*, erklärt durch assyr. *su-luv* und *su-ṣu* (II R. 46, 5. 6a.b), sowie des Vogelnamens *NIR. GI. LUM* (XXXVII B 14). *GI. LUM* und *GI. ṢU* sind offenbar Adjectiva, welche ein Mass, eine Ausdehnung bezeichnen. Letzteres ist daraus zu schliessen, dass sie uns stets in naher Verbindung mit den Wörtern für „Länge“ und „Höhe“ in den Syllabaren begegnen. Dem *MÂ. GI. LUM* und *MÂ. GI. ṢU* folgt unmittelbar das *MÂ. GID. DA* (*BU. DA*) oder

sa'iluv ist eine Participialform, wie es scheint von einem Stamme *sahal.* Aram. זְחֵיל, זוּחֲלָא, זַחֲלָא „Wurm, Reptil", auch eine „Heuschreckenart" (syr. ܙܚܠܐ), muss wegen des verschiedenen Sibilanten von der Vergleichung ausgeschlossen bleiben.

14. **śi-ik-tuv** „eine Art Heuschrecke oder Grille". — Targum. סַקָאָה. Im Akkadischen entspricht *ḪU. BIR. DI. A.*

15. **a-du-dil-luv** „Vierundvierzigfuss". — Nehmen wir *a* als Alef prostheticum, dessen Verwendung im Assyrischen mehrfach zu belegen ist, so vergleicht sich das übrig bleibende *dudillu* = *daldillu*, wie זוֹכָב = כַּבְכָב, dem syrischen ܙܘܠܠܐ, Grundform *daldâlâ*, wie äth. ሰንሰለ: Kette, Grundform ሰለሰለ:. So heisst aber der „Vierundvierzigfuss" (Scolopendra), arab. أمّ الاربع والاربعين, jener glänzend schwarze, bis sechs Zoll lange und ein drittel Zoll dicke Wurm, von welchem Wetzstein schreibt, dass er ihn im Monat Juni auf dem judäischen Gebirge in Unzahl gefunden habe. Gleicher Wurzel ist der andere bekannte Name dieses Gewürms, aram. זְדָל. Akkad. *HU. BIR. SUD. BABBAR* (?). *RA.*

16. **lal-la-ar-tuv.** — Siehe Columne b, Z. 29.

17. **ṣar-ṣa-ru** „Grille". — Arab. صَرْصَر, vulgär. صُرْصُر, صُرْصُور, auch صَرَّار, syr. ܨܪܨܘܪܐ, ܨܪܨܪܐ (hebr. צְלָצַל) „Grille", vom Zirpen so benannt. Akkad. *ḪU. BIR. DUP. KA. NA.*

Es folgen Z. 18—21 vier Thiernamen, welchen in der akkadisch-assyrischen Schrift nur Ein ideographisches Zeichen entspricht. Wirft man aber einen Blick auf das Syllabar II R. 2, 383 ff., wo für eben dieses Ideogramm noch drei

'ilippu a-rik-tuv „langes Schiff" (*arik* = אָרֵךְ); ebenso dem Vogel *NIR. GI. LUM* unmittelbar der „langbeinige" *NIR. GID. DA* (*NIR* = *sipu* „Fuss", II R. 16, 31 b. c); ja in dem Syllabar II R. 52, 72—74g. h. lesen wir geradezu *su-luv*, *ni-du-tuv* „Höhe" (von *nahad* = نَهَدَ) und *ti-rik-tuv* „Länge" von *arak*, gebildet wie *ti-il-tuv* „Höhe" von *'alâ* = עָלָה, II R. 35, 31b) durch Ein akkadisches Wort wiedergegeben. Eine sichere etymologische Erklärung von assyr. *sulu* und *suṣu* wissen wir nicht, lassen es desshalb auch noch dahingestellt, ob *sulu* und der obige Thiername *sa'iluv* auf ein und denselben mittelhauchlautigen Verbalstamm zurückzuführen sind.

andere assyrische Wörter aufgeführt sind, so wird man, wie wir meinen, schon durch diese überraschende Mannigfaltigkeit der Namen dazu gedrängt, in all diesen Wörtern Benennungen der vielartigen und in allen semitischen Dialekten vielnamigen „Heuschrecke" zu sehen. Während wir Z. 3 den allgemeinen Namen der Heuschrecke lasen, welcher das Thier als „Masseninsect" bezeichnete, lernen wir hier ihre specielleren, auf Farbe, Gefrässigkeit u. s. w. sich beziehenden Namen kennen. Die Behauptung Lenormant's (*E. A.* I, 3, 23 Nr. 158), dass mit diesen Wörtern „Ameisen" und „ameisenartige Insecten" gemeint seien, ist, so lange die Beweise vorenthalten werden, einfach werthlos.

18. **si-i-ḫu** „gestreifte Heuschrecke". — Arab. مُسَيَّحٌ „gestreift" ist ein Beiname von Kleidern, ganz besonders aber auch von schwarz, gelb und weiss gestreiften Heuschrecken, جَرَادٌ مُسَيَّحٌ. Wie nun ein gestreiftes Kleid geradezu سَيْحٌ genannt wurde, so konnte wohl auch eine gestreifte Heuschreckenart im Volksmunde kurzweg سَيْحٌ = *sîḫu* genannt werden.

19. **nap-pil-luv** „eine Heuschreckenart". — Aram. נִיפּוּלָא.

20. **ṣa-ṣi-ru** „eine Heuschreckenart". — Dieser Name geht, wie der der Grille, *ṣarṣaru* (Z. 17), auf die reduplicirte Wurzel צרצר „schwirren, schnarren, zirpen" zurück und vergleicht sich dem von eben dieser Wurzel sich herleitenden Heuschreckennamen syr. ܨܪܨܘܪܐ „eine kriechende, unbeflügelte Heuschrekenart, welche die Wurzeln der Bäume zernagt, so dass diese verdorren" (Castellus), talmud. צרצור.

21. **i-lak bu-ka-ni**. — Das erste Wort klingt mit hebr. יֶלֶק auffallend zusammen, doch hängt seine endgiltige Lesung und Erklärung von der noch unermittelten Bedeutung des Wortes *bukanî* (vgl. بُقْعَان?) ab.

Auch die in dem Syllabar II R. 2, 383—385 angeführten drei Namen **zir-ba-bu**, **ḫa-ru-bu** oder **ḫa-ru-pu** und **ki-si-im-mu** lassen sich als Bezeichnungen der „Heuschrecke" unschwer erklären. Man mag *ḫarûbu*, *ḫarûpu* von dem semitischen Stamm خَرِبَ „verwüsten" oder خَرَفَ[1] „abpflücken" herleiten (vgl. das ebenso gebildete arab. خَرُوفٌ „Lamm", eig. „Rupfer") — das „verwüstende" oder „abpflückende Insect" ist vor allen andern die Heuschrecke. *Kiśimmu* erinnert sofort an den Heuschreckennamen גָּזָם bei Joel und Amos, um so mehr als Ezechiel (44, 20) das unserm *kiśimmu* zu Grunde liegende כָּסַם „abschneiden, rasiren" gleichbedeutend mit גָּזַם gebraucht. Schwieriger ist nur die Erklärung von *zirbâbu*, desshalb weil, wie wir sehen werden, der Name anderwärts, in genauer Uebereinstimmung mit arab. زُرْبَابٌ, den „Sperber oder Finkenhabicht" bezeichnet. Indess mögen wir *zirbâbu* in der Bedeutung „Heuschrecke" direct auf اِزْرَبَّ „grüngelb sein" zurückführen oder den Namen des Habichts als auf die räuberische Heuschrecke übertragen annehmen (wie wir von einer „Habichtsfliege" reden, wobei auch bemerkenswerth, dass die Stimme beider Thiere in den semitischen Dialekten mit demselben lautnachahmenden Worte bezeichnet wurde, vgl. صَرْصَرَ „schreien", vom Habicht, und صُرْصُرٌ „Grille") — jedenfalls fügt sich *zirbabu* passend in die Reihe der übrigen Heuschreckennamen. Ueber *'ipar zirbabi* siehe oben S. 73. Woran Ménant (II, 128) bei seiner an sich möglichen Lesung *kul-ba-bu* denkt, ist unklar. — Von den in dem Thierverzeichniss V und dem Syllabare II R. 2 aufgeführten akkadischen Heuschreckennamen *KIŚIM*, *ZIBIN*, *SURIN*, *SARIN*, *KISI* und *ḤARUB* sind *KIŚIM* und *ḤARUB* augenscheinlich dem assyrischen *kiśimmu* und *ḥarûbu* entlehnt, also semitischen Ursprungs; Lenormant, *E. A.* I, 1, 29. 32, hält sie gleichwohl für akkadisch.

Den Thiernamen Z. 22—25, welche der Verfasser des Syllabares gleich den in Z. 18—21 schon äusserlich als eng zusammengehörig hervorgehoben hat, entspricht in der akkadischen Columne wieder nur Ein ideographisches Zeichen mit

---

[1]) Vgl. assyr. *ḥa-ar-pu* „Ernte" = חָרֵף II R. 47, 25 b (Lenorm., *E. A.* I, 3, 19 Nr. 118).

den Lautwerthen *UḪU* oder *UḪ* (nicht *AḪ*, *E. A.* 1, 3, 48 Nr. 443) und *LAM. MU. BI*, welches am besten mit unserm Wort „Ungeziefer“ zu übersetzen ist.

22. **up-lu** „Wurm“. — Im Hinblick auf arab. فَلَّى , تَفْلِيَة „Läuse suchen“ könnte man in *uplu* einen Namen der „Laus“ vermuthen und in dieser Vermuthung bestärkt werden durch das mit syr. ܢܚܐ „lendes (Nissen)“ so auffallend zusammenklingende *na-a-bu* der folgenden Zeile. Allein das arab. فَلَى geht doch zu deutlich auf die W. פל „spalten, scheiden“ zurück, um für ein verbum denominativum von *uplu* „Laus“ gehalten werden zu können. Wir ziehen es daher vor, *uplu* (II R. 35, 39 d.[1] *up-pu-lu* geschrieben) dem Namen *pu-luv* des Verzeichnisses XXIV (Z. 23) gleichzusetzen (vgl. die Vogelnamen *ir-ka-bu* = *ri-ga-bu* XXXVII A Rev. 22) und beides mit syr. ܩܠܐ „nagender Wurm, Holzwurm, Motte etc.“ zu combiniren. Vgl. auch den Vogelnamen *ma-ak-lat up-la* XXXVII B 35. Ménant's an sich gleich mögliche Lesung *ar-lu* (II, 318) wird durch die Schreibung *up-pu-lu* (II R. 35) als unrichtig erwiesen; auch würde sich schwerlich für *arlu* eine in diesen Zusammenhang passende Bedeutung auffinden lassen.

23. **na-a-bu** „ein Wurm“. - Ist wohl besser gleich arab. نَغَفٌ für den Namen eines Wurmes als für den Namen des

---

[1]) In dem Syllabar II R. 35, 39—44 c. d. lesen wir folgende mit dem Determinativ *UḪ* versehene Namen: *up-pu-lu* (akkad. *UḪ. ṢI. ṢI*), *na-a-bu* (akkad. *UḪ. TAG. GA*), *na-ḫal-lur* (akkad. *UḪ. RU. TA*), *ni-id* oder *na-di ru-'-ti* und endlich *ṣi-bit ap-pi* (akkad. *UḪ. KA. TI*). Die beiden ersten Wörter sind zweifellos dem *uplu* und *nâbu* des Verzeichnisses V gleichzusetzen; die Bed. der beiden mittleren ist dunkel, dagegen der letzte sammt dem ihm gleichkommenden akkadischen Worte leicht zu erklären. Akkad. *KA* entspricht nämlich bald dem assyr. *pû* „Mund“ (siehe oben S. 21 Anm.) bald, wie z. B. II R. 27, 9 e. f. 30, 18 g. h, dem assyr. *ap-pu* „Nase“, dann „Angesicht“, hebr. אַף; *TI* aber bedeutet „nehmen, fassen“, assyr. *laḳû* = לָקַח (II R. 1, 106. 9, 1 c. d) oder, wie hier, *ṣabat* = צָבַת. *UḪ. KA. TI* deckt sich also vollständig mit *ṣi-bit ap-pi*: beide bezeichnen irgend welches „das Gesicht oder die Nase (jedenfalls der Thiere, wie des Kameels oder des Schafes) belästigende Ungeziefer“.

„Lauseeies“, syr. ܢܶܛܳܐ „lendes“ zu halten. — Ein Stern führte nach diesem Thier den Namen *kakkab na-a-bi*, II R. 49, 62a.

24. **kal-ma-tuv** „Wurm, Käfer, überhaupt Ungeziefer“. — Allgemeinstes, dem akkad. *UḢ* am genauesten entsprechendes Wort.[1] Aram. קַלְמָא, קַלְמְתָא, wofür auch קַלְמִתָּא geschrieben wird, „Mücke, Wurm, Ungeziefer“. — Vgl. den Sternnamen *kakkab kal-ma-ti*, II R. 49, 65a.

25. **pur-su-'-u** „Floh“. — Arab. بُرْغُوث, hebr. פַּרְעשׁ, syr. ܦܰܪܥܘܫܳܐ. Wie aus der Stellung des Sylbenschliessers zu ersehen, hat im Assyrischen das ʿAin seinen Platz vertauscht.

Z. 26 wird *kal-ma-tuv* noch einmal wiederholt, woran sich dann eine längere Aufzählung einzelner Arten von Käfern, Larven u. s. w. anschliesst, mit besonderer Rücksicht auf den Ort, wo sich dieses Ungeziefer zu finden und Schaden anzurichten pflegt. Den akkadischen Namen Z. 28—44 geht sämmtlich *UḢ* d. i. eben *kalmatuv* vorher.

29. **kal-mat ik-li** „Feldungeziefer“. — Akkad. *UḢ. A. SÂ. GA* (siehe oben zu Z. 10. 11d).

30. **kal-mat ki-ri-i** „Baumungeziefer“. — Wörtlich: „Ungeziefer in Baumpflanzungen“. Das in den Annalen der assyrischen Könige häufig wiederkehrende *kiru* (von כּוּר „graben“) kann auf Grund von Stellen wie Asarh. VI, 14 u. a. nichts anderes als „Baumpflanzung, Park“ bedeuten (gleichbedeutend, wenn auch nicht wurzelverwandt, mit כֶּרֶם und besonders כַּרְמֶל „Baumgarten“). Hierauf führt auch das ihm entsprechende akkad. *IZ. SAR*; *IZ* bed. nämlich, wie bekannt, das „Holz“, *SAR* aber wird bald durch *a-ṣu-u ša iṣi u ḳani* „Emporwachsen von Bäumen und Rohren“ (*aṣû* = יָצָא, II R. 62, 55c.d; syn. *UD. DU*, *DU* und *ṬAR*), bald durch *arḳu* d. i. יָרָק „Grünes“ (II R. 26, 55e.f. 30, 12—15c.d, vgl. 47, 32c.d) erklärt; das Ganze bed. somit „grünes, dichtbelaubtes Gehölz“, „Baumpflanzung“. Lenormant (*E. A.* I, 1, 44) schreibt *IZ. ŚAR* und zerlegt das Wort in „arbores + in lineas

---

[1]) II R. 4, 674 wird akkad. *UḢ* durch *u-mu-nu* erklärt; ist auch dieses *UḢ* der Name des „Ungeziefers“, so ist *umunu* vielleicht mit arab. حُمْنٌ „kleine Würmer“ in Verbindung zu bringen.

positi“ (zu *ŠAR* = *saṭar* „schreiben“ siehe oben S. 8); doch scheint uns diese Deutung etwas gezwungen.

31. **kal-mat sí-iv** „Kornwurm“. — Akkad. *UḤ. SI.* Die Bed. des akkad. *SI* „Getreide“ (z. B. Sanh. Bav. 32. II R. 13, 45 c. d[1]) ist gesichert; die Assyrer haben das Wort in ihre Sprache herübergenommen und decliniren es *si-uv, si-iv, si-av* (Tigl. Pil. VI, 103. Asurn. II, 117. II R. 39, 73 a. b). Vgl. auch *SÍ. 'I* (II R. 47, 27. 28 c. f) „Weizen“, assyr. *it-tu* (aus *iṭ-tu*) = hebr. חִטָּה, und *a-ma-ru*[2] = syr. ܚܡܪ (wie Michaelis, *Castelli Lexicon*, pag. 468, richtig statt ܠܚܡܪ vermuthet). Einen andern Namen des „Kornwurms“ siehe Z. 34.

32. **kal-mat sa-mas-sam-mí** „Ungeziefer im Sesam“. — Akkad. *UḤ. SI. IZ. NI.* Assyr. *Samassammu* = arab. سِمْسِم, talmud. שׁוּמְשְׁמָא.

33. **kal-mat śu-lu-up-pi.** — Akkad. *UḤ. KA. LUM. MA.* Unsere Lesung des in Verzeichniss V ganz und in Fragment XXXI (Z. 82) theilweise verwischten assyrischen Wortes beruht auf II R. 52, 65—67 g. h, wo wir in gleicher Reihenfolge wie hier (*MU. UN. DU*[3]) *SÍ, SÍ. IZ. NI* und *KA.*

[1]) Es heisst hier: *KÛ. NI. LAL. 'I. U. SI. AKA. 1* = *kaśpa i-sa-ḳal u. si-av i-ma-da-ad* „Silber wägt er und Getreide misst er“. *KÛ*, II R. 1, 108 mit *il-lu* „hoch, erhaben“, von Metallen „edel“, übersetzt, wird nicht selten mit dem eigentlichen Worte für „Silber“, *KÛ. BABBAR* (II R. 1, 110), assyr. *ka aś-pu* (E. I. H. III, 58), gleichbedeutend gebraucht. *NI. LAL. 'I* 3. Pers. Praes. von *LAL* = *saḳal* „wägen“ (s. oben S. 5); *'I* ist Zeichen des Präsens; zu *NI* statt des gewöhnlichen *IN* wegen des vorausgehenden Vokals siehe *E. A.* 1, 1, 108. Zur Redensart *kaspa isaḳal* erinnert Schrader (KAT, 53) an וַיִּשְׁקֹל אֶת־הַכֶּסֶף Gen. 23, 16. Der Lautwerth *AKA* für das im Assyrischen *RAM* gesprochene Schriftzeichen ergibt sich aus II R. 4, 787 ff. Vgl. Lenorm., *E. A.* 1, 3, 34 Nr. 279.

[2]) Dieser *a-ma-ruv* ist nicht zu verwechseln mit dem gleichlautenden *a-ma-ruv*, welches wir II R. 36, 25 neben *li-bit-tuv* „Backstein“, לְבֵנָה, und *a-gur-ruv* „gebrannter Ziegel“, آجُرّ, lesen und welches in diesem Zusammenhang gewiss das hebr. חֵמָר „Asphalt, Erdpech“ ist; syn. *kupru* = כֹּפֶר, siehe KAT, 10.

[3]) Im Hinblick auf den unten zu besprechenden Vogelnamen XXXVII B, 35 scheint auch *MU. UN. DU* im Akkadischen den „Wurm“ zu bedeuten.

LUM. MA (sic!), assyr. *sí* [*-iv*], *sa-mas-sam*-[*mí*] und *śu-lu-up-pi* lesen. Die Bed. von *śuluppu* lässt sich noch nicht sicher bestimmen; zu beachten ist, dass der Gott Adar II R. 57, 28c. den Beinamen *AN. KA. LUM. MA* führt. Vgl. auch Sanh. Tayl. I, 61.

34. **ri-a-su** „Kornwurm“. — Der Hiatus *i-a* und noch deutlicher die Schreibung *ri'-a-su* (XXXI, 83) weist auf einen ausgefallenen Hauchlaut. Das Wort deckt sich mit aram. רִיקְשָׁא, רִקְשָׁא „Wurm“. Das akkad. *UḤ. SÍ. KU. 'I* d. i. „Getreide fressender Wurm“ (zu *KU* = *akal* siehe oben S. 47) sowie das Synonym **kal-mat sí-av** (XXIV, 22) kennzeichnen diesen Wurm näher als „Kornwurm“.

35. **bal-ṭi-it-tuv** „Holzwurm“. — Stellt schon das akkad. *UḤ. IZ* „Wurm des Holzes“ die Bedeutung dieses Namens ausser Zweifel, so bieten auch die verwandten semitischen Dialekte in aram. בַּלְטִיתָא „Holzwurm“ einen nach Laut wie Bedeutung in überraschender Weise mit dem assyrischen Worte zusammentreffenden Namen. Wir sollten meinen, die einfache Gleichung: *UḤ. IZ* = *balṭittuv* = בַּלְטִיתָא müsste auch den Ungläubigsten von der Richtigkeit der assyrischen Entzifferungsmethode überzeugen. Als Synonym zu *balṭittuv* nennt unser Verzeichniss

36. **kalmat gusu-ra** „Holzwurm“. — Wörtlich: „Wurm des Balkens“; die Bed. des Ideogramms 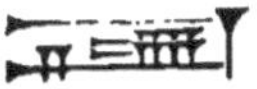, welchem meist noch das Determinativ *IZ* vorhergeht, ist längst erkannt; es entspricht ihm II R. 15, 12. 14. 38a. b. assyr. *gu-su-ra*, *gu-su-ri* ‚zugehauenes Holz, Balken“ (auch ins Akkadische übergegangen als *GUSUR*), von *gasar*, verwandt mit גָּזַר, جَزَرَ „schneiden“ und جَدَرَ „zuschneiden, behauen“. Das Wort erklärt sich somit ungezwungen als semitisch und man hat nicht nothwendig, es mit Lenormant (*E. A.* I, 1, 29) für akkadisch zu halten. Das *ra* in unserm Thiernamen ist sog. phonetisches Complement. Im Akkadischen entspricht *UḤ. TI. BAL*.

37. **kal-mat ar-ki** „Ungeziefer im Grünen“, z. B. auf grünem Kraut, auf Blättern u. s. w. — Akkad. *UḤ SAR*. Vgl. arab. يَرَقَانٌ „Wurm in den Saaten“.

38. **kal-mat ki-mi** „Kleiderwurm“ (?). — Die Bed. des

assyr. *kimu* lässt sich auf Grund dieser Einen Stelle nicht mit Sicherheit ermitteln; doch scheint das akkad. *UḤ. KU. DA* ein Fingerzeig zu sein, dass wir auch in dieser Zeile, wie Z. 39—41, Kleiderungeziefer zu erkennen haben. Da nämlich *DA* ebenso wie *BA* lediglich formales Element ist (vgl. Lenormant, *E. A.* I, 1, 57 f.), akkad. *KU. BA* aber II R. 39, 53 c. d. durch *na-al-ba-su* „Kleid“ von *labas* = לְבַשׁ erklärt wird (syn. *ṣubatuv*, siehe die nächstfolgende Nummer), so scheint auch *KU. DA* und das ihm entsprechende assyr. *kimu* als eine Bezeichnung des „Kleides“ gelten zu dürfen. Der Herkunft nach lässt sich *kimu* passend an arab. كَمَّ, كَمَى „bergen, bedecken“, كِمٌّ „Obergewand“, hebr. כָּמַן (= כָּמַס) „verbergen“, W. כם, anschliessen[1].

39. **kal-mat ṣu-ba-ti** „Kleiderwurm“. — Akkad. *UḤ. KU. BA.* Assyr. *ṣubatu*, welches auch in dem wichtigen Fragment II R. 35, 68. 69 g. h. als Aequivalent von akkad. *KU. BA* erscheint, ist durch sein Synonym *nalbasu* (siehe vorige Nummer) in der Bed. „Kleid“ gesichert. Wir leiten es mit Schrader (Höllenfahrt der Istar, S. 38) von dem gewöhnlichen assyr. *ṣabat* = צָבַת „nehmen, ergreifen“ ab und erklären es als „das, was man an sich nimmt, umnimmt, anzieht“[2].

40. **a-sa-su** „Motte“. — Arab. عُثَّة, von عَثَّ „nagen“,

---

[1]) Im Hinblick auf assyr. *ṣubatu* „Kleid“ von *ṣabat* „nehmen, fassen“ könnte man auch für *kimu* Verwandtschaft mit *akam* „nehmen, an sich reissen“ vermuthen. Doch liegt diese Deutung ferner. Die Bed. „nehmen“ ist für assyr. *akam* durch die trilinguen Inschriften gesichert; indess vermag dessen gewöhnliche Erklärung aus hebr. נָקַם (welches als die stärkere Potenz von נחם auf die Grundbed. des Schnaubens, πνεῖν, zurückgeht) nicht zu befriedigen. Ungleich wahrscheinlicher ist es, dass dem assyr. *akam* „an sich reissen“ die W. חכ „festmachen“ zu Grunde liegt, wovon einerseits حَكَمَ „zurückhalten, zügeln“ z. B. حَكَمَ الْفَرَسَ) sowie andererseits حَكُمَ „weise, eig. dicht, solid sein“.

[2]) Des Wortes *ṣubat* „Kleid“ geschieht in den Syllabaren häufig Erwähnung; siehe II R. 7, 42—44 e. f. 25, 40 c. d (*ṣu-bạt sar-ri* „Königsgewand“). 30, 21—23 g. h. u. ö.

hebr., aram. עָשׁ[1]. Das akkad. *UḪ. ḪA.* scheint nur erweiterte Nominalform des einfachen *UḪ* „Ungeziefer“ zu sein; siehe hierüber oben S. 10 f.

41. **ša-a-šu** „Motte“. — Arab. سُوس, hebr., aram. סָס „Motte“, von ihrer schnellen, springenden Bewegung benannt. Das akkad. *UḪ. SIK* bezeichnet das Thier als „Kleiderwurm“; denn das in den historischen Inschriften häufig unter den Tributgegenständen mitgenannte *SIK* oder *SIK. BA* wird II R. 39, 52 c. d. dem assyr. *lu-bu-us-tuv* „Kleid“ gleichgesetzt: *UḪ. SIK* also = *kalmat lubusti*. Nach II R. 49, 64 a. führte ein Stern den Namen *kakkab ša-a-ši*.

42. **mi-iḳ-ḳa-a-nu** „Termite“. — Das Stammwort dieses Namens ist נָקַק, wovon talmud. נְקֵק סְפָרִים וּמֵקַק מִטְפְּחוֹתֵיהֶם (Schabbath IX, 6) d. i. „Zernagtes von Büchern und Zernagtes von ihren Futteralen“. Lewysohn, Zoologie S. 320, übersetzt geradezu: „Zernagerin der Bücher“ u. s. w. und denkt dabei an die „Papierlaus“. *Mikḳânu* ist somit ein „zernagendes Insect“; ein solches ist aber in hervorragender Weise die „Termite“. Im Akkadischen heisst dieses Thier *UḪ. KU. SAR. DA*. Gemäss II R. 46, 55 a. b. 47, 22 e. f. liesse sich *KU. SAR. DA* durch „Königsgewand“ übersetzen; doch muss *KU. SAR. DA* hier eine allgemeinere Bedeutung haben.

43. **tul** „Wurm“. — Wenn dies der vollständige Wortlaut des Namens ist (was wegen der Beschädigung dieser Zeile immerhin fraglich), so vergleicht er sich dem hebr. תּוֹלָע, תּוֹלַעַת, aram. תּוֹלַעְתָּא „Wurm“. Infolge des Wegfalls des schliessenden ע (wie in *ziru, zir* „Same“ = זֶרַע) lauten hebr. תּוֹלָע „Wurm“ und תֵּל „Hügel“ im Assyrischen völlig gleich; denn auch der Hügel heisst *tul, tulu* (syn. *ṣir-tuv, ṣi-ir-tu* „Höhe“ II R. 37, 59 e. f. 2, 381. 382 und *ti-mi-ru sa 'ipri* „Staubsäule, zu einem Hügel aufgethürmter Flugsand“, vgl. hebr. תִּימָרָה, talmud. תִּמּוּר II R. 34, 67. 68 c. d)[2]. Im Akkadischen ent-

---

[1]) Ein anderes *a-sa-su* lesen wir II R. 48, 37 g. h; hier bedeutet es „Grund, Fundament“ und entspricht also dem arab. أُسّ, hebr. אָשִׁישׁ.

[2]) Dieses Syllabar lehrt die verschiedenen Gebrauchsweisen des assyr. *ti-mi-ru*; auf *timiru sa 'ipri* „Staubsäule“ (nicht *timiru sadu* „Bergeshöhe“, ABK, 26) folgt *timiru sa gusuri* „Säule aus behauenem Holze, aus Balken“,

spricht *UḪ. TU. RA* d. i. „schreckliches, schonungsloses, schädliches Ungeziefer". *TU. RA* wird nämlich II R. 17, 58 a. b (vgl. 56 a. b. 27, 50 a. b) durch *mar-ṣu* wiedergegeben; die Bed. dieses Wortes ergibt sich aber einerseits aus seiner Stellung neben *dan-nu* „gewaltig" und *lim-nu* „feindlich, gefährlich" (II R. 17, 50. 58 a. b) und andrerseits aus den bekannten Wortverbindungen *sad-i mar-ṣi* „schwer zu ersteigende, unzugängliche, mächtige Berge" (Khors. 38. 41. 42. 50) u. a. — es bedeutet „stark, gewaltig, furchtbar, schädlich" und ist in diesen Bedeutungen dem biblischen נִמְרָץ (Iob 6, 25. 16, 3), W. מרץ „stramm sein", zu vergleichen. Anderwärts lesen wir eben dieses *marṣu* im Sinne von „Beschädigung, Beschwerde, Krankheit" (siehe Schrader, Höllenfahrt, S. 41), denn auch arab. مَرِضَ „krank sein" geht auf die W. מרץ zurück und bedeutet eig. „stark mitgenommen, abgemergelt sein" (siehe Fleischer zu Delitzsch' Iob S. 172).

44. **mu-bat-ti-ru** „Wurm". Auch dieses Wort ist in der akkadischen Columne durch *UḪ. TU. RA* wiedergegeben; über seine Bedeutung kann somit kein Zweifel sein. Es ist ein Part. Pa. von *batar* = בָּתַר „zerschneiden, zertheilen" und wird vielleicht von den sog. „Holzfressern", Käfern, welche sich bis unter die Rinde, ja bis ins Holz der Bäume Löcher bohren, zu verstehen sein[1].

---

also „Holzsäule" (Z. 69, 70) und hierauf *timiru sa isâti* „Feuersäule" (Z. 71; zu *isâti* „Feuer", Plur. von *isu* = אֵשׁ, hier *NI* geschrieben, siehe Norris I, 66). Der Stamm *tamar* „emporragen" ist secundäre Bildung aus dem gleichbedeutenden *amar*, wie arab. تَاجَرَ „handeln", urspr. „sich erwerben, sich zu erwerben suchen" aus der VIII. Form von أَجَرَ.

[1]) Bevor wir durch die Auffindung des Fragmentes XXXI in den Stand gesetzt waren, den in Verzeichniss V nur theilweise erhaltenen Namen zu ergänzen, lasen wir *mu-mit-ti* und verglichen diesen Namen dem in der palästinischen Gemara Schabbath I, 3 vorkommenden מומיתא. Wir fügen die betreffende Stelle hier in Anmerkung bei; vielleicht dass die darin erwähnten anderen Würmer-Namen gelegentlich noch Dienste leisten. Es heisst hier: „Es sagt Rabbi Jôsê, Sohn des Rabbi Bûn, im Namen Rabbi Zebîd's: Einmal in je sieben Jahren verwandelt der Heilige, gebenedeiet sei er! seine Welt; die Kamkama (קמקמא; vgl. arab. قَمْقَم „kleine Würmer", äth. ቀምቀም፡

Mit akkad. *ZA. NA, ZA. NA. MAḪ* „grosser Zana" und *ZA. NA. MUL* „sternförmiger Zana" (Z. 45—47), deren assyrische Uebersetzung nicht erhalten ist, schliesst das Verzeichniss V. — Bevor wir jedoch die Namen der vierfüssigen Thiere und Insecten verlassen können, erübrigt es noch das Verzeichniss XXIV sowie das Fragment XXXI anhangsweise zu behandeln. Ihren Text in Transcription vollständig wiederzugeben ist überflüssig, weil weitaus die Mehrzahl der Namen bereits in Verzeichniss V und VI mit enthalten ist.

Anhang.

a) Verzeichniss XXIV.

Betreffs der Namen *kir-ru, na-aṭ-ru, kab-bi-lu, lim-nu, ṣa-ai-i-du, lu-li-mu, na-a-lu* (Z. 1—7), *ai-ub ilu* (Z. 9), *'i-ri-bu-u*, syn. *ka-su-bu* (Z. 14), *zir-zir-ruv*, syn. *zu-un-zu-nu* (Z. 15), *ku-za-zu*, syn. *za-an-zi-zi-tav* (Z. 17), *an-zu-zu*, syn. *ḫa-di-lu* (Z. 18), *ḫal-lu-la-ja*, syn. *SAḪ kaḳ-ḳa-ri* (Z. 19), *ri-a-su*, syn. *kal-mat si-av* (Z. 22) verweisen wir auf die vorausgegangenen Erörterungen.

8. **ai-ṣu.** — Unbekannt. Das assyrische Synonym ist wie bei den vorausgehenden Zeilen abgebrochen. Aus dem akkadischen Worte, welches das Thier „Adar der Wüste" benennt (siehe II R. 57, 39d, vgl. 49, 49a), lässt sich schliessen, dass *aiṣu* ein Thier des Festlandes und zwar der Ebene oder Wüste bezeichnet. Im Hinblick aber auf den S. 52f. besprochenen Namen der durch Schnellfüssigkeit ausgezeichneten Gazellenart *na-ai-lu, na-a-lu*, akkad. *DA. RA. ḪAL. ḪAL. LA* und den hiermit verwandten Beinamen des Gottes Adar: *ḪAL. ḪAL. LA*[1], ist zu vermuthen, dass *aiṣu* gleich dem

---

„Motte)" wird zum Chû (חי, babyl. Lesart: חוח). Rab Pada sagt: Die Afar (אפר, babyl. ערפא) wird zum Dämon, die Mumitha des Kopfes (מומיתא דרישא) wird zum Skorpion, die Damanja (דמניא) zur Sterneidechse (שממיר), der Wurm der Pferde (תולעתא דסוסיא) wird zur Hornisse, der der Ochsen zur Wespe, die männliche Hyäne verwandelt sich in eine weibliche, die Bergmaus wird zum Schwein, der Knorpel am Rückgrat des Fisches zum Vierundvierzigfuss (נדל) und der Rückgrat des Menschen zur Schlange. Wann geschieht dies? Wenn der Mensch (beim Danksagungsgebet) nicht seine ganze Statur mit Einschluss des Rückgrates krümmt".

[1] Auch der oben S. 75 Anm. 2 erwähnte Beiname des Gottes Adar *zi-za-nu*

ihm unmittelbar vorausgehenden *na-a-lu* ein besonders schnellfüssiges, stürmisch dahineilendes, vierfüssiges Thier bezeichnet habe. In diesem Falle liegt es nahe, *uṣu* als Part. von אוּץ (Spr. 19, 2. 28, 20) zu fassen.

Den nun folgenden Namen Z. 10—13 geht im Akkadischen sämmtlich das Determinativ *ṢIR* voraus und mit eben diesem *ṣir*, *ṣi-ir* sind sowohl der assyrische Name *ṣi-ir mu-si* (Z. 12) als auch die assyrischen Synonyma der im Uebrigen stark beschädigten dritten Columne zusammengesetzt. Was bedeutet nun dieses *ṢIR* und das, wie es scheint, ihm entlehnte assyrische *ṣiru*? Bei der Unbestimmtheit und Unklarheit der einzelnen dieses *ṣir* enthaltenden Thiernamen wissen wir etwas Sicheres nicht auszusagen; das Wahrscheinlichste bleibt es jedoch, in *ṢIR*, *ṣiru* den allgemeinen Namen der „Schlange" zu sehen. So auch Talbot (*I. R. A. S.* III, 1868, pag. 49f.), Ménant (II, 362) und Lenormant (*E. A.* I, 3, 40 Nr. 352). Vgl. II R. 19, 15. 17. 13. 14, wo von einer *ṣir tiham-tiv* „Meerschlange" und einer *ṣir maḫ-ḫu śi-ba ḳak-ḳa-da-su*, einer „grossen siebenköpfigen Schlange" — welches andere Thier als eben die „Schlange" sollte hier in Betracht kommen? — die Rede ist. Auch ein Stern führte den Namen *kakkab ṣiri* II R. 49, 4c.

10. **ḫul-mit-tu** „eine Schlange". — Akkad. *ṢIR. ḤUL* (siehe zu *ḤUL* oben S. 41) bezeichnet diese Schlangenart als „feindlich, gefährlich, schädlich". Ob hebr. חֹמֶט, welches traditionell als „Schnecke", von neueren dagegen als „Eidechsen- oder Schlangenart" erklärt wird, und das nur durch secundäres *l* von hebr. חֹמֶט sich unterscheidende syr. ܚܘܠܡܛܐ dem assyr. *ḫulmittu* (= *ḫulmit-tu*) gleichzusetzen sei, muss dahingestellt bleiben. Zu beachten ist, dass der assyrische Name auch *ḫul-bat-tu* gelesen werden kann.

11. **ur-nu.** — Unbekannt; das Wort könnte auch *lik-nu* oder *tas-nu* gelesen werden. An arab. وُرْنٌ „Laus" kann wegen des Determinatives *ṢIR* nicht gedacht werden, ebenso wenig an وَرَلٌ, auch وَرَنٌ, „lacerta stellio".

---

wird als „Einherstürmender, eilends sich Bewegender" (von זוז) erklärt werden müssen.

12. **ṣi-ir mu-si, ṣi-ir ṣal-[mi], ṣa-lam-tuv** „schwarze Schlange“. — Akkad. *ṢIR. GIG. A* oder *ṢIR. GIG.* Von assyr. *mu-su* „Nacht“, akkad. *GIG* war schon oben S. 61 die Rede; die Richtigkeit unserer Ergänzung des zweiten Namens *ṣir ṣalmi*, ergiebt sich sowohl aus II R. 45, 54. 57d. e. 49 Nr. 3, 42, wo *GIG* (*MI*) durch *ṣal-mu*, *ṣa-al-mu*[1] erläutert wird, als aus dem Synonym *ṣa-lam-tuv*, Fem. von *ṣalmu*, wie *rapastuv* „weit“, Fem. von *rapsu*. Der Zusammenhang dieser Wörter mit arab. ظَلِمَ „finster sein“, ظُلْمَةٌ „Finsterniss“, äth. ጸለመ: „schwarz, schwärzlich“, hebr. צַלְמוּת „Finsterniss“ liegt auf der Hand. Sie bezeichnen eine Schlangenart von dunkler Farbe oder mit schwarzen Streifen und Flecken, vielleicht auch eine besonders bei Nacht dem Wanderer gefährliche Schlange. — Vgl. die analogen Vogelnamen XXXVII B, 30f.

16. **lam-ṣa-tuv, lam-ṣu** „Schnecke“(?). — Beide Namen, welche als Synonyma aufgeführt werden, unterscheiden sich nur durch das Geschlecht. Dem akkad. *NUM. SAḪAR. RA* lässt sich entnehmen, dass das Thier im Staube lebt (über *SAḪAR* = *'ipru* s. oben S. 73); was für ein Thier gemeint sei, lässt sich mit Bestimmtheit nicht angeben, weil der S. 64 besprochene Sinn des Determinatives *NUM* noch nicht befriedigend ermittelt ist. Aeth. ለመጸ: „glatt, schlüpfrig sein“ würde ein treffliches Stammwort zu dem Namen irgend eines Weichthiers mit schlüpfrigem Körper, wie z. B. der Schnecke bes. der nackten Wegschnecke, bieten und wirklich klingt assyr. *lamṣu* mit talmud. לימצא zusammen; doch ist letzteres wohl nur das hebraisirte „limax“.

20. **is-kib-bu, ma-aṣ-sar ni-im-di.** — Unbekannt. Talbot (*J. R. A. S.* IV, 1870, pag. 7) hat diese Wörter missverstanden, indem er *nimdi* mit נוּם „schlummern“ combinirt, *iskibbu* aber „lectica, cubile, lectus“ übersetzt, von שָׁכַב „liegen, schlafen“. Der Zusammenhang zeigt ja doch, dass auch diese Wörter irgend ein Thier bedeuten. Zu *iskibbu* siehe II R. 28, 10b. c, wo es als *mi-ig-ga-nu rabu* bezeichnet wird.

[1]) Ein anderes assyr. *ṣa-al-mu*, stat. constr. *ṣa-lam* (Khors. 53. 60. 63) bed. das „Bild“ und ist genau das hebr., aram. צֶלֶם. Das ihm entsprechende akkad. *ALAM* (III R. 70, 52) klingt semitisch (= عَلَم?).

21. **ur-ba-tuv, ṣi-'i-tuv** „Brut". — *Ṣi-it lib-bi-ja* „Spross meines Leibes", eig. „meines Herzens" ist eine aus den Inschriften (z. B. I R. 68 Col. II, 26) wohlbekannte Wortverbindung; *ṣi-it* צֵאת, Inf. von יָצָא. Eben dieses *ṣi-it* erkennen wir in *ṣi'itur* und halten es für eine Bezeichnung der „Brut" von Schlangen oder der „Larven" und „Maden" von Insecten. Das Synonym *urbatuv* wird an עָרַב „mischen" anzuschliessen sein, so dass es das „Gemisch", die „Menge", den „Schwarm" bedeutet (vgl. עָרֹב „Fliegenschwarm", die vierte Plage Aegyptens) — eine treffende Bezeichnung für die Jungen der bekanntlich zum Theil sich massenhaft fortpflanzenden Insecten und Reptilien. .

23. **a-su-u, pu-luv** „Wurm". — Von *puluv* als dem Namen des „Wurmes", syr. ܦܘܠܐ „Wurm, Holzwurm, Motte", war bereits S. 79 die Rede. *Asu* scheint nur eine Nebenform von *asasu* „Motte" (V, 40d) zu sein.

Sonderbarer Weise schliesst das Thiernamenverzeichniss XXIV, welches mit dem „Lamme" begonnen hat und dann zu den „Schlangen" und „Insecten" bis herab zum „Wurme" fortgegangen ist, mit zwei Synonymen der „Menschheit".

24. **tí-ni-sí-'i-tuv, a-ví-lu-tuv** „Menschheit".[1] — Beide Wörter sind aus den historischen Inschriften bekannt: der Gott Nisruk führt (Asurb. Sm. 4, 11) den Beinamen *bîl ti-ni-si'i-ti* „Herr der Menschheit", von *nisu* „Mensch", אִישׁ = אֱנָשׁ; *avîlutuv* aber lesen wir in der Xerxesinschrift D, 3 (*a-vi-lu-u-tav*), entsprechend dem collectiv gebrauchten persischen *martija* „Mensch" (vgl. NR 28: *a-vi-lu par-ša-ai* „ein persischer Mann"). In der Erklärung von *avil* schliessen wir uns Schrader an, welcher, gestützt auf die Vergleichung von Bors. II, 16, wo Nebo *ab-lav*[2] *ki-i-nuv* „beständiger, ewiger

[1]) Der in der biblischen Theologie öfter ausgesprochene Gedanke, dass das semitische Alterthum wie für „Welt" (später עוֹלָם) so auch für „Menschheit" keinen einheitlich zusammenfassenden Begriff gehabt habe, bedarf im Hinblick auf diese Wörter der Beschränkung.

[2]) Die gewöhnlich vorgetragene Combination des assyr. *ablu*, hebr. הֶבֶל „Sohn" mit arab. هَبِلَ „des Sohnes beraubt werden" (W. הב „abschneiden", wovon הָבַר) befriedigt nicht. Besser ist es vielleicht dasselbe mit Franz De-

Sohn" (nämlich des Gottes Merodach) und E. I. H. I, 33, wo er *a-bi-il ki-i-nuv* genannt wird, *abil* für eine Nebenform des gewöhnlicheren *ablu* „Sohn", *avîl* aber (vgl. אֱוִיל־מְרֹדַךְ „Mann oder Sohn des Merodach") für eine Erweichung eben dieses *abil* hält (siehe KAT, 373. 344).[1]

Durch einen Horizontalstrich von dem eigentlichen Verzeichniss abgetrennt, leiten Z. 25 die Worte *bi-bi-nu* = *ḳaḳ-ḳa-du* d. i. „Haupt", hebr. קָדְקֹד, zu der oben S. 6. 10 erklärten Unterschrift über. Was *bibinu* bedeutet und was diese Wörter überhaupt hier sollen (anderwärts scheint es, als habe man die Anfangsworte des nächstfolgenden Syllabars einer Serie als sogenannten Custos angefügt), muss dahingestellt bleiben.

b) Fragment XXXI.

Auch hier bleiben uns nur noch wenige Wörter zur Besprechung übrig.

85. **lu-al.** — Das Wort steht zwischen *miḳḳânu* und *mubattiru*, zwischen der „Termite" und einem andern „nagenden Insect". Vielleicht ist es der Name irgend eines sich windenden, zusammenziehenden Wurmes; vgl. hebr. לוּל.

87. **mu-nu** „Wurm". — Vgl. syr. ܡܘܢܐ „Kornwurm".

89. **tar-ma-ṣu** „Gewürm". — Ist trotz des verschiedenen Sibilanten kaum von hebr. רָמַשׂ „wimmeln" zu trennen.

Alle übrigen Namen sind entweder bei Verzeichniss V bereits behandelt oder lassen wegen des schadhaften Zustandes des Täfelchens, sowie der hieraus sich erklärenden Unzuverlässigkeit seiner Wiedergabe im Londoner Inschriftenwerke eine nutzbringende Behandlung nicht zu. Wir gehen desshalb nunmehr zu den beiden Vogelnamenlisten über, noch einmal hervorhebend, dass es S y n o n y m e n l i s t e n sind.

---

litzsch (zu Hohesl. 8, 5) von חִבֵּל Pi. „gebären, unter Wehen hervorbringen" herzuleiten, so dass *ablu*, *hablu* eine ähnliche Bezeichnung des Sohnes wäre, wie פְּרִי הַבָּטֶן (z. B. Ps. 127, 3).

[1]) Oder ist *avîl* dem hebr. עֲוִיל „gesäugtes Kind" (Iob 21, 11) gleichzusetzen?

3.

Namen von Vögeln.

II R. XXXVII.

A) Verzeichniss XXXVII A.

Text.

Obverse.

Z. 1—2: Ueberschrift, beschädigt.

4.	ḥa-zu-u	ḥu-u-ḳu
5.	tus-mu-u[1]	a-ta-an nahari
6.	um-mi mí'i[2]	a-ba-ja
7.	ṣa-ai-ḥu	la-ḥa-an-tuv
8.	si-li-in-gu	bu-ri-du
9.	ur-ni-gu[3]	ka-li-u[3]
10.	ḁ-ab-bi-'-u[4]	ka-kis nahari
11.	ki-li-luv[5]	ku-li-li
12.	ka-ti-mut-tuv[6]	'i-ru-ul-luv
13.	'is-sí-pu[7]	ḥu-śi-i
14.	ḳa-du-u	ak-ku-u[8]
15.	śu-ur-du-u[9]	ka-śu-śu
16.	mar-ra-tuv	iṣ-ṣur tu-ba-ki[10]
17.	di-iḳ-di-ḳu = duk-duk-ku[11]	iṣ-ṣur śa-ví-di[12]
18.	bal-lu-ṣi-tuv	tu-bal-la-aṣ[13]
19.	as-ki-ki-tav = ab-ki-ni-ni-tuv	ṣi-li-li-tuv[14]
20.	ḥa-ṣi-ba-ruv	bu-li-li

Das Uebrige fehlt.

Reverse.

1.	...... dil-luv	kap-pa ib-bu-us[15]
2.	.... zu	pu-ṭu-ur i-ni[16]
3.	a-ri-bu = ḥa-ḥar	a-ri-bu
4.	zi-i-bu	mur-ru-ḥa-ai[17]
5.	ku-lu-ku-ku = ki-kal-kil-u	ḳa-ḳu-ul-luv

6.	ur-ba-luv[18] = ḥa-ḫar ili	ḳa-ri-ib bar-ḫa-a-ti
7.	ḫar-ba-ḳa-nu	ḫar-bak-ka-a-nu
8.	rak-rak-ku	la-ḳa-la-ḳa
9.	ʿi-ru-u	na-as-ru
10.	pa-aś-pa-śu	iṣ-ṣur rab-i
11.	na-aḥ-tav ni-ip-ṣu[19]	habal iṣ-ṣur rab-i
12.	a-ḫar-śa-nu	a-ḫar-śa-nu
13.	ur-śa-nu	ta-am-si-lu
14.	nam-bu-ub-tuv	a-dam-mu-mu
15.	tar-ru	ka-ka-ba-a-nu
16.	it-ti-du-u	ta-ti-du-tuv
17.	ku-ru-uk-ku = ka-rak-ku	ku-ru-bu
18.	kasid kab-ruv	kasid ka-bar-ti
19.	ḳa-ḳu-u	tar-ma-zi-lu
20.	pa-'-u	ḳa-ḳa-nu
21.	ad-mu = li-da-a-nu	habal iṣ-ṣu-ri
22.	ir-ka-bu	ri-ga-bu
23.	śu-din-nu	[gi-]il-gi-da-nu

Das Uebrige beschädigt.

1) ku-mu-u. 2) XXXVII B, 56: um-mi mí-ʿi 3) B, 59: ur-ni-ḳu, ka-lu-u. 4) da-ab-bi-'-u. 5) B, 61: ki-li-li. 6) B, 62 gewiss richtig: ka-ti-ma-tav. An unserer Stelle steht ka-ti-gi-tuv, was keinen Sinn gibt. Vielleicht ist anstatt *gi* vielmehr *mut* zu lesen (beide Zeichen sehen sich zum Verwechseln ähnlich) und *katimuttuv* für eine incorrecte, fehlerhafte Schreibweise statt des richtigen *katimatuv* zu halten. 7) ʿis-sí-bu. 8) B, 63: a-ku-u. 9) B, 64: śu-vur-du-u. 10) B, 65: iṣ-ṣur tu-ba-ḳi. 11) B, 66: du-uḳ-du-ḳu. 12) śa-mi-ṭi. 13) B, 67: tu-bal-la-aṣ ki-na-śa. 14) In Verzeichniss B sind die drei Synonyma der Z. 17 und 19 durch Gleichheitsstriche verbunden. 15) gup-pa ip-pu-us. 16) B, 69: pu-ṭur i-ni. 17) ḫar-ru-ḫa-ai. 18) Vgl. B, 29: ur-bal-luv. 19) ni-ib-ṣu; gemäss XL, 27 sind beide Wörter durch Gleichheitsstriche verbunden zu denken.

Erklärung.

Obverse.

4. **ḫa-zu-u, ḫu-u-ḳu** „Kukuk“ (?). — *Hûḳu* scheint lautnachahmend zu sein und, gleich *κόκκυξ*, cuculus u. a., unsern „Kukuk“ zu bezeichnen. So auch Schrader (KAT, 62) und Talbot (*J. R. A. S.* III, 1868, pag. 6; vgl. IV, 1870, pag. 56). Die Grundbedeutung von *ḫazu* muss noch dahingestellt bleiben, dessgleichen auch der Sinn des akkadischen *SU. GUM* (B, 54): anderwärts entspricht *SU* entweder dem assyr. *ḳatu* „Hand“ (z. B. II R. 46, 46a. b) oder aber dem assyr. *gi-mil-lu* „Geschenk, Wohlthat“, von *gamal* = גָּמַל, wovon גְּמוּל „Wohlthat“ (II R. 39, 40c. d); während *GUM* () dem assyr. *nisu* „Mensch“ an die Seite tritt.

5. **tus-mu-u, a-ta-an nahari** „Pelekan“. — Dass diese beiden Namen einen Wasservogel, sei es ein Sumpf- oder Schwimmvogel, bezeichnen, beweist das zu *atân* hinzugefügte *nahari* d. i. נָהָר. *Atân* aber ist nichts anderes als arab. أَتَانٌ, hebr. אָתוֹן, aram. אֲתָנָא „Eselin“;[1] *atân nahari* bedeutet somit „Flusseselin“. Dies erinnert sofort an den „Kropfesel“ des Aethiopischen, ሖዮገ፡ መረብ፡ d. i. die „Kropfgans“ (Pelecanus onocrotalus), welche desshalb so genannt wird, weil sie fast so laut schreit wie ein Esel; vgl. ihren arabischen Namen جمل الماء oder جمل البحر „camelus aquae“. Es unterliegt keinem Zweifel, dass auch assyr. *atân nahari* eben den „Pelekan“ bedeutet. Wie ist nun aber das synonyme *tus-mu-u* zu erklären, oder vorerst: wie ist das Wort zu lesen, *ku-mu-u* oder *tus-mu-u*? Zur Beantwortung dieser Frage verweisen wir auf eine bisher missverstandene, durch unser Syllabar aber sich erfreulichst aufhellende Stelle der Khorsabadinschrift. Sargon berichtet hier (Z. 121—134) seinen Feldzug wider den babylonischen König Merodach-Baladan, Sohn des Jakin, erzählt wie dieser aus Babylon geflohen sei, sich mit all seinem Volk in die Stadt Dur-Jakin eingeschlossen und die Stadt selbst wie das Land rings umher durch Kanäle, die er

---

[1]) Dieser assyrische Name der „Eselin“ findet sich bereits richtig erschlossen bei Schrader, Höllenfahrt der Istar, S. 43.

aus dem Euphrat abgeleitet, unter Wasser gesetzt habe. Darauf fährt er, zur Schilderung des Kampfes übergehend, fort (Z. 129): *Su-u* (nämlich Merodach-Baladan) *a-di ri-ṣi-su ṣabi taḥazi-su i-na bi-rit nahari ki-ma ḤU tus-mi-i zir-kut sarru-ti-su is-kun*[1] d. h. „er selbst samt seinen Bundesgenossen, seinen Kriegern stellte zwischen den Kanälen gleichwie . . . . die Insignien seiner Herrschaft auf“. Was bedeutet hier *kima ḤU tus-mi-i*? Norris (II, 567), liest *ku-mi-i* und übersetzt: „*like a bird, he gathered up the ensigns of his royalty*“, indem er *kumu* mit arab. كُومَةٌ „Haufe“ combinirt — aber was soll das heissen: „wie ein Vogel häufte er die Insignien auf“? Oppert (*Fastes de Sargon*) dagegen liest *tus-mi-i*, von שָׁמָה „hoch sein“, und übersetzt: „*sicut avem alte agitari fecit insignia imperii sui*“ — allein Fahnen mag man zwar hoch flattern lassen „wie Vögel“, Thron und Wagen (siehe Anm.) nimmermehr. Wie einfach löst sich diese dunkle Stelle auf Grund unseres Syllabars! Wie *kima* gewöhnlich Vergleichungen mit Thieren einleitet (s. oben unter *miranu* S. 36), so auch hier. *ḤU* ist Determinativ, *tus-mi-i* der Vogelname, der Name des „Pelekans“. Wir

[1]) Worterklärung: *a-di* = hebr. עַד; — *ri-ṣi*, Plur. von *riṣu*, „Bundesgenosse, Helfer“, von arab. رَضِيَ „gefallen, sich etwas gefallen lassen, zu Willen sein“, hebr. רָצָה „günstig, gnädig sein“; — *ṣabi taḥazi* eig. „Leute der Schlacht“, *taḥazu* (II R. 2, 291) das gewöhnliche assyrische Wort für „Schlacht“; II R. 23, 30 a. b. wird ihm *ṣi-la-tu* „Handgemenge“, von *aṣal* = وَصَلَ, als Synonym an die Seite gesetzt; — *ina birit*, auch *ina birti*, ist in der Bed. „innerhalb“ gesichert, siehe Norris I, 126 f.; — *nahari*, hier wie anderwärts ganz ebenso von Kanälen gebraucht wie arab. نَهْرٌ; — *zir-kut*. Da Khors. 131 der goldene Thron, das Scepter, der silberne Wagen u. s. w. als *zirkut sarruti* aufgeführt werden, so kann über die Bed. von *zirku*, Plur. *zirkuti*, kein Zweifel sein; II R. 25, 6 a. b. wird *im-mi-ruv*, von *amar* = *namar* „sehen“ (II R. 25, 58. 61 e. f), also „Schaustück, Kennzeichen, Insignie“ als Synonym von *zi-ir-ḳu* genannt; letzteres Wort ist mit Norris (II, 386) vielleicht an syr. ܙܪܩ „glänzen“, verwandt mit زَرَقَ, زَرِقَ, anzuschliessen. Dass *zirku* nicht aus *zikru* = זֵכֶר „Denkmal, Memorial, Abzeichen“ (Ex. 3, 15) transponirt sei, erhellt daraus, dass mit *k* wechselndes *ḳ* stets primitiv ist.

übersetzen: „Er selbst samt seinen Bundesgenossen stellte zwischen den Kanälen gleich Pelekanen die Insignien seiner Herrschaft auf“. Hiemit ist auch zugleich die Richtigkeit der Lesart *tusmu*, nicht *kumu*, entschieden, da die Parallelstelle Botta 111, 8 *tus-mi-'i ḤU* bietet. Dieses *tusmu* (*tasmu*) vergleichen wir dem hebr. תִּנְשֶׁמֶת, worin man längst eine Bezeichnung des seinen Kropf aufblasenden (נָשַׁם) Pelekans erkannt hat. Wie *madatu* „Tribut“ (siehe KAT, Glossar) = *mandattu* (W. נְדַן), so kann *tusmu* sehr wohl aus *tunsimu* (Fem. *tunsimat* = תִּנְשֶׁמֶת) entstanden sein. Einen andern assyrischen Namen des Pelekans, welcher das Thier gleichfalls vom Aufblasen seines grossen Kropfes benennt, lesen wir XXXVII B, 49. Im Akkadischen entspricht *ŚAL. US. ŚA.* (B, 55). *ŚAL* ist das Determinativ des weiblichen Geschlechtes, *US. ŚA* aber wird II R. 29, 64 durch *kud-din-nu* erklärt. Dieses Wort klingt zu auffällig mit aram. כּוּדְנָא „Maulesel“ zusammen, als dass wir nicht wagen dürften, es ihm geradezu gleichzusetzen. *ŚAL. US. ŚA.* ist dann = כּוּדַנְתָּא und bezeichnet demnach auch seinerseits den Pelekan als „Esel“ des Wassers.

6. **um-mi mí'i, a-ba-ja** „Sumpfweihe“. — Lenormant (*E. A.* I, 1, 28) hält *abaja* für ein akkadisches Wort und zwar für einen Namen des „Pelekans“, auch hier ohne seine Auffassung zu begründen. Der Pelekan ist durch unsere Deutung der beiden Pelekan-Namen Z. 5 ausgeschlossen; auch leuchtet nicht ein, wesshalb *abaja*, als akkadisches Wort an sich schwer erklärbar, dem Akkadischen entlehnt sein soll, dies um so weniger, als es sich zwanglos semitischen Vogelnamen gleichen Lautbestandes an die Seite stellt: vgl. äth. **ሀባይ፡** „Weihe, Habicht“, targum. אִבּוּ, womit Onkelos Lev. 11, 19. Dt. 14, 18 אֲנָפָה wiedergibt (Jer. I bemerkt zu Dt. 14, 13: דַּיְתָא אוּכַמְתָּא דְּהִיא אִבּוּ „der schwarze Raubvogel, Habicht oder Weihe, das ist Ibbû). Das Synonym *ummi mí'i* „Mutter des Wassers“ (vgl. V, 43b) weist auf einen Vogel, der in Beziehung zum Wasser steht. Da aber *abaja* verbietet, an einen wirklichen Wasservogel, wie das „Wasserhuhn“ (Talbot, *I. R. A. S.* III, pag. 7) oder den „Pelekan“ (Lenormant; vgl. auch Norris I, 9) zu denken, so wird unter *ummi mí'i* die „Sumpfweihe“ zu verstehen sein, welche sich

an Flüssen und Seen aufhält und ausser von Vögeln besonders auch von Fischen lebt.

7. **ṣa-ai-ḫu, la-ḫa-an-tuv** „Habicht" (?). — *Ṣaiḫu* = *ṣa-i-ḫu* ist Participium von صَاحَ, يَصِيحُ, hebr., aram. צָוַח „schreien" und bezeichnet den Vogel allgemein als „Schreier"; vgl. XXXVII B, 44, wo ein anderer Vogel ebendiesen Namen führt. *Laḫantuv* aber wird, so lange die oben S. 42 vermuthungsweise vorgetragene Erklärung des Wortes *limmu* aus hebr. לָחַם noch der Bestätigung harrt, unbedenklich dem arab. لَحِمٌ „fleischfressend" (*laḫantuv* also = *laḫamtuv*) verglichen werden dürfen, einem Epitheton, das zwar auch auf den Adler, den Raben und manche andere Vögel recht gut passen würde, im Arabischen aber vorzugsweise dem Habicht beigelegt wird (vgl. *akiluv* „der Gefrässige" d. i. „der Wolf", VI, 3 d). Freilich liesse sich *laḫantuv* auch dem arab. رَخَمٌ, hebr. רָחָם „Geier" (cathartes percnopterus) gleichsetzen; zum Uebergang von *r* in *l* vgl. äth. ለሐመ: „zart sein", verwandt mit arab. رَخُمَ. Der akkadische Name des Vogels ist gemäss B, 57 *KA. SU. TAR. DA.* — Gelegentlich mögen hier noch zwei weitere vermeintliche Raubvögel-Namen Erwähnung finden. Den Namen des „Geiers" glaubt Talbot (*I. R. A. S.* IV, 70) in einer Stelle der Annalen Sanherib's (Sanh. Tayl. III, 68) nachweisen zu können, wo es von mehreren Bergstädten heisst, dass sie auf den höchsten Gipfeln des Gebirges erbaut gewesen seien *kima kin-ni ID. ḪU.* Er liest nämlich *iṭ ḪU* und hält *iṭ* für das hebr. עַיִט „Geier" (vgl. auch KAT, 50). Allein gegen die Richtigkeit dieser Deutung spricht schon dies, dass dem *iṭ* der vocalische Auslaut fehlt: man erwartete wenigstens *kima i-ṭi ḪU.* Es kommt hinzu, dass *ID. ḪU* akkadisches Gepräge trägt und sich passend als „gewaltigen, mächtigen Vogel" erklären lässt: vgl. *ID. TUK* „Inhaber der Macht" = *bi-ilpa-ni* „oberster Herr", eig. „Inhaber der Front"; *ID. TUK.* '*1* = *bîl* '*i-mu-ki* „Inhaber der (tiefgehenden, unergründlichen) Macht" (II R. 36. 8. 9. c. d); *ID. KAL* gewaltige

Macht = *'i-mu-ḳu* (II R. 36, 55c. f)[1]. Ueber allen Zweifel aber wird dass jenes *ID* akkadisch ist durch II R. 39, 31c. d. erhoben, wo *ID. ḤU* wirklich in der linken, der akkadischen Columne aufgeführt und durch assyr. *'i* . . . . erklärt wird; vgl. auch den Sternnamen *MUL. ID. ḤU* II R. 49, 16d. Was ist das nun aber für ein gewaltiger Vogel, der sein Nest auf die höchsten Gipfel der Berge baut und im Assyrischen einen mit *'i* beginnenden Namen führt? Es ist der „Adler", der, wie wir weiterhin sehen werden (Rev. 9), sowohl *'i-ru-u* als *na-as-ru* genannt wird. — Ferner: der König Asarhaddon erzählt in seinen Annalen (Col. III, 25ff.), dass er das Land Bazu, einen ferngelegenen Bezirk, sowohl die fruchtbaren Strecken als die zerklüfteten, steinigen Gegenden, ja sogar zwanzig Meilen *ḳaḳ-ḳar ṢIR u GIR. TAB* „Land voll Schlangen und Scorpionen" (Oppert) *ki-ma zir-ba-bi* (Z. 30) durcheilt habe, was Schrader (DMZ XXVIII, 153) übersetzt: „gleich einem Habicht", indem er *zirbâbu* dem arab. زِرْبَب „Sperber oder Finkenhabicht" (auch أَبُو زُرَيْقٍ , زُرَّق wegen seiner bläulichgrauen Farbe genannt) gleichsetzt. Wir haben uns dieser Erklärung oben S. 78 angeschlossen, möchten hier jedoch darauf hinweisen, dass das Fehlen des Determinatives *ḤU* (vgl. dagegen das eben besprochene *kima kin-ni ID. ḤU* sowie *ki-ma ḤU tus-mi-i* S. 94) die Richtigkeit jener Deutung in Zweifel stellt und dass vielleicht doch besser zu übersetzen ist: „gleich Heuschrecken" durchzog ich jene Länder, wozu sich in Richt. 6,5. Judith 2,20 (ὡς ἀκρίς) passende Parallelen bieten. Ueber diese durch die Syllabare beglaubigte Bed. des assyr. *zirbabu* siehe oben S. 78.

8. **si-li-in-gu, bu-ri-du** „Schneefink". — Von diesen Synonymen geht das erste zurück auf arab. ثَلَجَ „schneien",

[1]) Dieses *ID* ist übrigens selbst erst dem Assyrischen entlehnt: es ist das assyr. *id* „Hand", dann „Macht, Gewalt", hebr. יָד; siehe ABK, 194. Zu *TUK* s. oben S. 7; *KAL* oder *DAN* wird bald durch *ak-ru* „kostbar, angesehen", hebr. יָקָר (II R. 1, 172), bald durch *dan-nu* „mächtig, stark", *da-na-nu* „Macht, Stärke" (II R. 17, 50a.b. 36, 57e.f) erklärt; von letzterer Bed. hat das betreffende Schriftzeichen eben die Bed. *DAN*, *dan* erhalten.

ثَلْجٌ, hebr. שֶׁלֶג, assyr. *sal-gu* (Sanh. Tayl. IV, 77) „Schnee", während das zweite nicht weniger deutlich auf arab. بَرَدَ „kalt sein", äth. በረድ፡ „Hagel, Schnee, Eis", hebr., aram. בָּרָד „Hagel" hinweist. Assyr. *silingu* steht für *siliggu*, wie *zumbi* „Fliegen" für *zubbi* (s. oben S. 63), *ṣu-um-bi* (Asurb. Sm. 214, 116. 227, 69, mit dem Determinativ *IZ*) „Lastwagen" (mit niedrigen Rädern) für *ṣubbi* = hebr. צָב, targum. צַבָּא, *i-ma-an-da-ad* „er misst zu" (II R. 10, 22 a. b) für *imaddad* u. v. a. Eine interessante Parallele für unsere Erklärung der zwei Vogelnamen bieten die beiden talmudischen Namen des vegetabilischen Laugensalzes: אשלג und ברדא. Auch ein Vogel, Namens ברדא (בַּרְדָּא?) kommt im Talmud vor. Landau, in seiner Ausgabe des Aruch S. 311, versteht darunter den Schneefinken, welcher nicht nur wegen der weissen Farbe der Kehle, der Brust und des ganzen untern Körpertheils diesen Namen bekommen haben mag, sondern auch desshalb, weil er die kalten Gegenden bewohnt: man findet ihn in grosser Anzahl auf den Schneegebirgen des Kaukasus und in Persien. Lewysohn (S. 187) wendet dagegen ein, der Talmud (Chullin 62 b) erkläre den Vogel ברדא für unrein, es könne desshalb kein Finke sein, da dieser ja zum reinen Sperlingsgeschlecht gehöre, und will lieber an die dem Rabengeschlecht zugehörige Schneedohle gedacht wissen. Allein dass der ברדא verboten sei', ist doch nur Ansicht des Rabbi Jehuda. Im Akkadischen entspricht beiden Synonymen *IL. LUM. BI. ḪU.*

9. **ur-ni-gu, ka-li-u** „Kranich". — Die zu *urnigu* sich findende Variante *urniḳu*, XXXVII B, 59, weist hier, wie in vielen andern Fällen, auf Entstehung des *g* aus ursprünglichem *ḳ* hin. *Urniḳu* aber ist gleich dem arab. Namen غِرْنِيق, غِرْنَوْق — also *urnîgu, urnîḳu* zu lesen! — welcher einen Wasservogel mit langem Halse bezeichnet und von einigen geradezu auf den Kranich gedeutet wird. Auf den Kranich, den schon Homer um seines durchdringenden Geschreies willen vergleicht und der auch in den indogermanischen Sprachen nach seinem Geschrei benannt ist (vgl. γέρανος, *grus*, W. *gar* „schreien, rufen") führt auch das Synonym *ka-li-u* oder (B, 59) *ka-lu-u*,

welches von targ. צְלָא Af., äth. ጸለሐ: „schreien“ abzuleiten sein wird.

10. ṭa-ab-bi-'-u, ka-kis nahari „ein Wasservogel“. — Auf einen Wasservogel weist nicht nur der Zusatz *nahari* „des Flusses“, sondern auch das Synonym *ṭabbi'u*, welches sich von *ṭabá* „tauchen“ = טְבַע, טְבַל ableitet: also jedenfalls ein Wasservogel, welcher tauchend seine Nahrung aus dem Wasser holt. Mit dieser Erklärung ist freilich die zoologische Bestimmung des Vogels ebensowenig gefördert wie mit der Vergleichung des assyr. *kakis* und des arab. مُقَوْقِس; denn von diesem Namen wissen wir nichts weiter als dass er einen Vogel von der Grösse einer Taube und mit schwarz-weissem Halsband bezeichnet. Vielleicht ist eine Mövenart zu verstehen.

11. ki-li-luv, ku-li-li „Specht“. — Auch der erste Name endigt sich in dem Verzeichniss B (Z. 61) auf *i*: *kilili*. Wir werden hieraus schliessen dürfen, dass das Synonymenpaar lautnachahmend ist. Und da von dem akkadischen Namen wenigstens noch *IZ* d. i. „Baum, Holz“ deutlich erkennbar ist, der Specht aber vor andern Vögeln zu dem Baum in Beziehung steht — er nistet in Baumlöchern, lebt nur auf Bäumen und sucht sich, mit dem Schnabel an die Baumrinde klopfend, seine Nahrung —, so ist die Bedeutung „Specht“ wenigstens sehr wahrscheinlich, um so mehr, da *kilili* das eigenthümliche Geschrei dieses Vogels passend nachahmt.

12. ka-ti-mut-tuv, 'i-ru-ul-lu „ein Raubvogel“. — Assyr. *katam*, bekannt aus der Redensart: *pul-ḫi sarru-ti-ja iḳ-tu-mu-su* „die Furcht vor meiner Herrschaft überwältigte ihn“ (Khors. 111), bed. „opprimere“ und vergleicht sich dem arab. كَتَمَ „unterdrücken, verhalten, z. B. den Zorn, verheimlichen“. *Katimatuv* ist hievon das Part. Fem. und wird demnach einen seine Beute überwältigenden Raubvogel bezeichnen. Wegen der nachlässigen Schreibweise *katimuttuv* (*katigituv*) siehe oben S. 92. Das Synonym '*irullu* weist auf einen Stamm ערל[1]

[1]) Ein ähnlich lautendes *urullu* lesen wir II R. 34, 34c. d, wo von einem *ḳa-an u-ru-ul-li* die Rede ist. Dieses *urulli* geht auf den Stamm חרל zurück und entspricht genau dem hebr. חֲרֻלִּים „Dornen“.

zurück, dessen assyrische Bed. jedoch auf Grund dieses Einen Namens nicht festzustellen ist.

13. **'is-sí-pu, ḫu-si-i** „Uhu“. — *'Issipu* = *insipu* vergleicht sich dem hebräischen Eulennamen יַנְשׁוּף; *ḫuśi* ist unbekannt.

14. **ḳa-du-u, ak-ku-u** „Ohreule“. — *Ḳadu* ist ohne Zweifel = targum. קַדְיָא, womit Onkelos Lev. 11, 17 כּוֹס (LXX „Nachteule“, Saadia بوم) wiedergiebt. Das Synonym *akku* (*aku*) ist lautnachahmend, wie arab. غقّ „Gekrächze des Raben“, äth. ቋዐ፡ „Rabe, Krähe“, und benennt die Ohreule nach ihrem Geschrei, wegen dessen sie „Nachtrabe“, *νυκτικόραξ*, genannt wird.

15. **śu-ur-du-u, ka-śu-śu** „Kauz, Nachteule“. — Wie *anzuzu* (V, 37b) dem arab. عنز, so vergleicht sich *kaśuśu* dem hebr. כּוֹס „Käuzchen“, welches wohl gleichfalls nach seinem Geschrei, dem kläglich klingenden, benannt ist (siehe Knobel, Exodus und Leviticus, S. 452); fälschlich sehen andere nach Bochart's Vorgang in כּוֹס einen Namen des „Pelekans“. Das erste Wort lautet in der Liste B, 64 *śu-ḫar-du-u* oder *śu-vur-du-u*. Da kaum anzunehmen ist, dass uns in *śuḫardu* die ältere, ursprünglichere Form des Namens statt des späteren *śurdu* erhalten sei, so wird *śu-vur-du-u* gelesen und dies für eine fehlerhafte Schreibweise statt des richtigen *śurdu* angesehen werden müssen. Zur Vergleichung bietet sich arab. شَرَدَ, hebr. שָׂרַד „fliehen“, syr. ܣܪܶܕ „scheu, furchtsam sein“, ܣܘܼܪܳܕܳܐ „Furcht“; das Käuzchen, welches sich am Tage in verfallenen Gebäuden und Felsenspalten versteckt, wäre hiernach als das „scheue, furchtsame“ so benannt.

16. **mar-ra-tuv, iṣ-ṣur tu-ba-ki.** — Unbekannt. Die Schreibung *tubaḳi* (B, 65) weist auf einen Stamm אבק; das *t* scheint Bildungsbuchstabe zu sein.

17. **di-iḳ-di-ḳu, duk-duk-ku, iṣ-ṣur śa-ví-di** „Sperling“. — Die zwei ersten Synonyma lassen diesen Vogel als „ganz klein“ erscheinen: *diḳdiḳu* und *dukdukku* (*duḳduḳu*) sind nur verschiedene Vocalisirungen eines und desselben Substantives von דקק (דכך) „comminuere“ (s. oben S. 66), wovon äth. ደቂቅ፡

„dünn, klein", hebr. דַּק „dünn", targum. דַּקְדֵּק „zermalmen, zerkleinern", דַּרְדַּק = דַּקְדַּק „kleiner Knabe". Da nun *šavidi* sicher mit arab. سَوِدَ, اِسْوَدَّ „schwarz sein", سُوَيْدٌ „schwärzlich" zusammengehört, im Arabischen aber diesem Farbwort mehrere Namen des Sperlings entstammen, nämlich سُودَانِيَّةٌ, سَوْدَانَةٌ, سُودَانَةٌ, سَوَادِيَّةٌ und أَسْوَدُ, so wird auch im Assyrischen der „kleine, schwärzliche Vogel" eben der Sperling sein. Die Liste B, 66 bietet, in Uebereinstimmung mit den arabischen Namen, das blosse *šavidi* (zu *šavidi* statt *šavidu* siehe ABK, 231), während *iṣṣur šavidi* dem auch im Arabischen vorkommenden الْعُصْفُورُ الأَسْوَدُ entspricht; über den stat. constr. *iṣṣur* statt des zu erwartenden *iṣṣuru* siehe ABK, 230.

18. **bal-lu-ṣi-tuv, tu-bal-la-aṣ.** — Sicher = arab. بَلْصُوَةٌ, ein dem صُرَدٌ oder der „Elster" (heutzutage عَقْعَقٌ genannt) ähnlicher Vogel. Der zweite Name ist von dem ersten nur durch Geschlecht und Nominalpräfix (s. oben S. 51) verschieden. In dem Verzeichniss B, 67 findet sich zu *tuballaṣ* noch der Zusatz **ki-na-śa**, dessen Bedeutung dahingestellt bleiben muss.

19. **as-ki-ki-tuv, ab-ki-ni-ni-tuv, ṣi-li-li-tuv** „Schwalbe". — Dass wir in diesen Namen einen Singvogel vor uns haben, beweist sowohl das lautnachahmende *ṣililituv* (vgl. arab. صَلَّ, يَصِلُّ, صَلْصَلَ „klingen, zischen u. s. w.", wovon صُلْصُلٌ. Name der فَاخِتَةٌ „palumbes torquatus", hebr., aram. צְלַל „tinnire, stridere") als besonders das B, 50 aufgeführte, auch ins Akkadische übergegangene Synonym **ṣa-pi-tav**, welches mit arab. صَفْصَفَةٌ „Gezwitscher", صُفْصُفٌ „Sperling", hebr. צִפֵּף, צִפְצֵף „pipen, zwitschern" zusammenzubringen ist: beide Wörter benennen den Vogel als „zwitschernden". Da nun weiter das Verzeichniss B, 51. 52 eine **as-ki-ki-tuv jum-u** und eine **aski-ki-tuv ṣal-mu** unterscheidet, von allen Singvögeln aber nur bei den Schwalben Tag- und Nachtschwalben unterschieden werden, da endlich das dem assyr. *askikituv*

gleichzusetzende arab. شُقَيْقَة, einen aschgrauen Vogel bezeichnet, welcher kleiner als der staubgraue دُخَّل ist, diese beiden Eigenschaften aber auf die Schwalbe (bes. die Uferschwalbe mit aschgrauem Gefieder) Anwendung finden, so glauben wir mit unserer Uebersetzung „Schwalbe“ nicht fehlgegriffen zu haben. Das Synonym *abkininituv* ist dunkel; dessgleichen schwer zu erklären sind, um dies gleich hier mit anzufügen, die B, 51. 52 mitgetheilten Synonyma **sum-ṣi-ṣi** oder t a k - ṣ i - ṣ i „Tagschwalbe“ und **mat-ti-ib-nu** „Nachtschwalbe“. Ist die Lesart *sumṣiṣi* die richtige, so scheint das Wort die Schwalbe als „eifrig zwitschernde“ zu bezeichnen: vgl. شَمَصَ „schnell sprechen“, hebr. שֶׁמֶץ „Geflüster“; *mattibnu* aber würde sich als Name der „Nachtschwalbe“ trefflich von تَبِنَ „scharf sehen“ herleiten, wenn nur die Form erklärbar wäre.

20. **ḫa-ṣi-ba-ruv, bu-li-li** „ein Wasservogel“. — *Bulili* gewiss = بُلْعُلْع „ein Wasservogel mit langem Hals“; *huṣibaruv* unbekannt.

Reverse.

1. **kap-pa ib-bu-us.** — Auch dieser Vogelname lässt zwar eine Menge Vermuthungen, aber keine sichere Deutung zu.

2. **pu-ṭu-ur i-ni.** — Die Wurzel von *puṭur* kann nur فَطَرَ, פָּטַר „spalten“ sein; *puṭur ini* bed. hiernach: „die Augen spaltend, die Augen aushackend“ und ist ein Name des Geiers oder Adlers oder des Raben (Spr. 30, 17).

3. **a-ri-bu, ḫa-ḫar** „Rabe“. — *Aribu* ist der Hauptname dieses Thieres, wesshalb er in beiden Columnen aufgeführt ist. Es ist der „Rabe“, arab. غُرَاب, hebr. עֹרֵב, aram. עוֹרְבָא, von seiner dunkeln Farbe benannt, jener Vogel, welcher auch in dem chaldäischen Sintfluthbericht als einer der ausgesandten Vögel genannt ist. Auch in den historischen Inschriften begegnen wir wiederholt dem Vogel *aribu*. So heisst es Sanh. Tayl. V, 43f.: *ki-ma ti-bu-ut a-ri-bi ma-'-di sa pa-an*

ma-ti mit-ḫa-ris a-na 'i-bis tuḳ-ma-ti ti-bu-u-ni[1] d. h. „gleich dem Kommen vieler Raben, welche über das Land eilends dahinziehen, Schaden ihm zuzufügen" — die Raben und Krähen galten ja von jeher als räuberische, schädliche und Unglück verkündende Vögel. Norris (I, 47) übersetzt *aribi* mit „*locusts*", was aber, wie wir oben S. 71 ff. sahen, *'iribi* heissen müsste; siehe auch Schrader in der DMZ XXVIII, 153. Statt der Vergleichungspartikel *kima* (*aribi*) findet sich Khors. 73 das Adverb *aribis*: „rabenartig" d. h. „so schnell und räuberisch wie ein Rabe" kam ich über die feindliche Stadt. Oppert und Norris übersetzen „insidiose", von אָרַב „nachstellen": allein *aribis* verhält sich zu *kima aribi* genau so wie *iṣṣuris* „gleich einem Vogel" (Khors. 50) zu *kima iṣṣuri*, oder *kakkabis* „gleich den Sternen" zu *kima kakkabi* (siehe KAT, 50). Ménant (II, 38) nicht minder unrichtig: „*comme des sauterelles*". Auch II R. 9, 36 d. ist von *a-ri-bi* „Raben" die Rede. Das Synonym *ḥaḥar* ahmt treffend das Gekrächze des Raben nach; vgl. خَرْخَرَ, ܫܘܩܢܐ.

4. **zi-i-bu, mur-ru-ḫa-ai** „Geier". — *Zibu* kann von dem gleichlautenden *zîbu* „Wolf" (VI, 1 d) kaum getrennt werden: es muss einen wolfsähnlichen Vogel, also jedenfalls einen Raubvogel bezeichnen, wahrscheinlich eine Art Geier, die ja dem Wolf an Gefrässigkeit und Feigheit sehr ähneln. Das Synonym ist ein Beziehungsadjectiv auf *ai*. Norris (I, 308) liest *ḫarruḫai* und übersetzt: „*bird of the desert*" (vgl. חֲרֵרִים „verbrannte, dürre Gegenden"). Wir ziehen vor *murruḫai* zu lesen und arab. مُرَّحٌ, einen Namen des „Wolfes", zu vergleichen: *murruḫai* bed. dann gleichfalls den „Wolfsvogel". Lenormant, *E. A.* I, 1, 28, hält *zîbu* (*zîbi*) für akkadisch und übersetzt es aufs Gerathewohl mit „*autruche*".

5. **ku-lu-ku-ku, ki-kal-kil-u, ḳa-ḳu-ul-luv** „Rebhuhn". — *Ḳaḳulluv* vergleicht sich dem arab. قُوقَلٌ „männliches Rebhuhn", auch „männlicher Ḳaṭa" (eine genaue Beschreibung dieses zu den Rebhühnern zu rechnenden Vogels siehe bei Winer, Biblisches Realwörterbuch, Artikel „Wachtel", II, 667).

---

[1]) Zum Wortverständniss siehe KAT, 63.

Die beiden andern Synonyma geben sich als lautnachahmend und bezeichnen gleich hebr. קְרָא das Rebhuhn als „rufendes, schreiendes“.

6. **ur-ba-luv, ḫa-ḫar ili, ḳa-ri-ib bar-ḫa-a-ti** „Lämmergeier“. — In *ḫaḫar* haben wir wieder jenes lautnachahmende Wort, welches wir als einen Namen des Raben kennen lernten; das beigesetzte *ili* weist auf einen grossen krächzenden Vogel (zur Unterscheidung also vom Raben), ähnlich wie wir von einem „Königsadler“, einer „Königsschlange“ reden; vgl. den hebräischen Namen אֲרִיאֵל „Löwe Gottes“ als Bezeichnung eines ganz besonders löwenherzigen Helden. *Ḳarib* ist Participium von dem auch im Assyrischen durch zahlreiche Derivata vertretenen Stamme קָרַב „sich nähern, auf jemand stossen“; *barḫâti* aber ist Plural von *barḫatu* oder auch *barḫu* und dieses wird dem aram. בַּרְחָא „Ziegenbock“, von seinen Bocksprüngen so benannt (vgl. arab. بَرِحَ „querfeldein laufen“, hebr. בָּרַח „fliehen“), gleichgesetzt werden dürfen. Wir sehen in dem „gewaltigen, krächzenden und auf Böcke und Lämmer stossenden Vogel“ Namen des „Lämmergeiers“, des grössten Raubvogels der alten Welt. Ueber *urbaluv* lassen sich nur Vermuthungen aufstellen: vielleicht ist es auf ein Quadrilitterum ערבל, weitergebildet aus غَرِبَ „schwarz sein“, wie غَرْبَلَ „sieben“ aus עָרַב „mischen, mengen“, zurückzuführen, so dass es den Adler als „tiefdunkelfarbigen“ bezeichnet. Der Name begegnet uns auch B, 29.

7. **ḫar-ba-ḳa-nu, ḫar-bak-ka-a-nu.** — Der zweite Name ist nur eine andere, zum Theil ungenauere Schreibweise des ersten. Form und Ursprung des Wortes ist klar: es ist eine Nominalbildung auf *ânu* von dem vierconsonantigen Stamm חרבק. Im Arab. und Syr. stammt hiervon der Name des „Helleborus“, arab. خَرْبَق, syrisch gleichfalls mit der Endung *ân* und mit gleicher Abschwächung des *ḳ* zu *k*: ܚܘܪܒܟܢܐ. Da arab. خَرْبَق „zerreissen“ bedeutet (vgl. חַרְבִּיקָא Name eines Raubvogels) und syr. ܚܘܪܒܟܢܐ „schwarz und weiss gefärbt“, so lässt sich der assyrische Vogelname zwar zwiefach erklären

aber um so schwerer ist der so benannte Vogel zoologisch zu bestimmen.

8. **raḳ-raḳ-ḳu, la-ḳa-la-ḳa** „Storch". — Schon Talbot (*J. R. A. S.* III, pag. 6) und Schrader (KAT, 62) haben in dem zweiten Namen das arab. لَقْلَقٌ „Storch, Klapperstorch" erkannt (vgl. DMZ IV, 31). *Raḳraḳḳu* aber wird in dem Syllabar II R. 26, 50—55 c. f. mit *arḳu* „gelb" (grün, falb) = יָרֹק zusammengebracht, und wir dürfen diese Worterklärung um so eher zu der unsrigen machen als auch der akkadische Name des Storches *ḤU. ŚI. ŚIZI. ḤU* ihn als „gelblichen" benennt; über *ŚIZI* = *ar-ḳu* „gelb" s. oben S. 59. *Raḳraḳḳu* ist demnach = hebr. יְרַקְרַק Ps. 68, 14 (von den Fittigen der Taube).

9. **'i-ru-u, na-as-ru** „Seeadler, Adler". — *Nasru* ist unmittelbar klar: es ist nicht nur wahrscheinlich (Talbot), sondern zweifellos das arab. نَسْرٌ „Geier", von نَسَرَ „zerrupfen, zerhacken", hebr., aram. נֶשֶׁר „Adler". Sein Synonym *'iru* ist das targum. עַר, עָרְיָא „eine Adlerart", womit Onk. zu Lev. 11, 13, Onk. und Jer. II. zu Dt. 14, 12 das im Text stehende פֶּרֶס übersetzen, den Namen des „weissschwänzigen Seeadlers" (Haliaetus ossifragus). So auch Talbot (*J. R. A. S.* III, pag. 8); mit unserm „Aar" (auch in „Adler" enthalten, aus Adel-are = Edelaar) hat עַר, *'iru* nichts zu schaffen. Zum akkadischen Namen des Adlers *ID. ḤU* siehe S. 96 f.

10. **p-aś-pa-śu, iṣ-ṣur rab-i** „Fasan oder Pfau". — Im Mischnatractat Negaim XI, 7 lesen wir: קִיטְא שׁ״שׁ בה פַּסְפָּסִין d. h. „ein Sommerkleid, welches aus mehrfarbigen Stücken besteht". Dieses פספס (vgl. auch פַּסִּים „buntfarbig") ist das einzige Wort aus den verwandten Dialekten, welches dem assyr. Vogelnamen *paśpaśu* vergleichbar scheint, und passt auch vortrefflich. Talbot (*J. R. A. S.* III, pag. 7) dagegen vergleicht das Hindiwort *petscha*, welches die „Eule" bedeutet. Das Synonym *iṣṣur rabi* bezeichnet diesen „buntfarbigen" Vogel als „grossen Vogel" *κατ' ἐξοχήν*. Da in der unmittelbar folgenden Zeile drei verschiedene Namen für das „Junge" dieses grossen Vogels aufgeführt werden, die Jungen eines grossen wildlebenden Vogels aber kaum auf so mannigfaltige Weise benannt sein würden, so ergibt sich mittelst

Wahrscheinlichkeitsschlusses, dass unter *paśpaśu* und *iṣṣur rabi* ein grosser gezüchteter Vogel zu verstehen ist. Von allem Hausgeflügel passen aber die beiden Eigenschaften „buntfarbig“ und „gross“ nur auf eine Hühnerart und zwar unter den Hühnern nur auf den „Fasan“ (jer. Aboda zara III, 3 פסיונא,) oder auf den „Pfau“.

11. **na-aḫ-tav, ni-ip-ṣu, habal iṣ-ṣur rab-i** „junger Fasan oder Pfau“. — Der dritte Name ist klar: *habal* „Sohn“ ist hier ebenso gebraucht wie hebr. בֵּן, z. B. בְּנֵי יוֹנִים „junge Tauben“, und aram. בַּר, z. B. בַּר נֵיצָא „junger Habicht“. Auch *nipṣu* erklärt sich leicht: der Wurzelbegriff des Wortes ist der des „Sprengens, Hervorbrechens aus dem Ei“, welcher auch dem arab. فَرْخٌ, hebr., aram. אֶפְרֹחַ „junge Brut, kleine Vögel“ (über assyr. *pirḫu* s. Excurs IX) zu Grunde liegt, mag man nun *nipṣu* von *napaṣ* „spalten“ (II R. 48, 42—44 c. d) = arab. نَفَضَ „gebären, werfen“, hebr. נָפַץ „zerschlagen, zersprengen“ (vgl. نِقْفٌ „junger Vogel“ von نَقَفَ „zerbrechen, spalten“) oder, indem man *n* für Nominalpräfix hält, *nibṣu* von arab. بَضَعَ „theilen, spalten“, בָּצַע „zerreissen, zerbrechen“ (vgl. פָּצָה „auf-, herausreissen“) herleiten. Zusammenhang mit بَيْضَةٌ, בֵּיצָה „Ei“ lässt sich weniger leicht vermitteln. Für *naḫtav* endlich bietet sich, so viel wir sehen, nichts zur Erklärung als hebr. נַחַת, von נוּחַ, „sich herabsenken, ruhen“, hier vielleicht im Sinne des „Brütens“ (syn. רִחֵף), so dass *naḫtav* in concretem Sinne die „Brut“ bedeutet. Möglich wäre indess auch die Herleitung von aram. נְחַת „herabsteigen“, so dass *naḫtav* die „Nachkommenschaft“ (Descendenz) bezeichnet; analoge Benennungen s. in Excurs IX.

12. **a-ḫar-śa-nu.** — Die Wiederholung dieses Namens in beiden Columnen hat lediglich den Zweck, die sonst unvermeidliche Lücke auszufüllen. Norris (I, 28) hält ihn für „protobabylonisch“ d. i. akkadisch. Aber das Wort hat durchaus semitisches Ansehen: *a* ist Alef prostheticum, *ânu* Nominalendung. Die Vergleichung mit arab. خَرَشَةٌ „ein Vogel grösser als die Taube“ wird gewagt werden dürfen trotz des *ś* statt des zu erwartenden *s*; zwei andern Beispielen dieses

unregelmässigen Lautwechsels werden wir gleich in den beiden nächsten Namen begegnen.

13. **ur-śa-nu, ta-am-si-lu** „wilde Taube“. — *Urśanu* ist = arab. وَرَشَانٌ „columba silvestris“; *tamsilu* aber = targum. קְמַלְיָא; vgl. Chullin 62 b, wonach חסיל Name einer unreinen Taubenart ist, unrein weil sie was sie aufpickt wieder von sich gibt (מקיא).

14. **nam-bu-ub-tuv, a-dam-mu-mu** „ein röthlicher Vogel“. — *Adammumu*, verwandt mit arab. أَدِمَ, hebr. אָדַם „roth, röthlich sein“, אֲדַמְדָּם „röthlich“, benennt den Vogel nach seiner röthlichen Farbe, *nambubtuv* (= *nabbubtuv*) dagegen nach seiner Stimme: vgl. die lautnachahmenden Stämme arab. نَبَّ, نَبْنَبَ „meckern“, نَبَحَ „bellen“, wovon نُبَّاحٌ „Wiedehopf“, äth. ነበበ፡ „rauschen, sprechen“. Ob freilich der rostfarbige Wiedehopf oder eine röthliche Taubenart oder ein anderer Vogel gemeint sei, muss dahingestellt bleiben.

15. **tar-ru, ka-ka-ba-a-nu** „Turteltaube“. — *Tarru* ist = hebr. תֹּר „Turteltaube“, *kakabânu* aber offenbar lautnachahmend wie gr. *κακκαβίζειν* „gackern“, vom Rebhuhn *κακκάβη*, *κικκαβάζειν* „schreien“, von der Nachteule *κικκάβη*, lat. *cacabare*, arab. قَبْقَبَ, vom Geschrei des Kamels, Löwen und Esels gebraucht, syr. ܩܘܩܛܐ, ܩܘܩܛܢܐ nach Ferrarius „perdix, cycnus“. Wie das Assyrische zeigt, wurde dieser Naturlaut auch auf das Girren der Turteltaube angewendet.

16. **it-ti-du-u, ta-ti-du-tuv** „Gabelweihe“. — Beide Namen gehen auf ein und dieselbe Wurzel zurück und unterscheiden sich nur durch Präformativ und Geschlecht. Betreffs ihrer etymologischen Deutung erinnern wir an assyr. *ittûtuv* „grosser Fisch“ in seinem Verhältniss zu arab. حُوتٌ (s. oben S. 68): wie *ittûtuv* = *iḫtûtuv* = arab. *ḥûtu*, so ist *ittidu*, Fem. *ittidatu* = *iḫtidatu* = arab. *ḥidatu*, حِدَأَةٌ; es ist dies der Name der von Feldratten (جِرْذَانٌ) lebenden „gemeinen Weihe“ oder „Gabelweihe“.

17. **ku-ru-uk-ku, ka-rak-ku, ku-ru-bu** „Geier“. — *Kurubu* ist gewiss wurzelverwandt mit assyr. *ki-ru-bu*, einem Namen

der die Thore der Königspaläste bewachenden geflügelten Stiercolosse, welche in den כְּרֻבִים der theokratischen Symbolik der Hebräer zu den Wächtern des Einganges des Paradieses und zu den Hütern der heiligen Wohnung Gottes umgestaltet wurden; siehe hierüber Schrader in der Jenaer Literaturzeitung 1874 Nr. 15, S. 218. Als Wurzelbedeutung von *karab* nimmt man am besten mit Franz Delitzsch (Genesis, 4. Aufl., S. 541) die des „Starksein's" an (vgl. arab. كَرَبَ „constringere, adstringere", مُكْرَبٌ „stark, fest", syr. ܟܪܝܒܐ „stark, kräftig"), so dass *kirubu* den Stiergott als „starken, gewaltigen" (syn. *sîdu*, s. oben S. 37 Anm. 1) bezeichnet[1]. *Kurubu* wird somit von einem mächtigen, gewaltigen Vogel, einem Raubvogel, etwa dem Geier, zu verstehen sein, kaum vom „Kranich", arab. كُرْكِيٌّ, syr. ܟܘܪܟܝܐ, worauf die beiden assyr. Synonyma *kurukku* und *karakku* zunächst hinweisen. Diese sind auf die W. כר „drehen" zurückzuführen, wovon arab. كَرْكَرَ II „kreisen", vom Vogel, hebr. כִּרְכֵּר „tanzen", urspr. „sich im Kreise drehen", und benennen den Geier ebenso vom Kreisen wie gr. κίρκος die „Gabelweihe".

18. **kasid kab-ruv, kasid ka-bar-ti** „Grabvogel, Dohle". — Im Texte steht *KUR* oder *MAD kab ruv, ka-bar-ti*; dies ist aber das Ideogramm ausser *matuv* „Land" und *sadu* vielleicht = arab. سَدٌّ Berg, auch für assyr. *kasad* „erreichen, nehmen, ergreifen" (siehe ABK, 93). In dem letzteren Sinne und zwar in der Bed. „occupiren, sich irgendwo niederlassen, aufhalten" scheint das Ideogramm hier gefasst werden zu müssen. *Kabruv, kabartuv* setzen wir gleich dem arab. قَبْرٌ, hebr. קֶבֶר, Plur. קְבָרִים und קְבָרוֹת, aram. קִבְרָא „Grab". Der Name bed. somit „Bewohner des Grabes" und vergleicht sich dem von Buxtorf, *Lex. Talmud.*, col. 1963, erwähnten בַּת קִבְרַיָּא, dem „Grabvogel" oder der „Dohle".

---

[1]) Betreffs der Unzulässigkeit einer Combination mit gr. γρύψ „Greif" und der diesem vermeintlich zu Grunde liegenden W. *grabh* „greifen" siehe meine Studien über indogermanisch-semitische Wurzelverwandtschaft, S. 106 f. Auf ein secundäres Verhältniss von γρύψ zu כְּרוּב führt schon das υ des griechischen Wortes.

19. **ḳa-ḳu-u, tar-ma-zi-lu** „Elster“. — Der zweite Name, welcher auf einen vierconsonantigen Stamm תרמזל zurückgeht, ist dunkel; dagegen entspricht *ḳaḳu* genau dem arab. und talmud. Namen der „Elster“, عَقْعَق, קָקָא (Gittin 73 a). Der „Pelekan“, arab. قُوق, syr. ܩܘܩܐ, sowie das „Rebhuhn“, äth. ቆቆሕ:, sind durch die bereits besprochenen Namen Obv. 5. Rev. 5 ausgeschlossen.

20. **pa-’-u, ḳa-ḳa-nu** „Krähe“. — Eine sichere Bedeutungsangabe ist bei der Unbestimmtheit beider Wörter nicht möglich: *pa’u* leitet sich her von aram. פְּעָא „schreien“ (vgl. Jes. 42, 14), während *ḳaḳanu*, gleich dem oben besprochenen *ḳaḳu*, lautnachahmend ist. Im Anschluss an die unmittelbar vorausgehenden Namen der „Dohle“ und „Elster“ vermuthen wir in diesen Wörtern die ebenfalls zum Rabengeschlecht gehörige „Krähe“ und vergleichen *ḳaḳanu* dem arab. قَيْق, äth. ቋዕ: „Krähe“.

21. **ad-mu, li-da-nu, habal iṣ-ṣu-ri** „junger Vogel“. — *Habal iṣṣuri* „Junges des Vogels“ (vgl. Rev. 11: *habal iṣṣur rabi*) bedarf keiner Erklärung. *Lidânu* (B, 53: *li-da-nu*), von *alad* = יָלַד, wird in dem Syllabar II R. 36 (siehe Excurs IX) dem bekannten assyr. *maru* „Sohn“ gleichgesetzt. Dasselbe gilt von *admu*, welches ohne Zweifel Ein Wort mit hebr. אָדָם „Mensch“ ist und zu diesem hinsichtlich seiner engeren Bedeutung sich verhält wie assyr. *maru* „junger Mann, Sohn“ zu arab. مَرْءٌ „Mann“. Der akkadische Name des jungen Vogels ist *GUM. KIRA. ḪU*, was II R. 2, 329 durch *iš-ḫap-pu* erklärt wird. Vielleicht ist dieses *išḫappu* mit arab. سَخُفَ „dünn, klein, schwach, bes. geistesschwach sein“ in Zusammenhang zu bringen und bezeichnet den jungen Vogel als „kleinen, dürren, schwächlichen“; vgl. hebr. שַׁחַף, den Namen eines „mageren Seevogels“, der „Möve“. Ebendieses *išḫappu* lesen wir auch in der Cylinderinschrift Asarhaddons (II, 45), wo Samasibni, der König von Bit-Dakkurri, *iš-ḫap-pu ḫab-bi-lu la pa-li-ḫu zik-ri bi-li*[1] genannt wird d. h. „ein

---

[1] Vgl. die oben S. 55 besprochene Parallelstelle. *Ḫabbilu* von *ḫabal* = hebr., aram. חָבַל „verderbt, schädlich sein, schlecht handeln“.

schwachsinniger (thörichter), schlechter, den Namen der Götter missachtender Mensch“.

22. **ir-ka-bu, ri-ga-bu** „Taube“. — Beide Namen sind im Grunde identisch; der erste unterscheidet sich vom zweiten nur durch das Alef prostheticum und das härtere, auf incorrecter Schreibweise beruhende *k*. *Rigabu* ist = äth. ርግብ፡ „Taube“, so benannt wegen ihres scheuen, furchtsamen Wesens (vgl. arab. رَجِبَ).

23. **ś́u-din-nu, gi-il-gi-da-nu.** — Das erste Wort ist bereits aus den Annalen der assyrischen Könige bekannt: Khors. 125 heisst es von Merodach-Baladan, dass er bei Nacht *ki-ma śu-din-ni* aus Babylon geflohen sei, und ebenso wird Sanh. Tayl. I, 17 von den feindlich gesinnten Fürsten gesagt, sie seien in die Wüste geflohen *ki-ma śu-din-ni ḤU.* Oppert und Ménant (II, 70) übersetzen: „sicut pulli avium“, beide geben jedoch für ihre Uebersetzung keinerlei Begründung. Auch wir wissen von *śudinnu* so wenig wie von *gilgidanu* eine sichere Erklärung zu geben; so viel jedoch steht fest, dass diese Synonyma nicht den „jungen Vogel“, sondern eine bestimmte Vogelart bezeichnen. Das nebenanstehende *rigabu* sowie der Umstand, das Merodach-Baladan und jene Fürsten offenbar wegen ihrer Furchtsamkeit mit dem Vogel *śudinnu* verglichen werden, sprechen für einen Vogel wie die scheue Taube. Der Name klingt wie arab. سُعْدَانَة, welches eine Taubenart bedeutet. *Gilgidanu* weist auf ein Quadriliterum גלגד, dessen Bedeutung noch dahingestellt bleiben muss.

B) Verzeichniss XXXVII B.

Text.

28.	si-u-ri ta-ruv[1]	iṣ-ṣur ḫal-zi-i
29.	ur-ba-luv = ḫa-aḫ	„ śa-a-mu
30.	ṣu-la-mu	ṣa-lam-du[2]
31.	iṣ-ṣur mu-si	„
32.	bur-ru-um-tav	ṭar-ru
33.	bu-ṣu	iṣ-ṣur ḫar-ri
34.	du-u-du	ib-ni-tuv

35.	ma-ak-lat[3] up-la	ḫu-ra-ṣa-ni-tav[4]
36.	sar-rat kip-ri	lal-la kip-par[5]
37.		ṭar sarru-tuv[6]
38.		ku-pi-tu
39.	su	ṣi-ṣil-du[7]
40.	iṣ-ṣur ti-i-śi	„
41.	„ a-sa-gi	di-ik-di-ik[-ki][8]
42.		śu-um[-mu]
43.	ṭa-lu-u[9]	bal-lu-du...
44.	ṣa-ai-ḫu	a-ra-bu....
45.	śa-ḳa-tuv	ṣir-ku.....[10]
46.	sí-ip a-rik	„
47.	gam-gam-mu	„
48.	az-ki-ḳu	si-liḳ-ḳu
49.	ab-bu-un-nu	tus-mu-u
50.	ṣa-pi-tav	as-ki-ki-tuv
51.	sum-ṣi-ṣi[11]	„ jum-u
52.	mat-ti-ib-nu	„ ṣal-mu

Z. 53—71 = A Rev. 21. Obv. 4—19. Rev. 2. 5. 6.

1) sí-u ri-ta-as. 2) XL, 28: ṣal-lam.... 3) ma-ak-kur; XL, 33: ma-aklat up-lu. 4) So XL, 33; in unserm Texte falsch: ḫu-ra-ni-tav. 5) XL, 34: lal-la UB-tuv d. i. kipra-tuv. 6) So richtig XL, 35; in unserm Texte steht sinnlos *luv* statt *tuv*. 7) XL, 37: śi-ṣil-tuv. 8) Ergänzt gemäss XL, 39. 9) da-lu-u. 10) mus-ku.... 11) tak-ṣi-ṣi.

Erklärung.

28. **sí-u-ri ta-ruv, [iṣ-ṣur] ḫal-zi-i.** — Keiner von beiden Namen lässt sich zur Zeit sicher erklären; der erste ist zusammengesetzt und enthält vielleicht das Farbwort שָׁחַר „schwarz sein“, wovon شَحْرُور und شُحْرُور, vulgär شَحْرُور, syr. ܫܚܪܘܪܐ „Amsel“.

29. **ur-bal-luv, ḫa-aḫ, [iṣ-ṣur] śa-a-mu** „ein dunkelfarbiger, krächzender Vogel“. — Von *urballuv* war schon oben bei *ḳarib barḫati*, dem „Lämmergeier“, die Rede; *ḫâḫ* ist lautnachahmend wie das ebendort besprochene *ḫaḫar*, vgl. arab. وَحْوَحَ;

šâmu endlich (akkad. *DIR*, II R. 26, 44e. f. 45, 55d. e) hängt zusammen mit arab. سَحَمَ „schwarz sein", سُحْمَةٌ „Schwärze", aram. שְׁחַם „bräunlich, schwarzröthlich sein" und bed. „schwarz, dunkelfarbig"; vgl. II R. 25, wo unter den verschiedenen Arten von Kleidern (*lub-su*, *lu-ub-su*, *lit-bu-su*, *lu-bu-us-tav*, *na-al-ba-su*, Z. 2. 6. 26. 18. 21. 24 g. h) auch *ša-am-tuv* „dunkelfarbiges Kleid" neben *na-aḫ-lap-tav ṣu-lim-tuv*[1] „schwarzes Gewand" aufgeführt wird (Z. 50. 51, vgl. Z. 11). Wahrscheinlich bezeichnen diese drei Synonyma eine dunkelfarbige Geierart.

30. 31. **ṣu-la-mu, ṣa-lam-du, iṣ-ṣur mu-si** „Nachtigall". — Wir verstehen unter diesem „Vogel der Nacht" und „nächtlichen Vogel" nicht die Eule (Talbot, *I. R. A. S.* III, pag. 7), welche wir bereits in anderen Namen des Verzeichnisses A (Obv. 13—15) zu erkennen glaubten, sondern die Nachtigall, die „nocturna volucris" des Properz. Beachtenswerth ist die Form *ṣalamdu*: man könnte geneigt sein, sie von einem aus צלם gebildeten Quadriliterum צלמד abzuleiten, würde jedoch mit dieser Annahme durchaus auf dem Irrwege sein. Auch Z. 39 begegnen wir nämlich einem derartig gebildeten Namen *ṣiṣildu*, dessen Wurzel ohne Zweifel das reduplicirte צל ist und welcher nicht auf ein ganz unwahrscheinliches Quinque-

—

[1]) *Naḫlaptav* leitet sich ebenso wie *ḫi-it-lu-pa-tuv* (Z. 49 g) her von *ḫalaf* = hebr. חָלַף Pi. „wechseln", wovon חֲלִיפָה „Wechselanzug", dann überh. „Gewand", vgl. arab. بَدْلَةٌ. Aus der Reihe der übrigen in diesem Syllabar erwähnten Kleidungsstücke heben wir noch hervor: *ḳa-aṭ-nu* „baumwollenes Kleid" = قُطْنٌ, قُطُنٌ (3 g), *ḫab-bar-tuv* „gestreiftes Kleid" = حِبَرَةٌ, حَبِرَةٌ (4 g), *illuku* „Hemd" = targum., talmud. חָלוּק (37 h) und *ṣu-du-ruv* „kurzes, Kopf und Brust bedeckendes Kleidungsstück, kurzes Hemd" = صُدْرَةٌ, صِدَارٌ (39 h). Einen interessanten Namen lesen wir auch II R. 25, 38 c, wo als Synonym von *ṣu-bat šar-ri* „königliches Kleid" und *zu-bat* (d. i. *ṣu-bat*) *bi-lu-tiv* „herrschaftliches Kleid" ausser *ši-lam-ma-ḫu* auch *al-luru* erwähnt wird, was sich mit dem bis jetzt räthselhaft gebliebenen talmud. אליירא „Purpurgewand" deckt.

literum צלצלד zurückzuführen, sondern, wie die Variante XL, 37 *ṣi-ṣil-tuv* (incorrect *ṡi-ṣil-tuv*) lehrt, einfach als eine irrthümliche Schreibweise statt *ṣiṣiltuv* anzusehen ist. Wir haben hier ein sicheres Schreibversehen, zu welchem *ṣalamdu* als ein zweites hinzutritt. Das Verzeichniss XXIV, 13 (s. oben S. 88) bietet den analogen Schlangennamen in der richtigen Form *ṣalamtuv*.

32. **bur-ru-um-tav, ṭar-ru** „ein buntfarbiger Vogel“. — Ueber die Bedeutung dieser beiden Namen lässt schon das akkadische Aequivalent *NAM. BIR. ṬAR. ḪU* keinen Augenblick in Zweifel; *NAM. BIR* entspricht nämlich, wie oben S. 70 gezeigt wurde, dem assyr. *iṣṣur* „Vogel“, *ṬAR* aber wird durch Vergleichung der Parallelstellen Asurn. I, 79 (vgl. I R. 35, 19): *lu-bul-ti bir-mi* und Asarh. I, 21: *lu-bul-ti ṬAR* deutlich als das akkadische Wort für assyr. *birmi* „buntfarbige Stoffe“ erwiesen. Zu *birmi* vgl. arab. بَرَمَ, أَبْرَمَ „aus zwei Garnen oder Fäden fest zusammendrehen“, بَرِيمٌ „festgedrehtes, zweifarbiges (rothgelbes oder rothweisses) Seil, Kleidungsstück aus Seide und Flachs“, hebr. בְּרֹמִים „buntfarbige Zeuge“. *NAM. BIR. ṬAR* würde somit, wörtlich übersetzt, durch *iṣṣur birmi* „Birmivogel“ wiederzugeben sein. Statt dessen lesen wir jedoch in der assyrischen Columne das einfache *burrumtav* d. i. „buntfarbiger Vogel“ (vgl. II R. 25, 41 h: *na-aḫ-lap-tav bur-um-tav* „buntfarbiges Kleid“), Fem. von *burru-mu* (II R. 24, 35), während das Synonym *ṭarru* offenbar aus dem akkad. *ṬAR* direct abgeleitet ist (siehe S. 56). Welcher specielle buntgefiederte Vogel gemeint sei, lässt sich nicht mehr ermitteln.

33. **bu-ṣu, iṣ-ṣur ḫar-ri** „Falke“. — Trotz des assyr. *ṣ* gegenüber arab. *z* in بَازٌ, بَاز „Falke“ wird *buṣu* diesem arab. Worte gleichgesetzt werden dürfen, zumal da das synonyme *iṣṣur ḫarri* mit dem andern arab. Namen des „Edelfalken“, حُرٌّ, überraschend zusammenstimmt. Der Wechsel von *ṣ* und *z* steht in den semitischen Dialekten nicht vereinzelt (wir erinnern nur an עָלַז und עָלַץ u. a. m.), und überdies beruht vielleicht das *ṣ* in assyr. *buṣu* lediglich auf incorrecter Schreib-

weise; vgl. oben S. 112 Anm. *zubat* „Kleid" statt und neben *ṣubat*. Im Akkadischen heisst der Falke *NAM. BIR. UŠ. ḤU*.

34. **du-u-du, ib-ní-tuv** „Fischreiher". — *Ibnituv* ist eins mit targum. אִבְּיתָא, dem Namen eines unreinen Vogels von mehreren Arten, hebr. אֲנָפָה, worunter Bochart eine „Adlerart", die arabischen Uebersetzer den „Papagei", LXX den „Strandläufer, χαραδριός", Knobel (S. 455) und Lewysohn (S. 169) aber wahrscheinlich richtig den „Reiher" verstehen. *Dûdu* ist lautnachahmend und erinnert sofort an das dumpfe Gebrüll der eben wegen ihres Geschreies „Moorochse" genannten Rohrdommel.

35. **ma-ak-lat up-la, ḫu-ra-ṣa-ni-tav** „Goldamsel". — *Ḫuraṣanitav* ist Femininum von *ḫuraṣanu* „golden", Adjectiv auf *ânu* von *ḫuraṣu* „Gold", hebr. חָרוּץ: es bed. einen Vogel mit goldenem, goldgelbem oder goldgrünem Gefieder, also einen Vogel wie unsere Goldamsel, Goldammer u. a. Das Synonym *maklat upla* bestimmt diesen Vogel näher als „Insectenfresser", und da die Goldamsel als sehr nützlicher Insectenvertilger bekannt ist, so halten wir obige Uebersetzung der beiden Namen für gerechtfertigt. *Uplu* „Wurm, Ungeziefer" wurde S. 79 besprochen; *maklat* aber (aus *ma'kilat*?) scheint, so auffallend auch die Form ist, kaum von *akal* „essen" getrennt werden zu können. Ueber das in der akkadischen Columne erhaltene *MU. UN. DU* s. oben S. 81 Anm. 3.

36. **sar-rat kip-ri, lal-la kip-par** „ein Raubvogel". — Die Variante *lal-la UB-tuv* d. i. *lal-la kipra-tuv*, welche das Fragment XL, Z. 34 zu dem zweiten Namen bietet, lehrt, dass das masculine *kipru, kippar* und das bekannte feminine *kip-ra-tuv* „Gegend, Himmelsgegend" (vgl. *kip-ra-a-tí* „die Länder", Asurn. I, 35 Var.; *kip-rat ir-bit-ti*, syn. *tu-pu-ḳa-tuv ir-bit-ti* „die vier Himmelsgegenden". II R. 35, 38-40a.b. I R. 35, 4; vgl. oben S. 51) gleichbedeutend sind. In etymologischer Hinsicht scheint *kipru, kipratuv* wegen der in *kippar* hervortretenden labialen Tenuis besser mit arab. كَفْرٌ „Gau, Dorf", hebr. כָּפָר „Dorf" als mit hebr. כִּבְרָה, ein Meilenmass, (KAT, 348) combinirt werden zu müssen. Auf eine Erklärung von *lalla* verzichten wir; doch leuchtet ein, dass es als Synonym von *sarrat* „Königin" etwas wie „König, Beherrscher,

Mächtiger“ (von אֱלָל?) bedeuten muss. Wollte man *LAL* als Ideogramm und *la* als sein phonetisches Complement fassen, so würde sich nur *saḳalu* „wägen“ (s. oben S. 5) und *ma-lu-u* „voll sein“ (II R. 1, 140) darbieten: keines von beiden gibt aber einen befriedigenden Sinn[1]. Welcher Vogel nun als „Königin des Landes“, als „Beherrscher des Landes“ bezeichnet worden sei — diese Frage muss hier, wie in so vielen andern Fällen, unentschieden bleiben. Auf Grund des in der akkadischen Columne erhaltenen *ḲUR. ḲUR 'I* d. i. „sehr feindlich, sehr verderblich“ (siehe Excurs II) wird indess mit grosser Wahrscheinlichkeit auf einen Raubvogel geschlossen werden dürfen.

37. **ṭar sarru-tuv** „ein prächtiger, buntfarbiger Vogel“. — Zu *ṭar*, stat. constr. von *ṭarru* „buntfarbiger Vogel“, s. oben S. 113. Das beigesetzte *sarrutuv* kennzeichnet diesen buntgefiederten Vogel als „königlichen, majestätischen“.

38. **ku-pi-tu.** — Unbekannt. Akkad. *ŚU. UN. KUR. SA. NU. ḪU.*

39. 40. **ṣi-ṣil-du, iṣ-ṣur tí-i-śi** „Lerche“. — *Ṣiṣildu* oder richtiger *ṣiṣiltuv* (siehe S. 112f.) ist lautnachahmend; vgl. arab. صَلَّ, صَلْصَلَ „klirren, klingen“, صُلْصُلَةٌ „Ringeltaube“, hebr. צִלְצַל, Plur. צֶלְצְלִים „Cymbel“ u. a. *Iṣṣur tiśi* ist die wörtliche Uebersetzung von akkad. *NAM. BIR. GI. ZI*; die Bed. von *GI. ZI* und *tiśi* wissen wir nicht anzugeben. Talbot (*J. R. A. S.* III, pag. 7) übersetzt: „*bird of Omen*“ (?). Das **su** d. i. „idem“ (s. oben S. 28) in der linken semitischen Columne der Z. 39 kann, so viel wir sehen, nur den Zweck haben darauf hinzuweisen, dass das akkad. *KIB. SU* (Z. 39) auch in der assyrischen Columne zu wiederholen, mit anderen Worten, dass *KIB. SU* einem gleichlautenden assyr. *kib-su* oder *kip-su* entlehnt sei. Vielleicht ist dieses *kipsu* dem syr. Namen der „Lerche“, ܩܘܦܣܐ, zu vergleichen.

41. **iṣ-ṣur a-sa-gi, di-ik-di-[ik-ki].** — Unbekannt. Der erste Name ist ebenso zusammengesetzt wie der entsprechende akkad. Name *NAM. BIR. IZ. U. GIR. ḪU.* Zu *dikdikki* vgl. A Obv. 17.

[1]) II R. 24, 55 a. b. wird *LAL* durch *śa-ra-du sa UB* erklärt.

42. **śu-um-[mu]** „Bergschwalbe". — Die Ergänzung dieses Namens wird durch das akkad. *ŚU. UM. MU. ḤU* dargeboten: es ist dies ebenso ein assyrisches Lehnwort wie *ṢA. PI. TAV. ḤU* Z. 50. Der Name vergleicht sich dem arab. سُمَامَةٌ, Plur. سُمَمٌ und سَمَائِمُ, „ein Vogel wie die Wachtel", nach Zamaḫscharî die „Bergschwalbe", nach andern ein „Vogel wie die Schwalbe", und سُمَاسِمٌ „schwalbenartiger Vogel, dessen Eier unerreichbar sind" — mehrere Schwalbenarten bauen sich bekanntlich ihre Nester hoch oben in Felsen, Steinbrüchen und Uferabhängen. Nicht zu verwechseln ist mit diesem *śummu* ein anderes *śu-um-mu*, welches in dem leider sehr beschädigten Syllabare II R. 32 Nr. 1, welches die verschiedenen Zeitbestimmungen behandelt, als Synonym von *śi-ma-nu* aufgeführt wird (Z.17) und mit diesem, wie es scheint, wurzelverwandt ist. *Śimanu* (nicht *śi-va-nu* d. i. סִיוָן zu lesen!) bed. wohl „bestimmte Zeit, Termin", von *śaman* = hebr., talmud. סָמַן „bezeichnen, bestimmen", wovon targum., talmud. סִימָן „Zeichen, Merkmal", verwandt mit זָמַן Pi. „bestimmen", wovon زَمَانٌ, זְמָן „Zeit, bes. bestimmte Zeit"[1].

43. **ṭa-lu-u, bal-lu-du ...** — Unbekannt. Der erste Name ist vielleicht = טְלוּא (Ez. 16, 16) „gefleckt"; der zweite ist wegen der Unvollständigkeit, in welcher er uns überkommen ist, nicht zu erklären. Akkad. *ḤU. ŚI. RUM. U. ḤU.*

44. **ṣa-ai-ḫu, a-ra-bu ....** — Unbekannt. *Ṣaiḫu* bezeichnet den Vogel als „Schreier" (s. oben S. 96). Zu akkad. *NIR. GI. LUM. ḤU* siehe S. 75 f. Anm.

45. **śa-ḳa-tuv, ṣir-ku ...., sí-ip a-rik, gam-gam-mu** „Strauss". — Die akkadischen Namen dieses Vogels sind ausserordentlich durchsichtig und zeigen abermals, von welch hohem Werthe

---

[1]) Aus der Reihe der übrigen in diesem Syllabare mitgetheilten Zeitbestimmungen heben wir noch hervor: *ju-mu pa-ni* und *ju-mu maḫ-ri* „ein früherer, vergangener Tag" (Z. 5. 6b), *ju-mu ma-lu-u-tuv* (beachte das Femininum!) „ein voller Tag" (Z. 9b; vgl. hiezu die Redensart Asurb. Sm. 251, 15: *ju-mi im-lu-u* = hebr. וַיִּמְלְאוּ יָמֶיהָ Gen. 25, 24 „die Tage waren erfüllt, abgelaufen"), *ju-mu nam-ruv* „ein heller Tag" (Z. 11b), endlich *ti-ma-li* „gestern" = hebr. תְּמוֹל, אֶתְמוֹל, targum. תְּמָלֵי, אִתְמָלֵי (Z. 22b. 23a).

das Akkadische für die Erklärung so mancher assyrischen Wörter ist. Der eine und zwar der gebräuchlichere Name lautet *NIR. GID. DA. ḪU*: *NIR* bed., wie wir bereits sahen, den „Fuss", assyr. *sipu* (II R. 16, 31 b c); *GID* oder *GID. DA* dagegen (so ist besser anstatt *BU. DA* zu lesen, siehe II R. 11, 53g; *GID. DA* ist blosse Nominalverlängerung von *GID*) wird entweder durch *a-rik* = אָרֵךְ „lang" (II R. 46, 7 a. b. 62, 36 g. h: *MÂ. GID. DA* = *ʿilippu a-rik-tuv* „langes Schiff") oder durch *ru-ḳu* „longinquus" erklärt (siehe Schrader, Höllenfahrt, S. 77; vgl. auch II R. 11, 52—57g. h: *IN. GID*, syn. *IN. ZI* und *IN. SUD*, = *iś-śu-uḥ* „er entfernte", von *naśaḥ* = נָסַח, und *ur-ri-iḳ* „er entfernte weit", Af. von *rahaḳ* = רָחַק; Frequentativum *IN. GID. GID* = *ip-pu-uḥ* „er ging wiederholt hinaus", aram. פוק). Der Name im Ganzen bed. sonach „Langbein" d. i. *si-ip a-rik*, wie seine wörtliche assyrische Uebersetzung lautet. Der andere akkadische Name dieses Vogels ist *GAM. GAM. ḪU* und zwar ist dieses *GAM* (syn. *ZUBU*) mit jenem zusammengesetzten ideographischen Zeichen geschrieben, welches III R. 70, 48. 49 durch assyr. *gam-luv* und *śi-iḳ-ru* erklärt wird. Die Bedeutung dieser beiden Synonyma kann nicht zweifelhaft sein: *gam-luv* bed. „Gutthätigkeit", von *gamal* „thun, bes. wohlthun", wovon auch *gi-mil-lu* „Wohlthat" (s. oben S. 93), vgl. hebr. גָּמַל „anthun, vergelten", גְּמוּל „Wohlthat", *sikru* aber leitet sich her von *sakar* „spenden, geben, vergelten" (*sa-ka-ru* = akkad. *ŚÍ* „geben" II R. 27, 20 a. b), vgl. arab. شَكَرَ „dankbar, erkenntlich sein", von Gott: „belohnen", شَكِرَ „freigebig, gütig sein", hebr. שָׂכָר „Lohn, Belohnung", und bed. gleichfalls „Gutthätigkeit" (vgl. II R. 45, 41 d. e: *ni-ḳu-u sa si-ka-ri* „Dankopfer" = hebr. זֶבַח שְׁלָמִים). *GAM. GAM*, woraus assyr. *gam-gam-mu* lediglich entlehnt ist, bezeichnet somit diesen Vogel als „sehr gutthätig", was sofort an den hebr. Namen des „Storches", חֲסִידָה „avis pia", sowie an den arab., aram. Namen des sanften, trotz seiner Grösse nichts weniger als kampfgesinnten „Strausses": نَعَامٌ, נַעֲמָא erinnert (siehe Fleischer, Nachträgliches zu Levy's Chald. Wörterb. II, 570). Da nun der „Storch" bereits in den Namen A Rev. 8 vorliegt, so werden wir berechtigt sein, unter dem „langbeinigen, gutthätigen, mildgesinnten Vogel" den Strauss zu verstehen. Dem dritten assyr. Namen *ša-ḳa-tuv* lässt sich nicht viel entnehmen: er scheint mit arab. أسقع, أصقع zusammenzuhängen, einem Beinamen von Thieren, welche auf der Mitte des Kopfes einen weissen Fleck haben, besonders des Pferdes sowie der Strausshenne, صقعاء. Auch ein kleinerer, dem Sperling ähnlicher, am Wasser sich gerne aufhaltender Vogel heisst aus eben diesem Grunde أسقع, أصقع. Das vierte Synonym *ṣir-ku*... oder *mus-ku*.... ist leider nur zur Hälfte erhalten.

48. **az-ki-ḳu, si-lik-ḳu.** — *Azkiḳu* d. i. *az-ḳi-ḳu* geht auf den Stamm *zaḳaḳ* zurück, wovon arab. زُقّ, der Name eines sehr geschickt tauchenden Wasservogels. Das akkad. *NAM. BIR. NAM. ḤU* d. i. *iṣṣur simti* benennt ihn als „Glücksvogel"; zu *NAM* = *simtuv* siehe Excurs II.

49. **ab-bu-un-nu, tus-mu-u** „Pelekan". — *Tusmu* wurde bereits S. 93 ff. ausführlich besprochen; *abbunnu* aber wird von arab. حبن „anschwellen", IV „aufblasen" herzuleiten sein, so dass es ein genaues Synonym von *tusmu* = תִּנְשֶׁמֶת von נָשַׁם „aufblasen" ist. Im Akkadischen entspricht *NAM. BIR. MUḤ. AS. LUM. ḤU.*

Alle übrigen Vögelnamen von Z. 50—71 sind bereits bei Verzeichniss XXXVII A besprochen. Auch das kleine Fragment XL, welches im Wesentlichen mit B, 30—39 übereinstimmt, wurde im Vorhergehenden hinsichtlich seiner Varianten genügend gewürdigt. Damit ist aber die Aufgabe dieser Abhandlung erledigt.

Nachträge.

Zu S. 7f.: *dub-śar-ru-ti.* — Dass akkad. *DUB. ŚAR* „Schreibtafel“ als Lehnwort in das Assyrische übergegangen ist, lässt sich nicht nur aus dem abstracten Namen *dub-śar-ru-ti* „Tafelschreibung‘ (oder „Amt des Tafelschreibers“) schliessen, sondern wird durch das Syllabar II R. 2, 370, welches akkad. *DUB. BI. SAK* „Tafel desAnfangs“ d. i. „der Theil der Tafel, auf dem man zu schreiben anfängt“ (siehe S. 124 Anm. 1; 130) mit assyr. *dub-śar-ru* wiedergibt (vgl. II R. 38, 64a.b), ausdrücklich bezeugt.

Zu S. 8: *ma-la ba-as-mu.* — Die Redeweise: „eine Fülle von Wohldüften“ oder „von lieblichen ergötzlichen Dingen“ (schrieb ich auf Tafeln) wird den nicht befremden, der sich erinnert, dass aram. בסם „süss, lieblich sein“ besonders gern von lieblichen Worten“ und „nutzbringenden Lehren“ gebraucht wird; vgl. z. B. Onk. zu Dt. 32, 2: יבסם כמטרא אולפני „süss wie der Regen d. h. ebenso nutzbringend sei meine Lehre“.

Zu S. 21 Anm.: Die Erklärung des assyr. *abas* „machen“ aus einer secundären Afelbildung von *ba-su* „es ist“ erweist sich bei näherem Zusehen als ebenso wenig haltbar wie alle andern bisherigen Erklärungen dieses schwierigen Wortes, und ist daher unsere hierauf bezügliche Bemerkung einfach zu streichen.

Zu S. 38ff.: *ʿI-lam-ti.* — Unsere Erklärung von assyr. *ʿIlamti* (hebr. עֵילָם) als eines rein semitischen Wortes mit der Bedeutung „Hochland“ wird durch II R. 38, 76a. b. in erfreulicher Weise bestätigt. Es wird hier nämlich jenes akkad. *SI. NUM*, welches II R. 30, 7g. h. durch *ma-tuv ʿi-li-tuv* „hohes Land, Hochland“ erklärt wird, geradezu durch *ʿi-lam-tuv* (sc. *matuv*) übersetzt. Das ebenda angeführte Synonym *śu-bar-tuv,* welches gleichfalls auch als Name eines speciellen Landes vorkommt, geht zurück auf *śabar* „erheben“ aram. סְבַר, einem Synonym von נְשָׂא; vgl. סְבַר אַפִּין = נְשָׂא פָּנִים „jemand wohlwollend ansehen“, סְבִיר אַפִּין = נְשׂוּא פָּנִים „hochansehnlich“ (Job 22, 8).

Zu S. 40: *ka-lab pa-ra-si-i.* — Da II R. 28, 65d.c. *BAR* durch assyr. *pa-ra-su* wiedergegeben wird, so scheint der Sternname *MUL. LIK. BAR. RA* II R. 49, 41a.b. dem assyr. *kalab parasî* gleichgesetzt werden zu dürfen.

Zu S. 42f.: *NIGIN.* — Um die Bedeutung des akkad. *NIGIN* und der beiden ihm entsprechenden assyrischen Wörter *ṣa-a-du* (*za-a-du*) und *pa-ḫa-ru* zu ermitteln, ist zu beachten, dass II R. 32, 15g.h. *NIGIN* auch durch *pa-si-ru* erklärt wird.

Zu S. 67: *MUNU* = *ṭa-ab-tuv.* — An der Richtigkeit der

Lesung *ṭabtuv* und seiner Erklärung durch hebr. טוֹבָה macht nicht nur das ganz auffällige und unerklärliche Femininum irre, sondern vor allem auch der Umstand, dass für den Begriff „gut" im Akkadischen sonst überall *HI* oder *HI. GA* in Gebrauch ist. Wir ziehen es daher vor, mit Oppert *dabtuv* zu lesen und dieses von arab. دَبَّ „schleichen, kriechen" abzuleiten, so dass also *ḳaḳ-ḳar MUNU* Asarh. III, 26 (siehe oben S. 24) nicht „gutes Erdreich", sondern vielmehr „Erdreich voll kriechenden Gewürmes" zu übersetzen ist.

Zu S. 75f.: *TIR. RA* = *kis-ti.* — Asurb. Sm. 231, 99 ist *TIR* mit dem Determinativ *IZ* „Holz" versehen und zwar bed. es dort den „Hain", den „Wald". Wir haben somit V, 7: *zi-za-nu kis-ti* von „Gewürm im Walde", Z. 9: *ṣa-ṣi-ru kis-ti* von „Schaben im Walde" zu verstehen; einige Arten von Schaben finden sich ja hauptsächlich, manche sogar ausschliesslich in Wäldern. Wir vergleichen dieses assyr. *kis-ti* oder *kiś-ti* dem aram. קִיסָא „Holz".

Zu S. 79 Anm.: *na-ḫal-luv.* Vgl. targum., talmud. נְחִיל „Schwarm", nicht nur von Bienen, sondern auch von Würmern (מוֹרְנִין) gebraucht.

Zu S. 106: *ni-ip-ṣu.* — Bei der Herleitung dieses Wortes ist auch assyr. *paṣâ* = hebr., aram. פָּצָה in Betracht zu ziehen. Siehe II R. 26, 56e.f, wo *BABBAR* „Aufgang" (nämlich der Sonne) durch *pi-ṣu-u* (syn. *a-ṣu-u* 39, 14e.f) erklärt wird; vgl. arab. فَضَحَ, فَصَحَ „Hervorbrechen", von der Morgenröthe. Z. 57 lesen wir akkad. *GUSKIN* (II R. 1, 111) *HI. DI* = *ḫuraṣu pi-ṣu-u* d. i. „reines, helles Gold"; zu dieser Anwendung des Stammes *paṣâ* vgl. arab. يَوْمٌ فَصْحٌ „ein heller Tag", aram. פְּצִיחַ „heiter, klar".

Excurse.

I.

Die Richtigkeit der S. 4 Anm. ausgesprochenen Ansicht, dass assyr. *gab-ri* „Rival, Nebenbuhler"; dann „Parallelcolumne" nicht semitisches גֶּבֶר, גְּבַר (גַּבְרִי), sondern akkadisch sei, ist durch das Syllabar II R. 27, 43—46 g.h. gesichert. Dieses lautet:

IZ. X. SU. GI	=	*ma-ḫa-ruv sa narkabti*
GAB. RI	=	„ *sa nisi*
GAB. SU. GAR	=	„ *sa nakiri*
RU. TIK	=	„ *sa ma-ḫir-ti*

Offenbar will das Syllabar zeigen, auf wie mannigfaltige Weise assyr. *maḫar*, „zuvorzukommen suchen, voraneilen" (wovon *maḫaruv* der Infinitiv) im Akkadischen übersetzt wird, je nachdem dieses „um die Wette Eilen, Wettkämpfen" von Wagen, Menschen, speciell Gegnern, oder von schnellsegelnden Schiffen (Jes. 60, 9) ausgesagt wird. Es lehrt, dass man beim „Wagen" (assyr. *nar-kab-tuv* II R. 19, 1. 2, vgl. 62, 75c.f; die akkad. Aussprache des oben durch *X* wiedergegebenen Ideogrammes ist noch nicht ermittelt) *SU. GI*, beim „Feinde" *GAB. SU. GAR*, beim „Schnellsegler" *RU. TIK*[1] (der „Schnellsegler", assyr. *ma-ḫir-tuv*, heisst ebendesshalb akkad. *MÂ. GAB. RU. TIK* neben *MÂ. GAB. RI. A. NI* II R. 46, 11. 12a.b. 62, 40. 41g.h), beim „Menschen" endlich im Allgemeinen *GAB. RI* als Aequivalent des assyr. *maḫar* gebraucht.

Wie aber schon die Stellung des Wortes *GAB. RI* in der akkadischen Columne dasselbe als akkadisch ausweist, so bestätigt sich dies auch auf etymologischem Wege. Es unterliegt nämlich keinem Zweifel, dass *GAB. RI* gleich *GAB. SU. GAR* und *GAB. RU. TIK* mit eben jenem *GAB* zusammengesetzt ist, welches II R. 44, 15h. unter den Theilen des menschlichen Körpers[2] genannt, in dem Gedicht von Istar's Höllenfahrt (Obv. 51)

[1]) Die Grundbed. dieses *RU. TIK* scheint gemäss II R. 24, 37, wo es durch *na-ḳa-ru sa abni* „Einschneiden des Steines" (vgl. Z. 36: *na-ḳa-ru sa TAK. ḤAR* oder *sinuri*, „Schneiden mittelst des Diamantes") erklärt wird, die des „Durchschneidens" (hier vom „Durchschneiden" der Wellen gebraucht) zu sein. Vgl. auch II R. 30, 8. 9a.b: *sa-ḳu-u sa 'ilippi*, *sa-ḳu-u sa maḫir-ti*.

[2]) Gleich den übrigen II R. 44, 14–18g.h. aufgeführten Namen trägt auch *GAB* das Determinativ *UZU* d. i. *si-i-ru* = hebr. שְׁאֵר „Fleisch, Körper" (II R. 2, 259. III R. 70, 146). Die andern in diesem Syllabare genannten Körpertheile sind: *SAK-du* d. i. *kakka-du* „Haupt" (syn. *ri-'i-su*, *ri-su* II R. 7, 36e.f. 36, 63e.f; — *TIK* urspr. „Stirn" (daher *SAK. ZI* und *TIK. ZI*, *SAK. GA. TU* und *TIK. GA. TU. 'I*, sämmtlich = *sa-ḳu-u* oder *na-su-u sa ri-si* „Erhebung des Hauptes", beziehungsweise „der Stirn", II R. 30, 2—5a.b. 26, 58c.d), dann „Front, Vorderseite", wesshalb es II R. 36, 66e.f. geradezu durch *maḫ-ruv* „Vorderseite" erklärt wird. Unter dem den *TIK* bekleidenden Schmucke (siehe Schrader, Höllenfahrt, S. 36) verstehen wir demgemäss das „Stirnband"; — *ZAG*, II R. 50, 63c.d. durch *pa-at*, stat. constr. von *pa-tu* „Grenze, Gebiet", hebr. פֵּאָה, aram. פָּאתָא „Seite, Rand, Gebiet", erläutert, scheint den „Rand des Hauptes" (פְּאַת רֹאשׁ) und insbes. die das Haupt vorn einrahmenden Vorderlocken (vgl. Schabbath 64b: פאה נכרית „falsches Seitenlockenhaar") zu bedeuten; — *TI* „Rippe", assyr. *ṣi-lu* (s. oben S. 24 Anm.); — *UR*, sonst durch *u-zu-nu* „Gewicht", *ud-lu* „Gleichgewicht, ebener Boden", *i-sit* „Grund, Boden", z. B. des Schiffes, erklärt (siehe S. 22f.), wird hier, da von Körpertheilen die Rede ist, dem arab. إِسْتٌ, hebr. שֵׁת „Gesäss" gleichzusetzen und *isit* zu lesen sein. Vgl. II R. 47, 56e.f: *UR. LAL* = *uḫ-ḳu-ru*, arab. أُخْرٌ, „Hintertheil". Dieser Körpertheil findet sich

als von *du-di-na-ti*[1] d. i. „einem lang herabwallenden Gewande" bekleidet dargestellt und endlich durch die häufige Redensart: *ana GAB-ja it-bu-ni* „sie zogen gegen mich aus" (nämlich zur Schlacht) als Benennung der den Angriff des Feindes aufnehmenden, dem Feind gegenüberstehenden „Vorderseite des Körpers" klar und deutlich erwiesen wird[2]. Die Bed. von *RI* in dieser Zusammensetzung ist weniger klar. Gewöhnlich bed. es: „sich erheben"; siehe II R. 4, 681: *RI* = *ta-al-luv* „Erhebung" von *talal* = תָּלַל; 22, 13d.e: *DUK. RI* = *tal-lu* „Erhebung"; 35, 34a.b: *UB. RI* = *nu-'-u-du* „Höhe" (syn. *UB. I*, 33a.b). Möglich, dass dieses *RI* auch hier vorliegt und *GAB. RI* somit zu deuten ist: „sich mit dem vordern Theile seines Körpers erheben, sich in die Brust werfen, in Positur setzen" = „jemandem gegenübertreten".

Einen dritten Beweis für den akkadischen Ursprung des Wortes *GAB. Ri* entnehmen wir endlich den historischen Inschriften. Zu der Stelle Tigl. Pil. I, 57f., wo sich der König rühmt: *sa-ni-na i-na ḳabli u ma-ḫi-ra i-na taḫazi la-a i-sa-a-ku*[3] „einen der

auch in Istar's Höllenfahrt (Obv. 35. Rev. 21), wo Schrader *SIM* liest und „Brust, Busen" übersetzt; — *IZ. KUN*, unbekannt; — *TIK. MUN* (zum Lautwerth *MUN* siehe Lenormant, *E. A.* I, 3, 55 Nr. 529) = *'i-ṣi-in ṣi-ru* (II R. 48, 52c.d) d. i. wohl „hoher, gewölbter Busen"; *'iṣin* = arab. حِضْن, hebr. חֵצֶן, חֹצֶן „Brust, Busen", *ṣiru* „hoch", siehe S. 17 Anm. 2; — *KUN* = *zu-um-bu* „Schweif" (ABK, 112; vgl. oben S. 20); — endlich *SÂ* = *lib-bu*, לֵב „Herz" (III R. 70, 6. II R. 36, 51c.f). Andere Benennungen von Körpertheilen finden sich II R. 44, 1—5c.f, darunter *kar-su* „Bauch" = arab. كَرِش, hebr. כְּרֵשׂ (Jer. 51, 34). aram. כַּרְכְּסָא, כַּרְסָא; syn. *zu-um-ru* (siehe Schrader, Höllenfahrt, S. 39). vielleicht vom „Knurren" (talmud. זְמוֹרָה „crepitus ventris") so genannt.

[1]) Die Wurzel dieses Wortes kann nicht *dud* sein (Schrader, Höllenfahrt, S. 36) — denn wie würde sich das *n* erklären? —, sie ist vielmehr das aus *dan* iterativ gesteigerte *dandan* (vgl. *kakkab*, כּוֹכָב = *kabkab*; *adudillar* = syr. *dandâlâ* d. i. *daldâlâ*, u. v. a.). Wir vergleichen *dudinatu*, Plur. *dudinati*, dem arab. دَنْدَنَةٌ, Plur. دَنَادِنُ, syn. دَنَادِنُ und ذَلَاذِلُ. „herabhängende Enden eines langen Gewandes". *Dudinati* bezeichnet also ein „in langen Enden herabwallendes Gewand".

[2]) Mit hebr., aram. גַּב „Rücken" kann also *GAB* „Vorderseite des Körpers" schon wegen seiner Bedeutung nichts zu thun haben. Ob *GAB* speciell die „Brust" bedeute (Schrader, Smith, Lenormant), mag hier unentschieden bleiben. Wir setzen es einfach dem assyr. *maḫru* „Vorderseite", gleichbedeutend mit aram. קֳבֵל, קוּבְלָא „das was gegenüber, vorn ist", gleich; II R. 41, 28c.d scheint *GAB* geradezu durch *ḳab-lu* erklärt zu werden, doch ist dieses Syllabar zur Zeit noch unaufgehellt.

[3]) Worterklärung: *saninu* „Nebenbuhler" ist wohl wurzelverwandt mit

(mir) es gleichthut im Kampf und einen der (mir) es zuvorthut in der Schlacht habe ich nicht", bietet eine Variante statt *sanina* *GAB. RI. A.* Wenn Norris (I, 165) dieses *gab-ri-a* mit „*my rival*" übersetzt, indem er *a* für gleichbedeutend mit *ja*, Pron. suff. der 1. Pers., hält, so widerstreitet dies — die Möglichkeit der Gleichsetzung von *a* und *ja* zugegeben — nicht nur dem Parallelismus der Satzglieder (man würde dann auch *ma-ḫi-ra-ja* erwarten), sondern vor allem dem mit *gab-ri-a* wechselnden *sa-ni-na*, nicht *sa-ni-nā-ja*. Wir glauben vielmehr *GAB. RI. A* lesen zu müssen und erkennen hierin das regelmässige akkadische Participium von *GAB. RI*; *A* ist das akkadische Participialsuffix. *GAB. RI. A.* entspricht somit genau dem assyr. Participium *sa-ni-na*. Neben *GAB. RI. A* hatte aber weiter das Akkadische auch eine Form *GAB. RA. A* in Gebrauch (vgl. die ähnlichen Formen *GAR. RA. A* „machend" statt *GAR. RI. A* u. a. m., *E. A.* I, 120 ff.) und diese liegt vor in den beiden Stellen Sarg. Cyl. 8 und Botta 145, 1 (Norris I, 164), wo es heisst: *mal-ku gab-ra-a-su la-a ib-su* „einen Fürsten, der es ihm gleichthat, gab es nicht", und *mal-ki gab-ra-ai ul ib-si* „Fürsten, die es mir gleichthaten, gab es nicht". Ohne die Annahme einer akkadischen Participialform *gabrâ* wird das lange Schluss-*a* in *gabrai* und *gabrâsu* sich kaum erklären lassen.

Demzufolge sind wir der Ansicht, dass akkad. *GAB. RI* „wetteifern, Wettkampf", concret „Wettkämpfer, Rival", dann auch „Parallelcolumne, doppelspaltiges Wörterverzeichniss"[1] ein akka-

---

sanâ, wovon *sa-nu* „Zweiter, Statthalter" (hebr. מִשְׁנֶה), *su-un-nu* „ein Halbes"; — *isâku* ist ebenso gebildet wie *sar-ra-ku* „ich bin König" (Asurn I, 32) = *sarru anaku*; siehe zu diesen sonderbaren kühnen Compositionen ABK, 304 f. Das Hebr. und Aram. hat nur als dieser Composition vergleichbar Formen wie מְקֻבְּלַנִי (mischnisch) „es ist mir überliefert", אֲמֵרְנָא (= אָמֵר אֲנָא) „ich sage" u. dgl. aufzuweisen. *Isu* = hebr. יֵשׁ „im Besitze jemandes sein" hat hier wie anderwärts (siehe Schrader, Höllenfahrt, S. 106) die transitiv gewendete Bed. „im Besitz haben".

[1]) Man hat an der Bezeichnung der assyrischen Syllabare als *gabri Assur u Akkad* Anstoss genommen, diese Bezeichnung sogar als einen Hauptbeweis für die Unrichtigkeit des Namens „akkadisch" (anstatt „sumerisch") hingestellt, indem man, wenn jenes vorsemitische Volk den Namen „akkadisch" geführt hätte, dann vielmehr die Bezeichnung *gabri Akkad u Assur* erwarten sollte, da ja das Akkadische in der ersten, das Assyrische in der zweiten Columne behandelt wird. Allein ganz abgesehen davon, dass es sich unschwer erklären liesse, warum die Assyrer als die Herren des Landes und noch dazu als die Verfasser der Syllabare den Namen ihrer Sprache der des unterworfenen akkadischen Volkes vorausgesetzt haben, so ist ja der Zweck jener Syllabare, dem assyrischen Volke das Verständniss der akkadischen Sprache zu erleichtern, nicht umgekehrt. An der Hand des Assyrischen wird der grammatische Bau und der Wortschatz des Akkadischen entwickelt, wie sich schon daran zeigt, dass bei weitaus der grössten Mehrzahl der Syllabare die Wurzelverwandtschaft oder der Gleichklang der assyrischen Wörter das Anordnungsprincip bildet.

disches Wort ist, dass es zwar samt seinen beiden Participialformen *GAB RI A* und *GAB RA. A* in das Assyrische übergegangen ist, aber stets noch als Fremdwort gefühlt und dem entsprechend behandelt wurde, wesshalb man niemals *ga-ab-ri* oder gar *ga-ab-ru* geschrieben findet. Während also sonst akkadische Wörter, wenn sie in das assyrische eindringen, nach assyrischer Weise abgelautet werden (vgl. *síav*, *síiv*, *siav* = akkad. *SI* „Getreide“ s. oben S. 81, und viele andere), sind hier akkadische Wörter mit Beibehaltung ihrer akkadischen Form in das Assyrische übergegangen. Es ist dies eben so wenig verwunderlich, als wenn die Akkadier auf der einen Seite assyr. *alpu* „Stier“ als *ALAP* (S. 37 Anm. 1) und *ablu* „Sohn“ als *IBIL* (S. 24) in ihre Sprache aufnahmen, auf der andern Seite aber z. B. *KAL. BU* „Hund“ (II R. 4, 762) oder *SA. PI. TAV* „Schwalbe“ (S. 116) samt ihrer assyrischen Endung beibehielten. Die gleiche Abstufung des Aneignungsherganges findet sich ja auch sonst in alten wie neuen Sprachen.

Zum Schlusse noch Ein Wort über *maḫar*, das assyr. Aequivalent des akkad. *GAB. RI*. Dieses deckt sich in allen seinen mannigfaltigen Bedeutungen durchaus mit semit. קדם[1]. Es bedeutet I. „an der Spitze sein, vorn sein“, a. räumlich: daher *maḫ-ru* „Vorderseite“, arab. قُدَّام dass., hebr. קֶדֶם Adv. „vorn“ (Ps. 139, 5), *a-lik maḫ-ri* „der welcher vorangeht, an der Spitze geht, der König“ (s. oben S. 50 Anm.), arab. قُدَّام, *maḫ-ru* „der erste“, urspr. „der an der Spitze“ (Asurb. Sm. 15, 51), genau wie äth. ቀዳሚ:, aram. קַדְמַי (emph. קַדְמָאָה, קַמָּא) „der erste“, *a-di maḫ-ri* oder *ma-ḫar* Präp. „entgegen, vor, coram“ (z. B. Tigl. Pil. IV, Z. 27), קֳדָם, mischnisch קֹדֶם; b. zeitlich: daher *sar-ru maḫ-ru* „der frühere, vorige König“ (z. B. Sanh. Tayl. II, 62), *sarrani alik maḫri abuti-ja* „die Könige, welche vor meinen Vätern lebten“ (Asarh. IV, 51); das „Vornsein“ ist hier ebenso auf die vorhergegangene, frühere Zeit bezogen, wie in hebr. קֶדֶם „Vorzeit“, קֹדֶם

Es wäre sicherlich einem assyrischen Gelehrten niemals eingefallen, die akkad. Wörter *NAM* „Geschick“, *SI. GA* „glücklich“ und *GIM* „wenn, wie“ neben einander zu stellen, wenn nicht im Assyrischen „Geschick“ und „glücklich“ und „wenn“ *simtur* und *simu* und *summa* hiessen. Die Sprache aber, nach deren Wörtern die sei es alphabetische sei es sonstwie beschaffene Anordnung und Eintheilung des Sprachstoffes getroffen ist, wird naturgemäss auch in der Ueberschrift an erster Stelle genannt. Dass es die Assyrer zweckmässig fanden, das Akkadische in die erste Columne zu stellen, ist für diese Frage ganz gleichgültig.

[1]) Dieser Stamm ist übrigens auch im Assyrischen selbst nachweisbar: II R. 36, 64 c. f. wird *DUB. SAK* „Tafel des Anfangs“ d. i. „der Theil der Tafel, wo der Anfang (wörtlich „der Kopf“) steht“, mit assyr. *kud-mu* = קֶדֶם „das vornan Befindliche“ übersetzt.

„vorhergehend". Aus der Grundbed. „vorn sein, gegenüber sein" entwickeln sich II. die Bedeutungen a. „entgegenkommen", bes. in feindlicher Absicht, daher *tam-ḫa-ru* „feindliche Begegnung, Kampf" (Sanh. Tayl. II, 82), syn. *ḳablu*, vgl. hebr. קִדֵּם „gegen jem. anrücken" (Ps. 18, 6. 19); b. „entgegenbringen", daher *ma-ḫar* „Tributleistung" (Tigl. Pil. IV, Z. 26), vgl. hebr. קִדֵּם „jemand etwas entgegenbringen" (Ps. 21, 4); c. „entgegennehmen", daher die häufige Redensart *ma-da-tu am-ḫar* „ich empfing den Tribut" (Tigl. Pil. IV, Z. 26. 27), wozu hebr. קִבֵּל „entgegennehmen, empfangen" zu vergleichen ist. III. „zuvorzukommen suchen, wetteifern, voraneilen", daher *ma-ḫi-ru* „Rival", vgl. hebr. קִדֵּם „zuvorkommen" (Ps. 119, 148), und hieraus endlich IV. „eilen", wovon *mit-ḫa-ris* Adv. „eilig", wo einer dem andern zuvorzukommen sucht (s. oben S. 102). Ja sogar in der Wurzelbed. scheinen die beiden Stämme *ḳadam* und *maḫar* zusammenzutreffen: denn wie jenes (W. קד) auf den Grundbegriff „schneiden, zuspitzen" zurückgeht, so weist auch das arab. مَخَرَ „durchschneiden", bes. von einem die Wogen mit Geräusch durchschneidenden Schiffe, مَاخِرَة, gesagt, auf die gleiche Grundbed. hin. Dass hebr. מָחָר „morgen" als der „bevorstehende Tag" und מְחִיר der „Kaufpreis", „Lohn" als „das was man entgegennimmt" auf ebendiesen Stamm *maḫar* zurückzuführen seien, mag wenigstens vermuthungsweise ausgesprochen werden; מָחָר würde dann nichts mit אַחַר zu schaffen haben und מְחִיר würde von מָהַר (מֹהַר) „eintauschen" als unverwandt zu trennen sein.

II.

Das präfigirte akkadische *NAM* bildet Nomina abstracta, welche im Assyrischen meist durch solche auf *ût* vertreten werden. Das Syllabar II R. 33, 6–16 c. f. gibt eine genügend grosse Anzahl von Beispielen für diese Regel. Wir geben es im Folgenden genau wieder, nur mit Weglassung des allen Nominen angehängten Pronominalsuffixes der 3. Ps. Sg., akkad. *A. NI*, assyr. *su*, sowie der akkad. Postposition *KU*, welcher die assyr. Präposition *ana* entspricht.

NAM. TUR	= *ma-ru-tu*	„Kindschaft".
NAM. TUB. US	= *ab-lu-tu*	„Sohnschaft".
NAM. SIS	= *aḫ-ḫu-tu*	„Bruderschaft".
NAM. AD	= *ab-bu-tu*	„Vaterschaft".
NAM. AB. BA	= *si-bu-tu*	„Grossvaterschaft".
NAM. IN. LA	= *na-ku-tu*	„Freiheit".
NAM. NITA	= *ar-du-tu*	„Knechtschaft".
NAM. KU. 'A	= *ak-ru-tu*	„Majestät, Angesehenheit".
NAM. KAL. GA	= *dan-nu-tu*	„Macht".

NAM. KAL = *id-lu-tu* „Machtfülle".
NAM. ḲUR. ḲUR. 'I = *šil-pu-tu*„ Ungerechtigkeit, Feindseligkeit".

Mit Ausnahme von *šilputu*, das sich von *šalaf* = hebr. סָלַף Pi. „verdrehen, umstürzen, verderben" herleitet, bedarf nach den vorausgegangenen Erörterungen keines der hier genannten Wörter einer weiteren Erklärung. — Andere Beispiele dieser Nominalbildung sind noch: *NAM. 'IN U* = *bi-lu-tu* „Herrschaft" (II R. 25, 21 c.d), *NAM. SI. DU* = *sarru-tu* „Königsherrschaft" (II R. 25, 22 c.d), endlich das oben S. 7f. 119 besprochene *NAM. DUB. ŠAR* = *dub-šar-ru-ti* „Tafelschreibung".

Akkad. *NAM* bed. „Bestimmung, Geschick, Loos". Es erhellt dies aus II R. 7, 4a. b, wo ihm das gleichbedeutende *sim-tuv* (von שׂוּם) als assyr. Aequivalent zur Seite gestellt wird; vgl. auch Z. 5: *NAM. TAR* „Bestimmung des Geschickes" (*TAR* = *sa-a-mu* Inf. von *sûm*, Z. 1), was die assyrische Uebersetzung, allzu genau an die Reihenfolge der Worte sich haltend, durch *sim-tuv sa-a-mu* austatt durch *sa-a-mu sa sim-ti* wiedergibt[1]. Es kann nicht zweifelhaft sein, dass eben dieses *NAM* „Geschick, Loos" in den obigen Abstractbildungen vorliegt, dass also z. B. *NAM. TUR* als ein echtes akkadisches Compositum wörtlich „Loos des Kindes, Kindesloos, Kindesstand" d. i. „Kindschaft" bedeutet. Siehe zu diesen Bildungen auch Lenormant, *E. A.* I, 1, 61f. *NAM. BAD*, welches Lenormant als Beispiel mit anführt, indem er es mit „*mortalité*" übersetzt, dürfte besser weggelassen sein. Denn assyr. *mu-ta-nu*, womit II R. 36, 5a. b *NAM. BAD* übersetzt wird, kann an Stellen wie II R. 52 Obv. 11 u. ö. nicht allgemein „Sterblichkeit", sondern muss eine bestimmte epidemische Krankheit bedeuten, wird also dem aram. מוֹתָנָא „Pest" gleichzusetzen sein. *NAM. BAD* ist demgemäss kein Nomen abstractum, *NAM* ist, so zu sagen, noch nicht zum blossen Präfix herabgesunken, sondern hat in diesem Compositum noch seine ursprüngliche substantivische Geltung, so dass *NAM. BAD* „Geschick des Todes, Todesgeschick, tödtliches Loos" zu übersetzen ist. *BAD* ist als das akkad. Wort für „sterben", concret „Leichnam" = assyr. *pagru*, hebr. פֶּגֶר, aus den historischen Inschriften zur Genüge bekannt.

III.

Die oben S. 8 gegebene Erklärung des assyr. *ba-as-mu* aus hebr. בָּשַׂם, aram. בְּסַם „süss, lieblich sein" wird durch das Syllabar II R. 27, 61—63a. b, welches *basmu* von dem gleichen Stamm *basam* herleitet wie assyr. *basamu*, als richtig erwiesen.

[1]) In der concreten Bedeutung „Lenker des Geschickes" ist akkad. *NAM. TAR* als *nam-ta-ru* auch in das Assyrische übergegangen, II R. 17, 50a.b.

Denn dass dieses *ba-sa-mu* seinerseits dem arab. بَشَامٌ, hebr. בָּשָׂם gleichzusetzen ist und wie diese die „Balsamstaude", den „Balsam" bedeutet, ergibt sich mit Sicherheit aus jenem kleinen Thontäfelchen II R. 36, 1—3 c. d, welches *u-du-u* = arab. عُودٌ „Aloe", *ba-sa-mu* = hebr. בָּשָׂם „Balsam", *ris-ḳu* = targum., talmud. רִשְׁקָא „Narde" neben einander aufführt. Das Akkadische, welches alle drei Wörter mit ein und demselben Ideogramm wiedergibt, kennzeichnet die so benannten Gegenstände als Species Einer Gattung und dient unserer Auffassung der drei Namen zur vollsten Bestätigung. Zu *basamu* vgl. auch II R. 30, 2c. d. 62, 61. 62 a. b.

Der Lautwerth des entsprechenden akkadischen Ideogrammes wird durch II R. 2, 255. 256 (III R. 70, 142. 143) bestimmt: es ist *BA. RA* zu sprechen, wenn es die Bed. von assyr. *pa-rak-ku*, *SA. RA* dagegen, wenn es die die des assyr. *sa-a-ru* hat. Welche von beiden Lesungen ist nun hier zu wählen? Lenormant (*E. A.* I, 3, 37 Nr. 318 f.) liest *BA. RA*, indem er dieses ausser „*autel*[1], *gloire*" auch „*parfumer, parfum*" übersetzt, während er *SA. RA* im Sinne von „*commencer, commencement*" nimmt. Allein gegen diese Auffassung erheben sich zwei Bedenken. Zunächst scheint uns die Uebersetzung „anfangen, Anfang" für assyr. *sa-a-ru*, woraus *SA. RA* doch wohl entlehnt ist, gleich so manchen andern als sicher hingestellten Uebersetzungen völlig aus der Luft gegriffen; denn mit assyr. *sur-rat* „Anfang", verwandt mit aram. שְׁרָא „lösen, anfangen", kann dieses *sa-a-ru* nicht combinirt werden. Sodann aber ist es immerhin auffallend, dass akkad. *BARA* zwei so verschiedene Bedeutungen wie „Altar" und „Wohlgeruch" in sich vereinigen soll. Wie? wenn *sa-a-ru*, akkad. *SARA* den Genusbegriff von Aloe, Balsam und Narde darstellte, also etwas wie „wohl-

[1]) Ob assyr. *parakku* in der von allen Assyriologen angenommenen Bed. „Altar" wirklich feststeht? Man sieht schwer ein, wie sich aus der Wurzelbed. „spalten, scheiden", welche doch ohne Zweifel dem assyr. *parak* so gut wie dem hebr. פָּרַךְ zu Grunde liegt (zur Bedeutung bedrücken" in hebr. פֶּרֶךְ „Bedrückung" vgl. assyr. *pa-rak-ku* „Tyrann", syn. *sar-ru* „König", II R. 31, 42 d. e), die Bed. „Altar" entwickelt haben soll. Vielleicht ist *parakku* besser als „Götterzelt", als „Allerheiligstes" zu fassen, so dass es also direct mit hebr. פָּרֹכֶת „Vorhang" in Verbindung zu bringen ist. Zu diesem Bedeutungsübergang lassen sich in arab. خِدْرٌ „Vorhang", dann „Zimmer, Zelt", hebr. חֶדֶר (phön. חדרת vom „Allerheiligsten", s. Euting, Erläuterung einer zweiten Opferverordnung aus Carthago, Strassburg 1874, S. 2. 4), in syr. ܡܰܫܟܢܳܐ „Zelt" gegenüber hebr. יְרִיעָה „Vorhang, Zelttuch" u. a. nicht nur Analogieen beibringen, er wird vielmehr für *parakku* ausdrücklich bezeugt durch syr. ܦܶܪܟܳܐ „casula, tabernaculum idolorum".

riechende Pflanze“ oder „Pflanze, Strauch“ überhaupt bedeutete? In diesem Falle würde wenigstens *sa-a-ru* als semitisches Wort passend zu erklären sein, indem es sich an arab. شَعِرَ „haarig, struppig sein“ anschlösse, wovon, da der Semit die Pflanzen des Erdbodens gerne mit den Haaren des Körpers vergleicht, شَعْر, شَعَر „Pflanzen und Bäume“, bes. „Safran“, äth. ሠዐር: „Gras, Kraut“. Ja, wenn wir recht sehen, wird durch das Syllabar II R. 38, 21—25g.h. ein assyr. *sa-a-ru* mit der Bed. „Pflanze“ geradezu gefordert, indem es hier mit *sa-ḳu-um-ma-tav* d. i. arab. سُوقَم, hebr., aram. שִׁקְמָה „Sykomore‘, und *samurratav* d. i. arab. سَمُرَة „Mimosa gummifera“ in innigsten Zusammenhang gesetzt wird.

IV.

Das Seite 9 erwähnte *śa-iś* ist formell = arab. سائِس, Part. von سَاسَ „dressiren, regieren“ (wovon سِيَاسَة „Regierung, bes. Strafgewalt“), bedeutet aber nicht, wie dieses, speciell den „Pferdeknecht“, sondern allgemein den „Aufseher, Obersten, der über etwas gesetzt ist“. Wir lesen dieses *śa-iś* in jenem interessanten, aber vor andern schwer zu erklärenden Verzeichniss II R. 31 Nr. 5, welches uns die militärischen und bürgerlichen Aemter der Assyrer in langer Aufzählung vorführt[1]. Hier werden Z. 65—67c. ein *śa-iś IZ. BAN. MIS*, ein *śa-iś KAK. TAG. GA. MIS* und ein *śa-iś KAK. TI. MIS* genannt. *MIS* ist die allgewöhnliche akkadische Pluralendung; *IZ. BAN*, auch ohne Determinativ: *BAN*, wird, wie zuerst Oppert erkannt hat, II R. 19, 7. 8b. durch *ḳa-as-tav* = קֶשֶׁת (Fem. von قَوْس) „Bogen“ erklärt; der erste Name ist somit *śaiś ḳasti* oder *ḳastâti* zu lesen und bed. „den welcher über die Bogen (קְשָׁתוֹת) gesetzt ist“. Hierunter ist nun aber nicht etwa der „Befehlshaber der Bogenschützen“, der „Schützenoberst“ zu verstehen — dieser heist vielmehr gemäss Asurb. Sm. 191. 2. 3. 232, 17 u. ö. *rab ḳasti* (vielleicht *rabban* d. i. *rab BAN* gesprochen, vgl. unten *rabsak*), abgekürzt aus *rab nisi ḳasti*, denn *nisu ḳasti* oder *ṣa-ab ḳasti* heisst der

[1]) Das Determinativ, welches allen diesen Wörtern vorausgeht, ist *GUM* = *nisu* „Mensch, Mann“, geschrieben theils mit dem oben S. 93 mitgetheilten Schriftzeichen theils mit zwei unter sich nahe verwandten und aus den historischen Inschriften bekannten Varianten desselben; siehe Asarh. IV, 21. 29. 32; II R. 69 Nr. 5, 3. 6.

„Bogenschütze" hebr. קַשָּׁת II R. 31, 53b. Asurb. Sm. 233, 119. 236, 30 —, sondern der, welcher die Bogen als Waffen unter seiner Aufsicht hat, ihre Instandhaltung u. s. w. zu überwachen hat, jedenfalls also ein Untergebener des *rab bi-li*, des „Zeugmeisters" (31, 51c); *bili*, auch mit Determinativ *IZ bili*, ist durch die häufige Apposition *u-nu-ut ta-ḫa-zi* (Asarh. IV, 54. VI, 48. Asurb. Sm. 214, 117 vgl. 226, 65) „Geräthe (vgl. arab. أَنَاة) der Schlacht" in der Bed. „Waffen, Kriegsgeräthe" gesichert, wenn auch etymologisch schwer zu erklären[1]. Die Bed. von *TAG. GA* und *TI* in den beiden andern Namen ist dunkel; doch ist zu bemerken, dass mit *TAG. GA* auch mehrere andere Aemternamen zusammengesetzt sind, z. B. *IZ. BAN. TAG. GA* (31, 70c. 51, 39—43c). *KAK* oder *IZ. KAK* wird II R. 22, 5—7a.b (vgl. 44, 39c. d) durch *sik-ka-tu* erklärt was dort irgend ein spitzes Instrument bedeutet. Hier ist es im Sinne des hebr. שֻׁכָּה „scharfe Waffe", arab. شِكَّة „Trutzwaffe" zu nehmen, so dass *šaiš KAK. TAG. GA. MIS* etwa einen „Aufseher über die Waffenschmiede" bedeutet.

Aus der Zahl der übrigen Aemter seien noch folgende hervorgehoben:

A. Militärische Aemter.

Z. 26a. *tur-ta-nu* „Oberbefehlshaber der Armee" = hebr. תַּרְתָּן (2. Reg. 18, 17). Dass dieser Name nicht assyrisch-semitisch ist, leuchtet auf den ersten Blick ein; es liegt ihm vielmehr ein nach akkadischem Muster gebildetes Compositum zu Grunde, dessen zweiter Bestandtheil ohne Zweifel *DAN* = assyr. *dan-nu* „stark, mächtig" ist. Mit *dannu* werden auch sonst Aemternamen zusammengesetzt, z. B. *saṭir* (akkad. *MIŠ*) *dan-nu* „Oberschreiber" (Z. 60b), *rab DAN. DAN* (Z. 41c) u. a. m. Ob *TUR* in dieser Zusammensetzung den „Sohn" (assyr. *maru*), *TUR. DAN* also „Sohn d. i. Inhaber der Macht" bedeutet, mag dahingestellt bleiben. Jedenfalls ist *tur-ta-nu* aus ursprünglichem *TUR. DAN* mit gleicher Verhärtung der dentalen Media gebildet wie das targumische Epitheton des assyrischen Grosskönigs (hebr. המלך הגדול) רַבְתְּנָא unmittelbar aus *rabu dannu* „grosser, mächtiger" König, wie sich die assyrischen Könige selbst zu nennen pflegen (*sarru rabu sarru dannu*), entstanden ist. Bei *tur-ta-nu* steht in unserm Verzeichniss noch der Zusatz *imni* d. i. „zur Rechten", ebenso wie bei dem unmittelbar folgenden *sil-ṭan-nu* = chald. שִׁלְטוֹן „Befehlshaber, Machthaber" der Zusatz *sumili* d. i. „zur Linken". Gewiss ist hiermit gesagt, dass der *turtanu*, der Inhaber der höchsten militärischen Macht, bei feierlichen Gelegenheiten den Ehrenplatz zur

[1]) Das Wort kann auch *bat-li* (Smith) oder *mit-li* gelesen werden.

Rechten des Königs (vgl. Ps. 45, 10. 110, 1), der *silṭannu*[1] dagegen, der Inhaber der höchsten bürgerlichen Macht, wahrscheinlich der oberste Statthalter, den Platz zur Linken des Königs einnimmt.

Z. 28a. *rab-bi-lub* „Frohnvogt“. — So, nicht *rab-bi* oder *ra-bi lub* (KAT, 322ff.), ist der Name correct zu schreiben; das *bi* gehört nicht mit *rab* „gross“ zusammen, ist nicht phonetisches Complement von *rabu* (akkad. *GAL*), sondern ist eben jenes *BI*, welchem wir in *LIK. BI. KU* „gefrässiger Hund“ (s. oben S. 47) und in *DUB. BI. SAK* „Tafel des Anfangs“ (S. 119) begegneten: nämlich ein akkadischer Pronominalstamm, das akkadische Pronomen suffixum der 3. Pers. Sg. (vgl. *GUN. BI* = *bi-lat-śu* „sein Tribut“ II R. 38, 15e.f, vgl. III R. 70, 43), hier als eine Art nachgesetzter Artikel gebraucht. *Rabbilub* ist somit, ebenso wie *TUR. DAN* (*turtanu*) eine rein akkadische Bildung, ein akkadisches Compositum, aber zusammengesetzt sowohl aus akkadischen (*lub*) als assyrischen (*rab*) Elementen; denn dass *rab* und nicht *GAL* gelesen werden muss, ist aus der Analogie von *rabsak* = hebr. רַבְשָׁקֵה (s. unten) zu schliessen. Was bed. nun aber *LUB* oder *lub*? Schrader (KAT, 198f.) combinirt *lub* mit arab. لُبّ „Inneres einer Sache“ und sieht in *lub* eine Bezeichnung des „Harems“ als des „Innersten des Palastes“; *rabbilub* würde dann gleich hebr. רַב־סָרִיס den „Eunuchenoberst“ (2. Reg. 18, 17) bedeuten. Allein abgesehen davon, dass לב vom Innern eines Gebäudes unbelegbar ist, zerschlägt sich diese Erklärung daran, dass *LUB* eben nicht assyrisch-semitisch, sondern akkadisch ist. Zudem wäre es sonderbar, dass Sanherib (Sanh. Tayl. III, 38f.) unter den aus Jerusalem weggeführten Personen neben den Töchtern Hiskia's und den Frauen seines Palastes d. i. seinem Harem auch noch die männlichen und weiblichen „Haremsdiener“, wie Schrader *GUM. LUB. MIS. ŚAL. LUB. MIS*[2] übersetzt, ausdrücklich erwähnt haben sollte. Wir ziehen es daher vor, mit Oppert, Lenormant u. a. *LUB* für einen Namen des „Sclaven“ (*GUM. LUB* „Sclave“, *ŚAL. LUB* „Sclavin“) zu halten und zwar bestimmt uns hiezu auch die Erwägung, dass das Schriftzeichen, welches ursprünglich *LUB* bedeutet, nachmals auch den Werth von *nar* angenommen hat. Nun wissen wir, dass die Polyphonie der akkadisch-assyrischen Schriftzeichen grossentheils auf assyrische Rechnung zu setzen ist:

---

[1]) Es ist dies derselbe Titel, welchen *Śab-'-i*, der hebr. סֵוֵא (סוא) des zweiten Königsbuches, in den assyrischen Inschriften führt; ihnen zufolge war er nicht „König von Aegypten“, sondern nur *sil-ṭan-nu Mu-ṣu-ri* „oberster ägyptischer Würdenträger“ (Khors. 25). — Auf den gleichen Stamm *salaṭ* geht auch der assyr. Name des „Statthalters“ *sa-laṭ*, syn. *sa-nu* (II R. 31, 90a) zurück.

[2]) *GUM* ist Determinativ des männlichen, *ŚAL* oder *RAK* das des weiblichen Geschlechtes.

das Zeichen *kur* erhielt den Lautwerth *mat*, weil das „Land", akkad. *KUR*, im Assyrischen *matuv* hiess; das Zeichen *si* den Lautwerth *pan*, weil das „Antlitz", akkad. *SI*, assyrisch *panu* lautet; das Zeichen *kal* den Lautwerth *dan*, weil dem akkad. *kal* „mächtig" assyr. *dannu* entspricht, u. s. w. Erhielt also *lub* späterhin den Lautwerth *nar*, so wird assyr. *nar* wohl ein Synonym des akkad. *LUB* gewesen sein. Während sich aber für *LUB* „Harem" ein gleichbedeutendes assyr. *nar* nicht nachweisen lässt, bietet sich zu akkadischem *LUB* „Diener" in assyrischem *nar* ungezwungen ein Synonym, wenn wir dieses nämlich dem hebr. נַעַר „Bursche, Diener" vergleichen. *Rabbilub* ist demgemäss „Oberster der Sclaven" zu übersetzen; dieser Titel wird indessen kaum von dem die Sclaven zur Arbeit antreibenden „Frohnvogt" (hebr. אֲשֶׁר עַל הַמִּסִּים, שַׂר מִסִּים) — denn das Amt des *rabbilub* ist eines der höchsten —, sondern von einem über alle in die assyrische Gefangenschaft abgeführten Einzelpersonen wie ganzen Völker die oberste Aufsicht führenden Staatsbeamten zu verstehen sein.

Z. 34a. *rab-sak* „Oberst" = hebr. רַבְשָׁקֵה (2. Reg. 18, 17. Jes. 36, 2). Wir glauben behaupten zu dürfen, dass die Assyriologen ohne das biblische רַבְשָׁקֵה diesen militärischen Titel niemals *rabsak* ausgesprochen hätten; denn *rabsak* ist weder assyrisch noch akkadisch. Rein akkadisch würde er *GAL. SAK* (wie der Name auch wirklich geschrieben ist), rein assyrisch *rab rîsi* d. i. „Oberster der Officiere" lauten. Die authentisch überlieferte biblische Aussprache des Namens lehrt uns aber, dass diesem wie so manchem andern assyrischen Amtsnamen ausser der akkadischen Form auch akkadische Wortelemente einverleibt wurden. Andrerseits aber klärt die Assyriologie über Etymologie und Bedeutung dieses bislang „Obermundschenk" (= שַׂר הַמַּשְׁקִים Gen. 40, 2) übersetzten Namens auf; das Hebräische mag es in dieser Bedeutung sich angeglichen haben, die einheimische Bedeutung aber war eine andere. *SAK* ist nämlich, wie in Excurs I gezeigt wurde, der akkadische Name des „Hauptes" und bed. dann, wie hebr. רֹאשׁ, den „Obenanstehenden", speciell in militärischem Sinne. *Rabsak* ist demnach das „Haupt der Officiere" und entspricht genau unserm „Oberst".

Z. 35a. *rîsi* „Officiere" = hebr. רָאשִׁים „Häupter" wie 1. Chron. 12, 18. Der Name ist akkadisch *SAK. MIS* geschrieben; ob er auch so gesprochen wurde, lässt sich nicht mehr entscheiden. In den historischen Inschriften findet er sich häufig, z. B. Asurb. Sm. 233, 119.

Z. 67b. *nisu salsi kissati* „Befehlshaber über drei Heerhaufen". *Kissatu* ist das bekannte assyr. Aequivalent von akkad. *SU*, syn. *HU. SI* (II R. 39, 8g. h: *kis-sa-tu*). Asurb. Sm. 233, 118 begegnet uns der Name im gleichen Zusammenhange wie *rîsi*.

Z. 45c. *rab ḫansâ* „Befehlshaber über fünfzig Mann" = hebr. שַׂר חֲמִשִּׁים (Ex. 18, 21. 25. 2. Reg. 1, 9 u. ö.). Vgl. II R. 62, 45g. h: *ḫa-an-sa-a* „fünfzig".

Z. 46c. *rub 'isri-ti* „Befehlshaber über zehn Mann, decurio“ = hebr. שַׂר עֲשָׂרָה (Ex. 18, 21. 25). Vgl. II R. 62, 50g. h: *'i-sirit* (stat. const.) „zehn“.

Z. 54b. *sa 'ili 'ir* „Stadtcommandant“, wörtlich: „der über die Stadt gesetzt ist“, hebr. שַׂר הָעִיר (1. Reg. 22, 26). — Andere städtische Behörden sind die *ki-pa-a-ni*, *ki-'i-pa-a-ni* (z. B. Asurb. Sm. 16, 57. 232, 115) und die *ḫa-za-na-a-ti* (Asurb. Sm. 232, 116), was Smith schlechtweg mit „*citizens*“ übersetzt. Die Bed. von *kipâni* „Stadtoberste“ ist durch die Stellen, an denen das Wort vorkommt, gesichert; die Schreibweise *ki-'i-pu* (Asurb. Sm. 208, 67) führt auf eine W. קוּף „herumgehen, umkreisen“, dann „überwachen“, verwandt mit נָקַף, wovon das aus Istar's Höllenfahrt bekannte *ni-ḳab* (*nikap*) *ba-a-bi* „Wächter (eig. Begeher, vgl. Hohesl. 3, 3) des Thores“ (siehe Schrader, Höllenfahrt, S. 29). *Ḫazanâti* aber ist der bei Amtsnamen (z. B. פַּחוֹת) übliche weibliche Plural von *ḫazân* (*ḫazzân*), was in überraschender Weise sich mit dem mischnischen חַזָּן deckt, wie noch heute der „Vorbeter“ oder „Vorsänger im Gottesdienst“ heisst und früher der Synagogendiener (jetzt שַׁמָּשׁ) genannt wurde; das Wort bed. allgemein den „Besorger, Curator, Vorsteher“, wird aber speciell auch mit מָתָא verbunden und bed. dann den „Vorstand der Stadt“; siehe Baba mezîa 93b: חזני מתא, was Raschi durch שומרי העיר erklärt. Unter der Masse des Volks, welches Asurbanibal aus Elam in die Gefangenschaft fortführte — es waren ihrer *'i-li 'iribu* (*HU. BIR. ZUN*) *ma-'-du* d. h. „mehr denn Heuschrecken“ (233, 123) — befanden sich also auch die „Obersten“ und „Vorstände“ der elamitischen Städte. Wie die Geschäfte dieser Beamten abgegrenzt waren, lässt sich zur Zeit nicht entscheiden.

Aus der Reihe der verschiedenen Waffengattungen erwähnen wir ausser den bereits genannten „Bogenschützen“ folgende:

Z. 36a. 88b: *nâs paṭri* „Dolchträger“. Der Name ist hier akkadisch *GIR. LAL* geschrieben, wird aber II R. 31, 9c.d. durch *na-as paṭ-ri* erklärt (vgl. II R. 1, 164: *GIR* = *paṭ-ru*). *Na-as* ist der stat. constr. von *nâsi*, Part. von *nasâ* = hebr. נָשָׂא „tragen“, *paṭru* aber, auf *paṭar* = hebr. פָּטַר „spalten“ zurückgehend, muss nach Stellen, wie Khors. 77, wo von *Ursâ*, dem König von Armenien, erzählt wird, dass er sich mit eigener Hand *ina GIR AN. BAR sib-bi-su* getödtet habe, eine eiserne Waffe (*AN. BAR* = *parzillu* „Eisen“, aram. פַּרְזְלָא, siehe KAT, 179), und zwar eine im *sib-bu* d. i. „Gürtel“ (targum. שִׁיבְבָא „ein Kleidungsstück des Weibes“, vgl. syr. ܣܒܒܐ „Strick“, siehe auch Schrader, Höllenfahrt, S. 37) steckende Waffe bezeichnen. Eine solche ist aber der „Dolch“, so genannt als der „schneidende, zertheilende“. Der Name *nâs paṭ-ri* vergleicht sich in formeller Beziehung (auch hinsichtlich der Apokope des Schlussvokales von *nâsi*) dem II R. 32, 23e.f. genannten *na-as pi-laḳ-ḳi*, akkad.

IZ. BAL. SU. UL, dem „Beilträger“ (Pionnier), von *pilakku* = syr. ܦܶܠܩܳܐ „Beil“ (sonderbar mit *πέλεκυς* zusammenklingend). In II R. 28, 61 f. g. wird *BAL* (ohne Determinativ) durch *pa-lu-u* d. i. فَلُوعٌ „scharfes, schneidendes Werkzeug, Schwert oder Beil“ erläutert [1].

Z. 70 b. *nisu narkabtiv* „Wagenkämpfer“, wörtlich „Mann des Wagens“. Zu *narkabtuv* = hebr. מֶרְכָּבָה siehe Excurs I.

Z. 75 c. *nisu uspa* „Köcherträger“, wörtlich „Mann des Köchers“. Die Lesung *uspa* ergibt sich aus II R. 28, 59 f. g, wo *US. BAR* (*IZ. US. BAR*) durch *us-pa rabu* wiedergegeben wird. Dass *us-pa* = hebr. אַשְׁפָּה „Köcher“, hat zuerst Schrader (DMZ XXVIII, 135) gesehen.

Ein in den historischen Inschriften, z. B. Asurb. Sm. 239, 56. 58, vorkommender, auch II R. 51, 46 c. erwähnter militärischer Amtsname ist auch *ki-zu-u* „Schildknappe“, hebr. נֹשֵׂא כֵלִים. Wie Saul (1. Sam. 31) nach der verlorenen Schlacht auf Gilboa zu seinem נֹשֵׂא כֵלִים sprach: „Ziehe dein Schwert aus und erstich mich damit“ und darauf beide sich tödteten, so sprach Nabu-bil-zikri, der Enkel des Merodachbaladan, *a-na ki-zi-' i ra-ma-ni-su* „zu seinem Waffenträger“: *ra-si-ban-ni ina kakki* [2] „durchbohre mich mit den Waffen“, worauf sich er und sein Knappe mit ihren Dolchen gegenseitig durchbohrten (Asurb. Sm. 239, 56 ff.). Schon Norris (II, 544) hat dieses *kizu* richtig dem assyr. ܟܐܙܐ, ܟܐܙܐ verglichen.

---

1) Vgl. auch II R. 24, 39: *pa-ra-ṣu sa IZ. BAL* d. i. „Einschneiden, Spalten des Beiles“, von *paraṣ* = arab. فَرَضَ „schneiden, spalten“, فَرَّضَ „einscheiden“ hebr. פָּרַץ „zerreissen, zertheilen, eindringen“. Auf die gleiche Grundbed. geht zurück assyr. *pa-ri-iṣ-tuv* (II R. 23, 9 c) „Eingang“, syn. *da-al-tuv* „Thür“ (Z. 1 d), *pa-ṭi-ir-tuv* (Z. 10 c) u. a., vgl. פֶּרֶץ „Riss, Lücke, Bresche“. Dagegen scheint das in Istar's Höllenfahrt so häufig wiederkehrende *parṣu* (akkad. *GARSA*. II R. 2, 346), vgl. z. B. *ir-bi bi-il ti sa Bilit ir-ṣi-tiv ki-a-av parṣi-sa*, nicht „Eindringling, Besucher“ (Smith, Schrader) zu bedeuten, sondern von פרץ eindringen = „eindringlich fordern“ (wie פָּרַץ בְּ „eindringlich bitten“), wovon auch فَرْضٌ Gebot, Pflicht, herzukommen, so dass zu übersetzen ist: „Tritt ein, o Herrin, denn also verlangen es die Gesetze der Fürstin der Unterwelt.“

2) Worterklärung: *ra-śi-ban-ni* Imper. Ḳal mit pron. suff. der 1. Ps. Sg. von *raśab*, was an dieser und andern Stellen (z. B. Khors. 84. Asarh. II, 9, wo das Pael *u-ra-aś-śi-bu*, *u-ra-uś-śi-ba*, „er, ich durchbohrte“) nichts anderes als „durchbohren“ bedeuten kann. Zur Vergleichung bietet sich arab. رَسَبَ „tief einschneiden, tief eindringen“, vom Schwerte, رَسَبٌ, رَسُوبٌ, مِرْسَبٌ; — zu *kakku* „Waffe“ (akkad. *IZ. KU*) siehe *KAT*, 102 Anm. 5.

Doch wir verlassen die militärischen Titel und Chargen und geben mit der kurzen Bemerkung, dass die „Grossen“, die „Magnaten“, die „hohen Hofbeamten“ (hebr. שָׂרִים, targum. רַבְרְבִין) im Allgemeinen den Namen *mahhi* (akkad. *DU. BA* = *mah-hu-u* II R. 32, 19 e. f. vgl. 31, 32 b), dem akkad. *MAH* „gross“ entlehnt, oder *rubûti* (akkad. *MAH. MIS* II R. 31, 36 b, *MAH* = *ru-bu-u* Z. 18 g. h) oder endlich *rabi* (akkad. *NUN. MIS* II R. 31, 83 a, *NUN* = *ra-bu-u* II R. 1, 128) führten, zu den bürgerlichen Aemtern, beziehungsweise Berufsarten über.

B. Bürgerliche Aemter.

Z. 56 c. *tukulluv* „Geheimrath“, akkad. *KU* (vgl. II R. 4, 692).

Tukulluv bed. „urspr. Ergebenheit, Vertrauen“, von תָּכַל, = arab. اتّكل, dann correct den „ergebenen Diener“. Dass dieser *tukulluv* eine sehr hohe Charge bekleidete, geht aus der Verwaltungsliste II R. 52 hervor, wonach neben dem *turtanu*, dem *rabbilub* und andern auch ein *tukulluv* mehrmals als Eponyme fungirte. Schrader übersetzt „Geheimrath“ (siehe zu 2. Sam. 8, 18. 20, 26). Von diesem hochgestellten *tukulluv* wird, wie es scheint, als ein niedrig stehender „gehorsamer Diener“

Z. 57 c. *ridu tukulluv*, der „Knecht“ unterschieden, akkad. *US. KU.* Zu *US* = *ri-du-u* „Nachkömmling, Sohn“, hier in der Bed. des hebr. נַעַר „Bursche, Diener“, siehe Excurs IX.

Z. 54. 55 c. *rid gammali* „Kameelknecht“. Akkad. *US. PAŚ. A. AB. BA. MIS* und *US. PAŚ. GAM. MAL. MIS.* Vgl. auch II R. 24, 60 a. b: *ri-du-u sa alpi* „Rinderknecht“.

Z. 62 c. *rid PAŚ ardutav* „Knecht des Hausviehs“. Siehe oben S. 33.

Z. 47 c. *rab kar-ma-ni* „Oberaufseher der Weingärten“. *Karmani* ist Plur. von *karmu* = כֶּרֶם, vgl. 1. Chr. 27, 27.

Z. 77 b. *sa 'ili ka-na-a-ti* „der über die Rohrpflanzungen gesetzt ist“. *Kanâti*, Plur von *kanu* = hebr. קָנֶה. Eine lange Aufzählung von verschiedenen Arten *kani* findet sich II R. 24 Nr. 1 Obv.

Z. 60 c. *mu-sa-kil iṣi* „Förster“, wörtlich „der auf das Gehölz Acht hat“. *Musakil* ist Part. Pa. von *sakal* = שָׂכַל „klug, einsichtig sein“, Hif. „Acht geben“, wovon auch *sukkallu* (akkad. *LUH*) „der jedes Winkes gewärtige Diener“ (siehe Schrader, Höllenfahrt, S. 41).

Z. 61 c. *mu-sa-kil iṣṣuri* „der auf die Vögel Acht hat“. Unter den Vögeln sind vielleicht die zur Jagd abgerichteten Falken zu verstehen.

Z. 63 c. *ri'u alpi* „Rinderhirt“. Akkad. *ŚIB. GUT. MIS*; zu *ŚIB* oder *ŚIBA* = assyr. *ri-'-u* siehe II R. 2, 345, zu *GUT* = *al-pi* II R. 38, 29 g. h.

---

[1]) In dem Syllabar II R. 34, 36 - 38 c. d. lesen wir die Wörter *du-ru, ši-*

Z. 61c. *ri'u iṣṣuri* „Pfleger der Vögel“ (vielleicht besonders des Hühnerviehs). Akkad. *ŚIB. ḪU. MIS.*

Z. 50c. *rab ri'i MI* „Oberster der Hirten“, vgl. hebr. אַבִּיר הָרֹעִים (1. Sam. 21, 8) und שַׂר הַמִּקְנֶה (Gen. 47, 6). *Rabśib* oder *rab ri'i* ist klar, *MI* oder *mi* dunkel: man erwartet eine dem hebr. צֹאן entsprechende nähere Bestimmung.

Z. 80b. *A. BAL* „Fährmann“. Das assyrische Aequivalent ist nicht bekannt, jedoch der akkadische Name durchsichtig genug. *A* bed., wie bekannt, das „Wasser“, *BAL* aber wird II R. 62, 74c.d. durch *'i-bi-ruv*, Inf. von *'abar* = עָבַר „übersetzen“ erklärt[1], *A. BAL* bed. somit den „Fährmann“, den „Schiffer“.

Z. 88a. *MUN. DU. DU* „Ziegelstreicher“, assyr. *la-bi-in li-bit-ti* II R. 38, 10c.f. Zur Aussprache *DU* des entsprechenden akkadischen Schriftzeichens siehe II R. 27, 10e.f, wo *DU* mit *la-ba-nu libitta* „Ziegelstreichen“ übersetzt wird.

Z. 87b. *SU. I* „Bartscheerer“, assyr. *gal-la-bu* = hebr. גַּלָּב, II R. 46, 47a. b.

Von andern in den assyrischen Syllabaren erwähnten Aemternamen mögen schliesslich noch zwei hier Erwähnung finden, nämlich *a-si-pu*, der „Beschwörer“ = chald. אָשַׁף, gleichbedeutend mit hebr. אַשָּׁף (II R. 32, 11e.f. 38, 12e.f), akkad. *KA. KA. MA*, und *ma-ki-su*, der „Zöllner“ = aram. מוֹכֵס (II R. 38, 9e.f), akkad. *GAR. TAR. DA. AK. A.*

V.

Es erscheint auf den ersten Blick auffallend, dass das einfache assyrische *a-na it-ti-su* „zu ihm“, eig. „zu mit ihm, zu bei ihm“ (vgl. hebr. מֵאֵת „von“, eig. „von bei“) in dem oben S. 10 angeführten Syllabar durch ein so langes akkadisches Wort wie *KI. KI. KAL. BI. KU* wiedergegeben wird, während doch sonst die

---

i-ru und *tar-ba-ṣu* als Synonyma von *ma-ṣal-lu sa ŚIBA* d. i. *ri'i* aufgeführt. Es sind dies offenbar alles Namen des „Hirtenzeltes“. *Duru* ist = hebr. דּוֹר „Wohnung“, hier wie im Liede Hizkia's Jes. 38, 12 ganz im Sinne von aram. דִּיר רַעְיָן „Hirtenzelt“; *śiru* ist = talmud. סְהַר „Mauer, Zaun“, speciell vom Zaun der Hürde gebraucht (vgl. hebr. סֹהַר „Schloss, Veste“); *tarbaṣu* kommt von *rabaṣ* = רָבַץ „gelagert sein“, wovon רֵבֶץ „Lagerstätte“ der Thiere (Jes. 65, 10) und der Menschen (Spr. 24, 15), מַרְבֵּץ dass.; *maṣallu ra ri'i* endlich bed. geradezu das „Zelt des Hirten“, *maṣallu* = hebr. מְצֻלָּה (Zach. 1, 8), arab. مَظَلَّة „überschatteter Ort d. i. Zelt“. Gemäss II R. 24. 16—18a. b. haben wir uns diese Hirtenzelte als aus *GI* d. i. *ḳanu* „Rohr“ verfertigt zu denken.

[1]) Vgl. auch assyr. *ni-bi-ru*, unter den verschiedenen Arten von Schiffen genannt (II R. 62, 38. 43b. 43d), = talmud. מַעְבַּרְתָּא, auch מַבָּרָא „Fähre“.

akkad. Postposition *KU* der assyr. Präposition *a-na* (II R. 31, 19g.h, selten *i-na*, Z. 15), die akkad. Präposition *KI* der assyr. Präposition *it-tuv* = hebr. אֵת „mit", endlich *BI* (oder *NI*) als akkad. Pronominalsuffix der 3. Ps. Sg. dem assyr. *su* entspricht. Man würde demgemäss als wörtliche Uebersetzung von *ana ittisu* einfach *KI. BI. KU* erwarten; vgl. II R. 12, 42c.d: *KI. NI. TA* = *it-ti-su* „mit ihm". Was will nun aber das zwischen *KI* und *BI* mitten innenstehende *KI. KAL*? Ohne Zweifel ist es, weil von der Präposition *KI* abhängig und mit dem Pronominalsuffix *BI* versehen, ein Substantiv. Da ferner *KI* als Substantiv bald durch *as-ru* „Ort" bald durch *ir-ṣi-tuv* „Erde" oder *ma-a-tuv* „Land" oder *ḳaḳ-ḳar* „Boden" übersetzt wird (II R. 1, 181. 182. 39, 8c.d. 62, 58g.h), *KAL* aber das akkad. Aequivalent von assyr. *aḳ-ru* „angesehen" und *dan-nu* „mächtig" und *id-lu* „ebenbürtig, stark" ist (siehe S. 97 Anm. S. 119), so muss *KI. KAL* nothwendig etwas wie „hohe, angesehene, mächtige Stellung" bedeuten. Was aber so aus den beiden Elementen des Wortes zu erschliessen ist, wird schliesslich durch das Syllabar II R. 52, 73. 74g h. ausdrücklich bestätigt, indem es akkad. *KI. KAL* (mit Nasalirung auch *KAN. KAL* gesprochen) geradezu durch *ni-du-tuv* „Höhe" und *ti-rik-tuv* „Länge" vgl. S. 76 Anm.) erklärt und dadurch für *KI. KAL* die allgemeine Bed. „Ausdehnung, amplitudo" an die Hand gibt. *KI. KI. KAL. BI. KU* bed. also nicht einfach „zu ihm", sondern, wie wir sagen würden, „zu seiner Hoheit, seiner Excellenz". Dass diese Erklärung die richtige, geht zur Evidenz daraus hervor, dass unmittelbar neben *KI .KI. KAL. BI. KU* auch *KI. KU. BI. KU* (II R. 11, 2a.b) als Uebersetzung des assyr. *ana ittisu* aufgeführt wird[1]. Es ist dies dasselbe *KU*, welches wir in Excurs IV als Aequivalent des akkad. *tukulluv* „Ergebenheit, ergebener Diener" kennen lernten. Wie man also bei einem Höherstehenden nicht von „ihm", sondern von „seiner Hoheit" sprach, so von einem Niedrigerstehenden, etwa einem Untergebenen, von „seiner Unterwürfigkeit", von „ihm, dem gehorsamen Diener". Es ist dies genau so wie wenn wir beim Sprechen von der eigenen Person nicht von „uns", sondern von „unserer Wenigkeit" reden. Vgl. zu diesen *pronoms de politesse et de conversation* Lenormant, *E. A.* I, 1, 89f.

VI.

Eine sichere Erklärung der S. 10 mitgetheilten Unterschrift: *HAR. GUT* = *im-ru-u* = *bal-lu*, welche wir absichtlich diesem Excurse vorbehielten, ist uns trotz wiederholter Untersuchung der

[1]) Wie II R. 1, 180—182 lehrt, ist das *I* sowohl in *KI* „mit" als in *KI* „Land, Erde" lang, so dass also correcter *KÎ* zu transcribiren wäre.

etwaige Aufklärung versprechenden Syllabare II R. 35, 31—38 c. d. 39, 56. 57 c. d. 41, 50 a. leider auch hier noch nicht möglich.

VII.

Das Syllabar II R. 62, 57—76 g. h (vgl. 45 Nr. 3), welches die einzelnen Theile eines Schiffes aufzählt, lautet:

. . . . .	*MÂ*	=	*sid-di*	*'i-lip-pi*
KI	„	=	*ḳaḳ-ḳar*	„
ṲR	„	=	*i-sit*	„
ŚI	„	=	*ḳar-nu*	„
ŚI. ŚI	„	=	*ḳar-na-a-ti*	„
TI	„	=	*ṣi-li*	„
TI. TI	„	=	*i-ga-ra-a-ti*	„
TIK. MUN	„	=	*'i-ṣi-in ṣir*	„
BIS. TIK. MUN	„	=	*kiš-kit-ti*	„
PAŚ	„	=	*i-mi-ri*	„
DIM	„	=	*mar-gaš*	„
DIM	„	=	*dim-mu sa*	„
'IGIR	„	=	*ar-kat*	„
IZ. MI	„	=	*ṣil-luv*	„
KAK	„	=	*sik-kat*	„
KAK. SAK. DÍ. A	„	=	*maḫ-ra-a-ti*	„
'I	„	=	*bi-it*	„
SI	„	=	*pa-an*	„
SAK. AH. MÍ. U	„	=	*ka-ri-'i*	„
. . . . .	„	=	*di-ḫu*	„

MÀ (mit Determinativ *IZ. MÀ*) bed. gemäss II R. 2, 280 das „Schiff", assyr. *'i-lip-pu* = aram. אִלְפָא, ܐܠܦܐ. *Sid-di* ist aus den in den historischen Inschriften vorkommenden Wortverbindungen *si-di Lab-na-na* und *si-di tiham-ti* (z. B. Asurn. III, 84. 85) in der Bed. „Seite, Grenze, Grenzgebiet, Mark" bereits bekannt; es ist das targumische שִׁדָּא „Seite, Ecke, Winkel", genau so wie assyr. *siddi 'ilippi* auch von den „Ecken, Winkeln eines Schiffes" gebraucht, vgl. Jon. 1, 5 Trg.: אַרְעִית שִׁידָא דְאִילְפָא = hebr. יַרְכְּתֵי הַסְּפִינָה „hinterster Schiffswinkel". — *Ḳaḳ-ḳar 'ilippi* und *i-sit 'ilippi* bezeichnen beide den „Schiffsboden", ersteres vielleicht den „untersten Schiffsraum", letzteres den eigentlichen „Schiffsboden", auf welchem das ganze Schiff ruht. Die akkadischen Wörter *KI* und *UR* wurden in Excurs V und I besprochen. — *Ḳar-nu*, Plur. *ḳar-na-a-ti 'ilippi* ist wörtlich „Horn, Hörner des Schiffes" zu übersetzen. Wir verstehen hierunter nicht die „Ecken des Schiffes" (vgl. hebr. קַרְנוֹת הַמִּזְבֵּחַ) — denn wozu sollte „Eine Ecke" und „mehrere Ecken" unterschieden werden? auch bedeutet ja bereits *siddi* die „Ecken" —, sondern fassen *ḳarnâti* nach Analogie des gr. *κέρας* als „Segelstangen", *ḳarnu* aber, die Segelstange, als

„Mastbaum". Beachtenswerth ist die in *ŚI. ŚI* wie unmittelbar darauf in *TI. TI* vorliegende primitivste Art der akkadischen Pluralbildung, in blosser Wiederholung des Singulars bestehend. — Zu *ṣi-li* (*ṣi-il*) *'ilippi* „Schiffsrippe", hebr. צֵלָע, und *i-ga-ra-a-ti 'ilippi* „Schiffsflanken", arab. أَجَارَات, siehe oben S. 18. Ménant (I, 193) und Lenormant (*E. A.* I, 3, 12 Nr. 30) geben irrig dem akkad. *TI*, assyr. *ṣi-lu* (auch II R. 1, 105) die Bed. „Schlange", indem sie Verwandtschaft mit arab. صِلّ „Schlange" vorauszusetzen scheinen. — *'I-ṣi-in ṣir* (*ṣi-ri*) *'ilippi* bezeichnet den dem Körpertheil *'iṣin ṣir*, akkad. *TIK. MUN* entsprechenden Theil eines Schiffes; wurde jener in Excurs I als „gewölbte Brust" richtig erklärt, so wird hier an das über den innern Schiffsraum sich wölbende „Verdeck" gedacht werden dürfen. — *Kiś-kit-ti* (oder *kis-kit-ti*) lässt eine sichere Deutung nicht zu; liegt ihm vielleicht die W. כסה „bedecken" zu Grunde? — *I-mi-ri 'ilippi* ist, wörtlich übersetzt, der „Schiffsesel", hier jedenfalls Bezeichnung eines bestimmten „Tragbalkens"; vgl. arab. حِمَار, Name der Vorderleiste des Kameelsattels, und ὄνος, Name der Winde oder Rolle, des oberen Mühlsteins u. a. m. — *Mar-gaś* oder, wie eine Variante richtiger bietet, *mar-kaś 'ilippi* ist das „Schiffstau" von *rakaś* = רָכַס „binden", sein Synonym *dim-mu* (*ša 'ilippi*) scheint dem akkad. Namen des „Taues", *DIM*, entlehnt zu sein; vgl. II R. 1, 163 (3, 540): *DIM* = *rik-śu*. — *Ar-kat 'ilippi* „Schiffshintertheil" ist unmittelbar klar; *arkatuv* „Hinterseite" (s. auch S. 19) geht mit *ar-ku*, *ar-ki*, *ar-ka* Adv. zeitlich „darnach" (Asarh. III, 19), räumlich „hinten" (*pa-ni u ar-ku* „vorn und hinten" I R. 69 Col. II, 54) und *arka* Präp. „nach, hinter" auf einen Stamm *arak* zurück, den wir aber nicht mit Schrader dem assyr. *arak* = hebr. אָרַךְ „lang sein" gleichsetzen — denn „hinten sein" lässt sich mit „lang sein" (zögern, zurückbleiben, hinten sein?) doch nur sehr gezwungen vereinigen —, sondern vielmehr mit hebr. יָרֵךְ „Lende, oberer und zugleich hinterer Theil des Oberschenkels", dann geradezu „nates", יַרְכָה, Dual יַרְכָתַיִם „Hinterseite" combiniren. Betreffs des akkad. *'IGIR* siehe II R. 1, 160. 3, 539. — *Ṣil-luv 'ilippi* „Schiffsbedachung"; *ṣilluv* ist, wie schon das ihm entsprechende, aus den trilinguen Inschriften zur Genüge bekannte akkad *IZ. MI* zeigt, das hebr. צֵל, aram. טְלָלָא „Schatten, Schirm, Schutz", hier von der „Bedachung" des Schiffes, vielleicht speciell von dem überdachten Platze des Steuermanns zu verstehen. — *Sik-kat 'ilippi* „Schiffskiel"; von *sikkat* als dem Namen eines „scharfen Instrumentes", bes. der „scharfen Waffe", arab. شِكَّة, war in Excurs IV die Rede; der scharfe, spitze, die Wogen durchschneidende Theil des Schiffes ist aber der „Kiel". — *Maḫ-ra-u-ti* (*maḫ-rat*) ʿ*ilippi*, akkad. *KAK. SAK. DI. A. MÂ* (vgl. II R. 62, 42a.b), scheint mehrere am Vordertheil des Schiffes angebrachte Gegenstände zu bezeichnen. — *Bi-it* ʿ*ilippi*, das „Haus des Schiffes" ist die „Kajüte". — Zu *pa-an* ʿ*ilippi* „Schiffsvordertheil" siehe S. 39 Anm. 1. — Ueber die beiden letzten Namen endlich, *ka-ri-ʾi* und *di-ḫu* ʿ*ilippu*, wissen wir etwas Bestimmtes nicht auszusagen; *ka-ri-ʾi* (hiernach ist III R. 70, 67 zu ergänzen) bed. vielleicht die „Schiffsbalken", hebr. קוֹרָה, während *diḫu* eher mit der S. 35 Anm. 2 besprochenen Redensart *i-na di-ḫu* „in der Nähe von" von דָּחָה als mit *di-ḫu* „Regen" (S. 71) von דּוּחַ zusammengehören wird.

VIII.

Dass das Syllabar II R. 29, 1—4g.h:

IM. URU. LU = *su-u-tav*
IM. ŚI. DI = *il-ta-nu*
IM. KUR RA = *sa-du-u*
IM. MAR. TU = *a-ḫar-ru*

die akkadischen und assyrischen Namen der vier Winde oder Himmelsgegenden enthalte, hat man im Hinblick auf das akkadische Determinativ *IM* d. i. „Wind" (siehe Norris III, 720) längst erkannt; dessgleichen hat man von jeher *IM. KUR. RA*, *sa-du-u* für den Namen des „Ostens" und *IM. MAR. TU*, *a-ḫar-ru* (vgl. *MAR. TU. KI*, *mat a-ḫar-ri-ʾi* „Westland" II R. 50, 57c.d) für den des „Westens" gehalten, obwohl sprachlich nur der letztere, *a-ḫar-ru*, befriedigend zu erklären war; vgl. hebr. אָחוֹר „Rückseite, Westseite", אַחֲרוֹן „westlich", z. B. הַיָּם הָאַחֲרוֹן „das Mittelmeer", assyr. *tiham-ṭi sa mat a-ḫar-ri* III R. 4 Nr. 6, 59. Dagegen wusste man weder für *sa-du-u* aus den übrigen semitischen Dialekten ein verwandtes Wort beizubringen, noch war man über die Bedeutung der beiden ersten Namen im Klaren. Während Ménant (*Annales*, pag. 203f.) in jener Stelle Sarg. Cyl. 57—60, wo von der Benennung der nach den verschiedenen Himmelsgegenden gelegenen Stadtthore die Rede ist, in *IM. URU. LU* den Namen des „Nordens", in *IM. ŚI. DI* den Namen des „Südens" erkennt, ist Norris (III, 721) gerade der umgekehrten Meinung. Dazu waren die entsprechenden assyrischen Namen bislang so dunkel, dass man ihnen keinen Grund für oder gegen die eine oder die andere Ansicht entnehmen konnte; denn dass die von Finzi, *Antichità Assira* pag. 109, vorgetragene Gleichsetzung von *sûpar*, wie er anstatt *sûtav* liest[1], und hebr. צָפוֹן „Norden" eitel Täuschung ist, sieht jeder.

---

[1]) Die Lautwerthe *tam* (*tav*) und *par* werden in der akkadisch-assyrischen Schrift durch Ein gemeinsames Zeichen wiedergegeben.

Die babylonische Gemara bringt die Sache ins Reine. Neben den rein hebräischen Windnamen רוח דרומית, רוח צפונית u. s. w. finden sich hier andere räthselhafte fremdsprachige Wörter, welche nunmehr durch obiges Syllabar als die in das jüdisch-babylonische Aramäisch eingebürgerten altassyrischen Namen der vier Winde erwiesen werden. Es sind die Namen שותא, אסתנא, שדיא und אוריא; die Umschreibung enthält wenigstens für *il-ta-nu* einen beachtenswerthen etymologischen Wink. Wir stellen im Folgenden die talmudischen Belege zusammen.

1) Am häufigsten kommt der אסתנא vor. Es ist der Wind, welcher die Regenwolken zerstreut und heitere Witterung bringt; siehe Berachoth 59a: „Wenn es die ganze Nacht regnet und des Morgens kommt אסתנא, so wird der Himmel blossgelegt“ d. i. entwölkt; Erubin 65a: „Um einen Rechtsentscheid zu geben, bedarf man der (geistigen) Klarheit כיומא דאסתנא gleich einem Nordwindtage“ (wie da der Himmel klar ist); Megilla 28b: „Ein Lehrvortrag erfordert Klarheit כיומא דאסתנא“. Es ist ferner ein frischer kalter Wind, welcher Fleisch u. dgl. frisch erhält; siehe Schabbath 116b: „Man darf am Sabbat das Passahlamm abhäuten, selbst ביומא דאסתנא“ (obwohl man da nicht zu besorgen hat, dass das Fleisch stinkend werde). Dass אסתנא, wie auch die Glossatoren sagen, der „Nordwind“ ist, setzt die folgende sprichwörtliche Redensart ausser Zweifel (Kethuboth 23a und ebenso Kidduschin 12b): „Stehen ihre (der in Gefangenschaft gerathenen Frau, deren Reinheit verdächtig) Zeugen „בצד אסתן auf der Nordseite, sollte sie desshalb für ihrem Manne verboten, erklärt werden?“ Hier ist die Nordseite Bezeichnung der entlegenen Ferne. Uebrigens sagt ja das Trg. zu Iob. 37, 22 geradezu: מִצִּפּוּנָא אִסְתְּנָא יֵיתֵי „aus dem Norden kommt Ištan“. Betreffs der etymologischen Deutung von אִסְתְּנָא, woraus üblichem Lautwandel nach (s. oben S. 24) assyr. *il-ta-nu*, hat Fleischer (zu Levy's Chald. Wörterb. I, 418) gewiss das Rechte getroffen, indem er סְתָו (סִתְוָא) „Winter“ vergleicht; אִסְתְּנָא scheint demgemäss aus אִסְתְּוָנָא entstanden zu sein.

2) Nur dreimal kommt שותא vor, nämlich Jebamoth 72a: „An einem wolkigen Tage und einem Tage des שותא nimmt man keine Beschneidung und keinen Aderlass vor“; Schabbath 116b: „Rabbi Zeêra ging an einem Tage des שותא nicht zwischen die Palmbäume“ (aus Furcht, dass der Wind ihn durch gewaltsames Hin- und Herbewegen oder Knicken der Aeste gefährden könne); Erubin 65a: „Mar Ukba ging an einem Tage des שותא nicht in das Gerichtshaus“. Die Glossatoren erklären übereinstimmig „Südwind“; das Assyrische bestätigt es. Das Stammwort mag שאה „dröhnen, krachen“ sein, für welches שְׁוָא — שְׁוָא auch שׁוא (שׁוֹא) als Nebenform aufweist; *sût* wäre dann s. v. a. שְׁאוֹן.

3) Nur einmal kommt שדיא vor; nämlich Gittin 31b: „Rab Nachman streifte das Gewand von seinem Arm, indem er sagte: שדיא נשיב der Sadja weht“. Aruch irrt, indem er unter אסתנא

dieses שדיא als „Südwind“ erklärt; unter dem Worte שדיא selbst hat er die richtige Bedeutung „Ostwind“. Ebenso auch der Tosaphist. Er leitet den Namen von שְׁדַד „gewaltig sein“ ab; Aruch dagegen von שְׁדָא „werfen“, indem er Trg. Jes. 7, 2 vergleicht: כְּאִשְׁתְּדָיוּת אִילָנֵי חוּרְשָׁא „gleich dem Hingestürztwerden der Bäume des Waldes“. Aber der Ostwind heisst vielmehr so als der „von den östlichen Gebirgen kommende“, von assyr. *sadu*, akkad. *KUR* „Berg“.

4) Zweimal kommt אוריא vor und zwar nicht unmittelbar als Name eines Windes, sondern einer Himmelsrichtung, nämlich der „Westseite“, Bathra 25a als Wohnstätte der Schechina (irdischen Gottesgegenwart im Heiligthum), während es Kidduschin 12b heisst: סהדי באוריא „die Zeugen stehen auf der Westseite“. So nach der Lesart Aruchs. Das Wort ist in unsern Ausgaben corrumpirt und Raschi versteht es so wenig als jenes שדיא, welches er השידה „die Dämonin“ erklärt. Dass אוריא die „Westseite“ bedeutet, dafür beruft sich der Tosaphist auf die schwergewichtigen Autoritäten der Rabbinen Tam und Chanan'el. Aruch (vgl. Raschi zu Bathra 25a) meint, das Wort sei persisch. Es ist aber seiner Grundlage nach das assyrische *uḫarru*, welches vielleicht in der Sassanidenzeit diese dem Persischen genäherte Form annahm.

IX.

Die Bedeutung „Sohn“ ergiebt sich für assyr. *ma-ru-u*, *ma-a-ru* nicht nur daraus, dass ihm im Akkadischen ebendasselbe *TUR* entspricht, welches sonst mit *ab-lu* „Sohn“ oder *ṣa-aḫ-ru* „klein“ übersetzt wird, sie wird auch an allen Stellen, wo uns das Wort sonst begegnet, durch den Zusammenhang gefordert. Wenn in jenen alten, ursprünglich akkadischen, später auch in das Assyrische übertragenen Gesetzen [1], welche die ehelichen Verhältnisse regeln, von dem Verhalten des *maru* zu seinem Vater und zu seiner Mutter die Rede ist, so versteht es sich von selbst, dass *maru* den „Sohn“ bedeuten muss; oder wenn es in dem Gesang von den sieben Geistern (siehe Schrader, Höllenfahrt, S. 110, Z. 6) heisst: *ma-ru ul al-du-su-nu*, so kann dies, wie man wiederum leicht einsieht, nicht übersetzt werden: „ein Mann ist nicht ihr Kind“ (Nöldeke), sondern nur: „ein Sohn ist nicht ihr Erzeugter“ d. h. „einen Sohn haben sie nicht“. Wäre aber diese schon aus den angeführten Gründen unumstösslich feststehende Thatsache eines Bedeutungsüberganges von arab. مَرْءٌ „Mann“ in assyr. *maru* „männliches Kind, Sohn“ noch weiter zu erhärten, so bieten hiefür die assyrischen Synonymenlisten das umfassendste Material [2].

[1]) Ihr akkadisch-assyrischer Text findet sich am vollständigsten bei Lenormant, *Textes inédits*, pag. 37 f.

[2]) Wenn Nöldeke (im Liter. Centralbl. 1874 Nr. 26 Col. 843) meint

a) Die II R. 36, 47—57 c. d. aufgeführten Synonyma von *ma-a-ru*, nämlich
li-du, zi-'i-ru, ni-ib-ru, bu-u-nu, pi-ti-'i-ḳu, li-da-nu, im-mi-ru, ba-bu, li-i-du, mi-i-ru, da-mu,
lassen sich, wie jeder Semitologe auf den ersten Blick erkennt, nimmermehr als Synonyma für den Begriff „Mann", um so leichter aber als solche mit der gemeinsamen Bed. „Sohn" interpretiren. Dem Worte *mi-i-ru* freilich, mit Alef prostheticum *im-mi-ru*, welches sich nur durch den Vocal von *maru* unterscheidet, lässt sich nichts entnehmen; dagegen leuchtet die Verwandtschaft von *li-du, li-i-du* und *li-da-nu* mit *alad* = hebr. יָלַד „gebären", wovon auch das oben erwähnte *al-du* = וָלָד, sofort ein: die Wörter müssen „den Erzeugten, das Kind, das Junge" bezeichnen (über *lidanu* als Namen des „jungen Vogels" siehe auch S. 109). Dessgleichen sind unmittelbar klar *zi-'i-ru*, welches wegen des mittleren ע nicht sowohl dem hebr. זֶרַע „Samen, Nachkommenschaft" (Norris III, 846) als vielmehr dem targum., talmud. זְעֵיר „klein, jung", aram. זְעֵירוּ ‚Kleinheit, Kindheit, Jugend", von זְעַר „klein sein" zu vergleichen 'ist[1]: *zi-'i-rur* also „kleines Kind, junger Knabe"; ferner *bu-u-nu*, welches gleich assyr. *na-ab-ni-tu* „Nachkommenschaft, Sprössling" (s. oben S. 21), *bi-in bi-nur* „Urenkel" (II R. 29, 62 c. f, vgl. ABK, 193) u. a. auf *banâ* „bauen, erzeugen" = בָּנָה zurückgeht und dem arab. اِبْن . hebr. בֵּן „Sohn" entspricht: *ba-bu* = hebr., targum. בָּבָה „Püppchen" (von بَبْ „lallen") in בָּבַת עַיִן „Pupille", syr. ܒܳܒܬܳܐ, arab. بُوبُو dass.: *ba-bu* bed. somit „kleines Kind", engl. *baby* (vgl. zu diesen Kosewörtern Fleischer zu Levy's Chald. Wörterb. I, 419 und Delitzsch zu Ps. 17,8); endlich *da-mu*, gewiss = hebr. דָּם „Blut", hier in der Bed. des targum. דְּמָא „Blutsverwandter" d. h. „ἐξ ἑνὸς αἵματος mit Andern Entsprossener". Auch *ni-ib-ru* und *pi-ti-'i-ḳu* erklären sich befriedigend; ersteres ist gewiss mit dem III R. 70, 169 dem assyr. *ma-ru* gleichgesetzten *bi-rur* d. i. aram. בַּר „Sohn" (Spr. 31, 2) wurzelverwandt und bedeutet als Part. Nif. נִבְרָא, נִבְרָה gefasst, den „Erschaffenen, Erzeugten", letzteres fügt sich nach Analogie von hebr. בֵּר (Ps.

dass man neben *hablu* „Sohn" und dem veralteten *bin* „kaum ein drittes Wort für Sohn zu erwarten habe", so erweist sich dieses Apriori angesichts obiger Synonymenlisten als ganz falsch. Uebrigens ist auch *maru* „Sohn" ein veraltetes Wort: in den Annalen der späteren assyrischen Könige begegnet es uns nirgends, vielmehr ausschliesslich nur in jenen alten Gesetzesvorschriften, in alten poetischen Stücken, sowie in Syllabaren, welche sich eben dadurch als aus der Zeit Sargon's des Aelteren stammend erweisen.

[1]) Die oben S. 66 von assyr. *zu-ḥa-ru* „Jugend" gegebene Erklärung erweist sich demnach durch dieses *zi-'i-ru* als hinfällig, und wir haben in *zu-ḥaru*, wie so oft, lediglich einen Schreibfehler anstatt *ṣuḥaru* zu statuiren.

127, 3) zu arab. فَتَقَ „spalten", فَتِقَ „an Feldfrüchten überreich sein" (von einem Jahre gesagt), wovon فَتَقٌ „Ertrag". Das Ergebniss dieser Synonymenliste ist, dass das Grundwort *maru* den „Sohn" bedeutet.

b) Ein zweites derartiges Verzeichniss liegt II R. 30, 29—49 c.d. vor; die hier genannten Synonyma von *ma-ar* sind folgende: *mil-ku* (oder *is-ku*), *ra-du*, *ri-du*, *a-ja-ruv*, *śi-śi-rur*, *pi-ir-ḫu*, *si-ir-rur*, *mu-u-ruv*, *ku-bu-ruv*, *ta-ḫu-u*, *ti-ir-du-u*, *a-ta-mu*, *da-du*, *ḫu-u-ru-u*, *ka-lu mu*, *ad-mu*, *mi-ir*, *ti-ir-di-in-nu*, *li-il-li-du*, *pi-it-ḳu*, *ni-ib-ru*.

Die Ansicht von Norris (III, 844), dass alle diese Wörter akkadisch seien, bedarf keiner Widerlegung. Mehrere derselben sind bereits von uns besprochen: über *nibru* und *pitiḳu* oder, wie die Form hier lautet, *pi-it-ḳu* war eben erst die Rede; hinsichtlich *śi-śi-ruv* „Kind", urspr. „klein" verweisen wir auf S. 65f.; zu *a-ta-mu* „Waisenkind, Waise" = hebr. יָתוֹם siehe S. 25; zu *admu* in der Bed. „junger Vogel" siehe S. 109. *Mu-u-ruv*, dessen Plural *mu-ra-ni* von „jungen Löwen" gebraucht wird (Norris III, 859), ist wiederum gleich *mi-ir* (*mi-i-ru*) nur eine andere Nuance von *maru*; vgl. Z. 50. 51: *mi-ir-tuv* und *im-mi-ir-tuv*, Synonyma von *ma-ar-tuv* „Mädchen". *Ra-du*, *ri-du*, mit Präfix *ti-ir-du-u* und *ti-ir-di-in-nu* geben sich als Ableitungen von *arad* = יָרַד „herabsteigen", bezeichnen somit, wie auch der biblische Eigenname יֶרֶד, den „Nachkömmling", den „Sohn". *Pi-ir-ḫu* ist = arab. فَرْخٌ, hebr. אֶפְרֹחַ „Brut, junger Vogel", vgl. פִּרְחָה Iob. 30, 12. *Dadu* ist, wenn nicht ein Kosewort ohne verbale Abstammung, dem hebr. דּוֹד „Geliebter" (speciell „Oheim") gleichzusetzen und bezeichnet das Kind als „Liebling". *Li-il-li-du* kann von *lidu* und *lidanu* „Sohn" nicht getrennt werden; wie diese auf die einfache W. לד (אלד), so geht jenes auf die reduplicirte W. לדלד, woraus לֻלד, zurück. Von den vielen Belegen, welche das Assyrische zu solchen Bildungen aus der reduplicirten Wurzel darbietet, sei hier nur das in den historischen Inschriften mehrmals vorkommende *da-ad-mi* „Menschheit, Menschen" (Norris I, 225) erwähnt, dessen Wurzel ohne Zweifel das reduplicirte דם ist, wovon דָּם „Blut", vgl. das nachbiblische בָּשָׂר וָדָם σάρξ καὶ αἷμα als Gesamtnamen der Menschen. *Si-ir-ruv* endlich ist so gewiss das hebr. שְׁאֵר „Fleisch", dann „Blutsverwandter", wie sein II R. 29, 61 e.f. aufgeführtes Synonym *bi-is-ru* das hebr. בָּשָׂר „Fleisch, Blutsverwandter". So bleiben uns aus dieser ganzen reichen Anzahl von Wörtern nur sechs übrig, deren Erklärung verhältnissmässig schwieriger ist. Doch lassen auch diese mit Ausnahme von *a-ja-rur* (auch II R. 32, 13c.d) und *ka-lu-mu* wenigstens befriedigende Vermuthungen zu. Bei *milku* ist es zweifelhaft, ob so oder *is-ku* zu lesen. Da indess die Benennung des männlichen Kindes von אֶשֶׁךְ „Hoden" ohne Analogie ist, so wird *mil-ku* zu lesen sein und dies in Uebereinstimmung mit dem II R. 48, 14a. b. genannten *mil-ku* „Besitz, Eigenthum" (akkad. *DI*, sprich *ŚA*), von *malak*, wovon auch *ma-li-ku* „Eigenthumsherr, Besitzer" (Z. 15, akkad. *ŚA. GAR*), den Sohn oder die Familie bedeuten als „den Besitz" des Familienvaters. *Ta-ḫu-u* stammt vielleicht von חָיָה, חָיָה „leben" und bed. nach gleichem Sprachgebrauch wie z. B. Gen. 6, 20. 45, 7 „Lebenserhaltung, Fortpflanzung", dann concret „Nachkommen"; *ku-bu-ruv* ist kaum von arab. كَبُرَ „gross sein", كَبِرَ „alt sein", syr. ܟܒܰܪ „zunehmen, wachsen" zu trennen und bezeichnet entweder den „herangewachsenen Sohn", oder den „Sohn", das „Kind" überhaupt als „Familienzuwachs"; *ḫu-u-ruv* schliesslich wird der „Sohn" sein als „Freigeborner, Edler", arab. حُرّ, hebr. חֹר. Auf alle Fälle erhärtet auch dieses zweite Synonymenverzeichniss die Thatsache, dass assyr. *maru* nicht den „Mann", sondern den „Sohn" bedeutet.

III.

Assyrisches
und akkadisches Glossar.

1.

Assyrisches Glossar.

Die Ziffern bezeichnen die Seitenzahl, die Sterne die Lehnwörter.

א

אב a-bu Subst. *Vater* hebr. אָב 10. 15. 59. 74; a-bi a-bi *Grossvater* 74.
ab-bu-tu Subst. *Vaterschaft* 125.

אבי a-ba-ja Subst. *Sumpfweihe* targ. אַבוּי 95.

אבל bi-lat Subst. *Tribut* hebr. יְבֻל 130.

אבן ab-nu, abnu Subst. *Stein* hebr. אֶבֶן 64. 121 Anm.; zu-um-bi ab-ni *Steinhummeln* 64.

אבנית ib-ni-tuv Subst. *Fischreiher* targ. אַבְנִיתָא 114.

אג a-gu-u Subst. *Krone* arab. تَاجٌ 51.

אגם a-gam-mi Subst. Pl. *Sümpfe* hebr. אֲגַם 53 Anm.

אגר a-gur-ruv Subst. *gebrannter Ziegel* arab. أجُرّ 81 Anm.

אד id Subst. *Hand*, dann *Macht*, *Gewalt* hebr. יָד 97 Anm.

אדם ad-mu Subst. *Kind*, *Junges*, speciell *junger Vogel* hebr. אָדָם 109. 143.
a-dam-mu-mu Adj. *röthlich*, Subst. *ein röthlicher Vogel* hebr. אֲדַמְדָּם 107.

איל i-lu, ilu, Acc. i-la, Pl. ili Subst. *Gott* hebr. אֵל 15. 23 Anm. 55. 58; ḫa-ḫar ili *Lämmergeier* 104.
ai-luv Subst. *Widder* hebr. אַיִל 50.
ai-lu Subst. *Hirsch* hebr. אַיָּל 51 f.

איץ ai-ṣu Subst. *ein vierfüssiges Thier* 86 f.

אור ur-ru Subst. *Licht*, *Tageslicht* hebr. אוּר 61.

אזן uz-nu, Gen. uz-niv, Du. uznâ Subst. *Ohr* hebr. אֹזֶן 6. 21. 23. 39 Anm.

אזן u-zu-nu Subst. *Wägung*, *Erwägung*, *Gleichgewicht* hebr. אָזַן 22.

אזר i-za-a'r Subst. in dem Thiernamen u-ṣab i-za-ar 68.

אח aḫ-ḫu-tu Subst. *Bruderschaft* hebr. אָח 125.

אחז i-ḫu-zu, i-ḫu-uz-zu 3. Ps. Sg. Impf. Ḳal *er empfing* hebr. אָחַז 6. 7.

i-ḫu-uz-zu, iḫuz-zu 3. Ps. Pl. Impf. Ḳal *sie besassen* 6. 7.

u-sa-ḫi-zu 3. Ps. Pl. Impf. Shaf. *sie gaben in Besitz* 7.

אחר uḫ-ḫu-ru Subst. *Hintertheil* arab. أُخُر, hebr. אָחוֹר 121 Anm.

· aḫ-ru-u-tuv Subst. *Nachkommenschaft* 66.

a-ḫar-ru Subst. *Westen, Westwind* 24. 139; mat a-ḫar-ri-'i *Westland* 38. 139.

איב ai-bu Part. *anfeindend*, Subst. *Feind* hebr. אֹיֵב 41. 42.

ai-ub (?) ilu *ein Thier* 69.

איר a-ja-ruv Subst. *Kind, Sohn* (syn. ma-ar) 143.

אכל 'i-ku-lu 3. Ps. Sg. Impf. Ḳal *er ass* hebr. אָכַל 16.

a-ki-luv Part. *gefrässig*, Subst. *Wolf* 47.

ma-ak-lat up-la *ein Insecten vertilgender Vogel, Goldamsel* 114.

אל ul Adv. *nicht* hebr. אַל 123. 141.

אלד a-li-du, Gen. a-li-di Part. *erzengend*, Subst. *Erzeuger* hebr. יָלַד 44, fem. a-lid-tuv *werfende Hündin* 44.

al-du Subst. *Sohn* hebr. יֶלֶד 141.

li-du, li-i-du Subst. *Sohn, Junges* 142.

li-da-a-nu, li-da-nu Subst. *junger Vogel* 109. 142.

i-li-id-tuv Subst. *Nachkommenschaft, Erzeugniss* 21.

li-i-tu, li-id-tu Subst. *dass.* 21.

li-da-a-tu Subst. *dass.* 21.

li-il-li-du Subst. *Kind, Sohn* (reduplicirte W. לד) 143.

אלל il-lat Subst. *Macht, Heeresmacht* vgl. hebr. אֱיָל 43, ka-lab il-la-ti *Hund der Meute, Treibhund* 43.

אלף u-lapu Subst. *Vertrautheit, Genossenschaft* hebr. אָלַף 20.

'i-lip-pu, Gen. 'i-lip-pi Subst. *Schiff* aram. אִלְפָא 137 ff.

al-pu Subst. *Rind, Stier* hebr. אֶלֶף 23. 134, zu-um-bi al-pi *Rinderbremsen* 64.

אלר al-lu-ru Subst. *Purpurgewand* talm. אלירא 112 Anm.

אמל um-mu-luv Inf. Pa. *hoffen, Hoffnung* arab. أَمَّلَ 15.

ma-am-luv Subst. *Hoffnung* 15.

אמם um-mi Subst. *Mutter* hebr. אֵם in um-mi mi-'i, ummi mi'i *Mutter des Wassers* d. i. *Meerweihe*, ein Raubfisch 69, *Sumpfweihe*, ein Vogel 95.

אמר a-ma-ruv Inf. *hervorragen, sichtbar sein, glänzen* vgl. hebr. אָמִיר äth. አመረ፡ 94 Anm.

im-mi-ruv Subst. *Kennzeichen, Insignie* 94 Anm.

אן a-na, ana Präp. *zu, gegen* 6. 57. 103.

i-na, ina Präp. *in, auf, zur Zeit von, mittelst* 6. 122. 132.

אנת u-nu-ut Subst. Pl. *Geräthe* arab. أَنَاةٌ, u-nu-ut ta-ḫa-zi *Kriegsgeräthe* 129.

אנף ap-pu Subst. *Gesicht* hebr. אַף 79 Anm.; ṣi-bit ap-pi *ein Insect* 79 Anm.

אנש 'i-ni-su Subst. *Traulichkeit, Freundschaft* arab. أُنْس 20.

ni-'i-su, ni-su, nisu, Pl. nisi Subst. *Mensch*, *Mann* hebr. אִישׁ (aus אֱנֹשׁ) 23 Anm. 43 f. 55. 89. 120; zu-um-bi ni-'i-si *Mannsfliegen* 63.
ni-'is-tuv, Subst. *Weib*, speciell *weiblicher Hund*, *Weibchen* 43 f.
zu-um-bi ni-'is-ti *Weibsfliegen* 63.

as-sa-tu aus an-sa-tu Subst. *Weib* hebr. אִשָּׁה 44. 55.
ti-ni-sí-'i-tuv, Gen. tí-ni-sí-'i-ti Subst. *Menschheit* 89.

אנש in-su Adj. *schwach* hebr. אָנֻשׁ 44 Anm.

is-su aus in-su Subst. *Weib* vgl. arab. أُنْثَى 44 Anm.

אסתן il-ta-nu Subst. *Norden, Nordwind* targ., talm. אִסְתְּנָא 21. 139 f.

אפק tu-up-ḳu, tu-pu-ḳa-tuv Subst. *Zone, Himmelsgegend* arab. أُفْق,
أُفُق 51. 74; tu-pu-ḳa-tuv ir-bit-ti *die vier Himmelsgegenden* 114.

אצא a-ṣu-u, aṣu Subst. *Aufgang*, *Osten* 10. 35, *Emporwachsen* (von Bäumen und Rohren) hebr. יָצָא 80.
ṣi-it Subst. 1) *Aufgang*, ṣi-it sam-si *Sonnenaufgang, Osten* 10. 38; 2) concret: ṣi-'i-tuv, ṣi-it *Spross, Brut* 89.

אצל 'i-ṣi-luv Inf. *verbinden* hebr. אָצַל 23.
i-ta-aṣ-ṣu-luv Inf Ifta. *sich vereinigen* 23.
ṣi-la-ta Subst. *Handgemenge, Schlacht* 94 Anm.

אקר aḳ-ru Adj. *kostbar, angesehen* hebr. יָקָר 97 Anm.
aḳ-ru-tu Subst. *Angesehenheit* 125.

ארבה 'i-ri-bu Subst. *Heuschrecke* hebr. אַרְבֶּה 71 ff., 'i-rib tur-bu-'-t *Wanderheuschrecke* 71 ff., 'i-rib tiham-tiv *Meerheuschrecke* 73 f.

ארבע ir-bit-ti Zahlw. *vier* hebr. אַרְבַּע 114.

ארד ar-du Subst. *Diener*, *Knecht* hebr. יָרַד 32.
ar-du-ti Subst. *Unterwürfigkeit, Knechtschaft* 32. 125.
ra-du Subst. *Nachkömmling, Sohn* 143.
ri-du, ri-du-u Subst. *Nachkömmling*, *Sohn* 143, dann *Bursch, Diener* 33. 134., z. B. ri-du-u sa alpi *Rinderknecht* 134.

ti-ir-du-u, tí-ir-di-iu-nu Subst. *Nachkömmling*, *Sohn* 143.

ארח ur-ḫu, u-ru-uḫ Subst. *Weg* hebr. אֹרַח 15. 20.

ארח tu-ra-ḫu, tu-ra-a-ḫu Subst. *Antilope* arab. أُرْخ 50 f.

אריה a-ri-a Subst. *Löwe* hebr. אַרְיֵה 45.

ארך a-rik Adj. *lang*, sí-ip a-rik wörtlich *Langbein*, Name des *Strausses* 116 f.

a-rik-tuv Adj. fem. *lang* 76 Anm. 117.
tí-rik-tuv Subst. *Länge* 76 Anm.

ארך ar-ka-tuv, ar-kat Subst. *Hinterseite* hebr. יַרְכָּה 19, *Hintertheil* (des Schiffes) 137 f.
ar-ku, ar-ka, ar-ki Adv. *hinten* (räumlich), *nachher* (zeitlich), ar-ka Präp. *hinter* 138.

ארן ʿi-ri-nuv Subst. *Ceder* hebr. אֹרֶן 16.
ארן ur-nu Subst. *eine Schlange* 87.
ארנב an-na-bu aus ar-na-bu Subst. *Hase* arab. أَرْنَب 54.
ארשן ur-śa-nu Subst. *wilde Taube* arab. وَرَشَان 107.
ארץ ir-ṣi-tiv, irṣi-tiv Subst. *Erde* hebr. אֶרֶץ 13 Anm. 136.
ארץ ur-ṣi Subst. unbekannt; ka-lab ur-ṣi *eine Hunderace* 41; ʿi-lit ur-ṣu, a-mid-ti ur-ṣu 41.
ארק a-ra-ḳu, ar-ḳu Adj. *gelb*, *grün*, Subst. *grünes Kraut* hebr. יָרָק, יֶרֶק 59. 65. 80. 105, kal-mat ar-ki *Ungeziefer auf Laub* oder *Kraut* 82.
rak-rak-ḳu Adj. *gelblich*, Subst. *Storch* hebr. יְרַקְרַק 105.
אש isu, Pl. isati Subst. *Feuer* hebr. אֵשׁ, ti-mi-ru sa isati *Feuersäule* 85 Anm.
אשב u-sí-sib 1. Ps. Sg. Impf. Shaf. *ich liess wohnen* hebr. יָשַׁב 37 Anm.
אשע si-it Subst. *Oeffnung*, *das Oeffnen* hebr. יָשַׁע „weit sein, geöffnet sein" (hier mit transitiver Bed.), wonach 21 Anm. zu verbessern.
tí-sí-ʿi Subst. (Gen.) *Sieg* vgl. hebr. תְּשׁוּעָה 16.
אשף a-si-pu eig. Part., dann Subst. *Beschwörer* chald. אָשֵׁף 135.
אשפה us-pa Subst. *Köcher* hebr. אַשְׁפָּה 133.
אשר u-sí-sí-ru 1. Ps. Sg. Impf. Shaf. *ich richtete her* hebr. אָשַׁר, יָשַׁר 37 Anm.
mu-sa-ru-u, mu-sar-u Subst. *gerade Linie*, *Zeile* 8.
ʿis-ri-ʿi-ti Subst. Pl. *Tempel* 34.
as-ru Subst. *Ort* 24.
אשרד a-sa-ri-du Adj. *erstgeboren* 60.
אשש a-sa-su Subst. *Grund*, *Fundament* arab. أُسّ 84 Anm.
אשתר as-tur-ru Subst. *ein Insect* 66.
את it-ti Präp. *mit*, *bei* hebr. אֵת 20. 35.
אתם a-ta-mu Subst. *Waise* hebr. יָתוֹם 25. 143.
אתן a-ta-an Subst. *Eselin* hebr. אָתוֹן, a-ta-an nahari *Flusseselin*, *Pelekan* 93.

ב

בבא bu-bu-'-tuv, Pl. bu-bu-tí Subst. *Nahrungsmittel* vgl. hebr. תְּבוּאָה 9.
בבע bi-ib-bu Subst. *Bock* vgl. arab. بُغَيْبِغ 47 f.
בוב ba-a-bu, Gen. ba-a-bi, Pl. baba-ni Subst. *Thor*, *Pforte* arab. بَاب 21. 31. 132.
ba-bu Subst. *Kind*, *Püppchen* vgl. hebr. בָּבָה in בָּבַת עַיִן 142.
בבנן ab-ki-ni-ni-tuv Subst. *ein Vogel* 101 f.
בכר bu-kur Adj. *erstgeboren* hebr. בְּכוֹר 60.
bit-kur Adj. *dass.* 60.
בלד bal-lu-du ... Subst. *ein Vogel* 116.
בלט balaṭu Subst. *Leben* vgl. hebr. פָּלַט „entwischen, am Leben bleiben" 20.
בלט bal-ṭi-it-tuv Subst. *Holzwurm* aram. בַּלְטִיתָא 82.

בלץ bal-lu-ṣi-tuv Subst. *ein Vogel* arab. بَلَصُوّ 101.
tu-bal-la-aṣ Subst. *dass.* 51. 101.

בנה ba-ni Part. *Erzeuger* hebr. בָּנָה 21. 44.
ba-nu-u Subst. *Erbauer* 21, *Erzeuger* 44. 59, speciell *Altes vom Gazellengeschlecht* 58f.
bu-nu Subst. *Gestalt, Statur* 21, bu-u-nu Subst *Sohn* 59. 142.
bi-in bi-nuv *Urenkel* 142.
na-ab-ni-tu Subst. *Nachkommenschaft, Sprössling* 21. 142.
bi-it Subst. *Haus*, beim Schiff: *Cajüte* 137. 139.

בעל bí-luv, bí-il, bíl, Pl. bí-li Subst. *Herr, Herrscher* hebr. בַּעַל 16. 89. 96.
bí-il-ti, bi-'i-li-it bí-lit Subst. *Herrin* 16. 133 Anm.
bí-lu-tav, Gen. bí-lu-ti Subst. *Herrschaft* 23. 59. 112 Anm. 126.

בעל bí-li (mit und ohne Determ. IZ) *Waffen* 129.

בעלל bu-li-li Subst. *ein Wasservogel* arab. بُلْعَلٌ 102.

בצה bu-ṣu Subst. *Falke* vgl. arab. بَازٌ 113f.

ברבר bar-ba-ri Subst. Pl. *Gänse* hebr. בַּרְבֻּרִים, zu-um-bi bar-ba-ri *Fliegen in Federvieh* 64.

בריד bu-ri-du Subst. *Schneefink* talm. ברדא 97f.

ברה ab-ri-'i 1. Ps. Sg. Impf. Ḳal *ich grub ein* hebr. בָּרָא 6. 9.
bi-ru Subst. *Sohn* aram. בַּר 60. 142.
ni-ibru Subst. *Sohn* (eig. *Erzeugter*) 142f.

ברח bar-ḥa-a-ti Subst. Pl. *Böcke* aram. בַּרְחָא, ḳa-ri-ib bar-ḥa-a-ti *Lammergeier* 104.

ברם bir-mi Subst. Pl. *buntfarbige Stoffe* hebr. בְּרוֹמִים 113.
bur-ru-mu Adj. *buntfarbig* 113; fem. bur-ru-um-tav, auch bur-um-tav geschrieben, *buntfarbig* 113, Subst. *ein buntfarbiger Vogel* 113.

בש ba-su urspr. *in ihm*, scil. *ist*, dann verbal *es ist*, vgl. äth. በ፡ 21 Anm.
ib-su 3. Ps. Sg. Impf. Ḳal *er* oder *es war* 21 Anm. 123.
ib-si 3. Ps. Pl. Impf. Ḳal *sie waren* 123.
u-sab-su-u 3. Ps. Sg. Impf. Shaf. *er machte, verübte* 21 Anm.
ma-la-ba-su *so viele ihrer waren* 8.
'Abas *machen* (siehe עבש) kann nicht als eine secundäre Afelbildung von basu gefasst werden, siehe 119.

בשם ba-as-mu, Pl. ba-as-mí Subst. *Wohlgeruch*, dann *Lieblichkeit, Annehmlichkeit, nützliche Lehre* hebr. בֶּשֶׂם 6. 8, vgl. 119. 126.
ba-sa-mu, Gen. ba-sa-mi Subst. *Balsam* hebr. בָּשָׂם 41. 126f.

בשר bi-is-ru Subst. *Blutsverwandter* hebr. בָּשָׂר 143.

בתר mu-bat-ti-ru eig. Part. Pa., dann Subst. *ein Wurm* hebr. בָּתַר 85.
bit-ru-u Subst. *ein vierfüssiges Thier* 59f.

ג

גב* a-na gab Präp. *gegen, entgegen* 122.

גבר* gab-ri Subst. *Rival, Nebenbuhler*, dann *Parallelcolumne, in Parallel-*

columnen getheiltes Wörterverzeichniss 3 f. Anm. 120—121.
g a b - r i a*, g a b - r a - a* Part. *rivalisirend, Rival* 123.
גלב g a l - l a - b u Subst. *Bartscheerer* hebr. גַּלָּב 135.
גלגד g i - i l - g i - d a - n u Subst. *ein Vogel* 110.
גמגם* g a m - g a m - m u Subst. *Strauss* 116 f.
גמל g a m - l u v Subst. *Gutthätigkeit* hebr. גָּמוּל 117.
g i - m i l - l u Subst. *Wohlthat* 93. 117.
g a m - m a l, Pl. g a m m a l i *Kameele* hebr. גָּמָל 17 Anm. 18. 131.
גמר g a - m a - r u Inf. *vollenden, aufhören* hebr. גָּמַר 18.
g i m - r u, g i - m i r Subst. *Gesamtheit* 18.
g a - a m - r u Adj. *vollständig* 18.
גנן g i - n u - u Subst. *Garten, Gefild* hebr. גִּנָּה 75.
גרר g a - r a - r u Inf. *ungestüm dahineilen*, vom Wasser, m i - ʿi, und Menschen, n i s i, gesagt, vgl. hebr. גָּרַר 52 f.
גשר g u - s u - r u, g u - s u - r i Subst. *zugehauenes Holz, Balken* aram. גִּשְׁרָא 82; t í - m i - r u s a g u s u r i *Holzsäule* 84 Anm.

ד

דבב d a - b i - b u Part. *heimlich planend* hebr. דָּבַב 55.
d a - b u - u Subst. *Bär* hebr. דֹּב 55.
d a - a b - t u v Subst. *Eidechse* 120 (hiernach S. 24 und 67 zu verbessern).
דבס-* d u b - ś a r - r u Subst. *Schreibtafel* 119.
d u b - ś a r - r u - t i. d u b - ś a r - u - t i Subst. *Tafelschreibung* 6. 7 f. 119.
דגל u - s a d - g i - l a 1. Ps. Sg. Impf. Shaf. *ich vertraute an, übergab* 49.
d a - g i l Part. *ergeben* 49.
דדל a - d u - d i l - l u v Subst. *Vierundvierzigfuss* syr. ܕܘܕܠܐ 76.
דדם d a - a d - m i Subst. Pl. *Menschen, Menschheit* (reduplicirte W. דם, wovon דָּם *Blut*) 143.
דדן d u - d i - n a - t í Subst. Pl. *in langen Enden herabwallendes Gewand* arab. ذنذنة 122 Anm.
דוד d a - d u Subst. *Liebling, Kind* hebr. דּוֹד 143.
דוד d u - u - d u Subst. *Fischreiher* 114.
דוח d i - ḫ u Subst. *Regen* hebr. דוּחַ 71.
דור d u - u - r u, d u r Subst. *Burg, Wohnung* hebr. דּוֹר 19, d u - r u *Hirtenzelt* vgl. aram. דִּיר רַעְיָן 135 Anm.
דוש d a - i s, d a - a - i s Part. *niedertretend, niederwerfend* hebr. דּוּשׁ 42.
דחח d i - ḫ u Subst. in d i - ḫ u ʿi - l i p - p i *ein Schiffstheil* 137. 139.
i n a d i - ḫ i Präp. *in der Nähe von* vgl. hebr. דָּחָה 35.
דין d a - a - a n Subst. *Richter* hebr. דַּיָּן 52.
דלל d a - a l - t u v Subst. *Thüre* hebr. דֶּלֶת 46. 133. Anm.
דם d a - m u Subst. *Blutsverwandter* hebr. דָּם 142.
d a m - u - t u Subst. *Blutsverwandtschaft* 20.
דמם d u - m a - m u Subst. *Kater, Katze* arab. دمة 33.

דמם* dim-mu Subst. *Tau* (eines Schiffes) 137f.

דמק du-um-ḳu, du-un-ḳu Subst. *Gnade, Gunst* 22. 58.

dam-ḳu Adj. *gnädig, günstig*, von Thieren *harmlos, ungefährlich* 58. 61.

דנן da-na-nu Subst. *Macht, Stärke* 97 Anm.

dan-nu-tu Subst. *Macht* 125.

dan-nu Adj. *stark, gewaltig* 44 Anm. 85. 97 Anm. 129.

dun-nu Adj. *gewaltig* 43.

דפן da-pi-nu Part. *Beschützer* arab. دَفَنَ 24.

da-pa-nu Subst. *Seitenwand* (des Wagens) aram. דַּפְנָא 24.

דפף dup-pu (selten dip-pu), Gen. dup-pi, Pl. dup-pa-ni, duppani Subst. *Tafel* aram. דַּפָּא 6. 7f. 19 Anm.

דקדק di-iḳ-di-ḳu, du-uḳ-du-ḳu, duk-duk-ku Subst *Sperling* hebr. דִּקְדֵּק „zerkleinern" 100f.

דקק da-ḳa-ḳi-ta Subst. *Kleinheit, Kindheit, Jugend* aram. דְּקַק 66.

du-ḳa-ḳu-u Subst. *dass.* 96.

דרג da-ra-gu Subst. *Weg* vgl. hebr. דָּרַג, דֶּרֶךְ 19f.

דשש da-as-su Subst. *Gazellenbock* vgl. hebr. דִּישׁוֹן 54.

דתן di-ta-nu Subst. viell. *Gemse* 49.

ה

הבל ab-lu (hab-lu) Subst. *Sohn* hebr. הֶבֶל 24. 89; habal iṣ-ṣu-ri *junger Vogel* 109, habal iṣ-ṣur rab-i *Junges des grossen Vogels, junger Fasan oder Pfau* 106.

ab-lu-tu Subst. *Sohnschaft* 125.

a-bi-il Subst. *Sohn* (?) 90.

a-ví-lu Subst. *Mensch, Mann* vgl. hebr. אֱוִיל־מְרֹדַךְ 89.

a-ví-lu-tav, a-ví-lu-u-tav Subst. *Menschheit* 89.

הדר a-dir Part. *ehrend* hebr. הָדַר 55.

היכל ʿi-kal-lu, ʿikal Subst. *Palast* hebr. הֵיכָל 6. 16.

הלך a-la-ku Inf. *gehen, Gang, Zug* 15. 50 Anm.

a-lik Part. *gehend* (mit maḫ-ri räumlich = *mir vorhergehend*, mit maḫ-ri zeitlich = *vor mir lebend*) 6. 50 Anm. 124.

המם am-mu Subst. *brausende Fluth* hebr. הָמַם 53.

ו

ו u, va Conj. *und* hebr. וְ, וּ 6. 37.

ז

זאב zi-i-bu Subst. *Wolf* hebr. זְאֵב 47, *Wolfsvogel, Geier* 103.

זבב zu-um-bi aus zu-ub-bi Subst. Pl *Fliegen, Bremsen* hebr. זְבוּב 63f.

זיז zi-za-nu Adj. *dahinstürmend*, Beiname des Gottes Adar 75 Anm. 86f. Anm., Subst. *Gewürm* hebr. זִיז 74f.

זכת za-ak-ki-tuv Subst. *ein stechendes Insect* arab. ذَكّ 66.

זכר az-ku-ra 1. Ps. Sg. Impf. Ḳal *ich nannte* hebr. זָכַר 37 Anm.

zik-ri Subst. *Name* 55. 109.
zi-ka-ruv Adj. *männlich*, Subst. *Mann, Diener* hebr. זָכָר 32. 36.
זמר zu-um-ru Subst. *Bauch* vgl. talm. זְמוֹרָה „Knurren des Magens" 122 Anm.
זנב zu-um-bi Subst. *Schweif* hebr. זָנָב 20. 122 Anm.
זנזן za-an-zi-zi-tav Subst. *Floh* 66.
זנזן zu-un-zu-nu Subst. *Ameise* 71.
זנן zu-un-nu Subst. *Regen* äth. ዝናም: 71.
זער zi-ʿi-ru Subst. *Kind, Sohn, Junges* targ., talm. זְעֵיר 142.
זקק zig-ga-ti Subst. (Gen.) *Sturm, heftiger Wind* targ., talm. זִקָּא 71 Anm.
זקק az-ki-ḳu Subst. *ein Vogel* 118.
זרבב zir-ba-bu, Pl. zir-ba-bi Subst. *Heuschrecke* vgl. arab. إِزْرَبّ 73. 77. 78. 97.
זרזר zir-zir-ru Subst. *Ameise* vgl. arab. ذَرّ 71.
זרע zi-ru, zir Subst. *Same* hebr. זֶרַע 84.
זרק zi-ir-ḳu, Pl. zir-kut Subst. *Insignie* vgl. syr. ܙܘܩܐ 94.
זרר za-rar-ti Subst. (Gen.) *Abfall* vgl. hebr. זור 55.

ח

חבל ḥab-bi-lu Adj. *verderbt, schlecht* hebr. חָבַל 109 f.
חבן ab-bu-un-nu Subst. *Pelekan* vgl. arab. حَبَن 118.
חבר ḥab-bar-tuv Subst. *gestreiftes Kleid* arab. حِبَرَة 112 Anm.
חגר i-ga-ra-a-ti Subst. Pl. *Seiten, Flanken* (des Schiffes) arab. حُجْرَة 18. 137 f.
חדא it-ti-du-u, ta-ti-du-tuv Subst. *Gabelweihe* arab. حِدَأَة 107.
חדל ḥa-di-lu eig. Part. *dick, plump* arab. خَدَل, dann Subst. *Meerziege*, ein Fisch 69.
חדש ud-dis 1. Ps. Sg. Impf. Af. *ich erneuerte, stellte wieder her* hebr. חָדַשׁ 18.
חוה ḥa-av-vu Subst. *Schlange* aram. חִוְיָא 69, ḥa-av-vu mi-ʿi *Seeschlange* 69.
ta-ḥu-u Subst. *Sprössling, Nachkomme* 144.
חוח ḥa-aḥ Subst. *ein krächzender Vogel* 111.
חוק ḥu-u-ḳu Subst. *ein Vogel*, viell. *Kukuk* 93.
חור ḥa-a-ru Inf. *aushöhlen, eingraben* hebr. חור 9.
חור ḥu-u-ru-u Subst. *Edler, Freier, Sohn* hebr. חֹר 143 f.
ḥi-ra-tuv, ḥi-ir-tuv Subst. *Gattin* syr. ܚܐܪܬܐ 44 Anm.
חוש ḥa-a-su Inf. *dahinstürmen, eilen* hebr. חוּשׁ 53.

חות it-tu-tuv Subst. *grosser Fisch* arab. حُوت 68. 107.
חזה ḫa-zu-u Subst. *ein Vogel*, viell. *Kukuk* 93.
חזן ḫa-za-na-a-ti Pl. *Vorstände der Stadt* mischnisch חַזָּן 132.
חחר ḫa-ḫar Subst. *Rabe* vgl. arab. خَرْخَرٌ 102 f., ḫa-ḫar ili *Lämmergeier* 104.
חטא ḫi-iṭ-ṭu Subst. *Sünde, Abfall* hebr. חֵטְא 17.
ḫi-ṭi-tu Subst. *Sünde, Abfall* 41 Anm.
חטט it-tu d. i. iṭ-tu Subst. *Weizen* hebr. חִטָּה 81.
חלז ḫal-zi-i in iṣ-ṣur ḫal-zi-i *ein Vogel* 111.
חלל ḫal-lu-la-ai, ḫal-lu-la-ja eig. Adj., dann Subst. *ein in Erdlöchern lebendes Thier* vgl. aram. חֲלָלָא 67 f.
חלמט ḫul-mit-tu Subst. *eine Schlange* syr. ܚܘܠܡܛܐ 87.
חלף na-aḫ-lap-tav Subst. *Kleid, Gewand* vgl. hebr. חֲלִיפָה 112.
ḫi-it-lu-pa-tuv Subst. *Gewand* 112 Anm.
חלק il-lu-ku Subst. *Hemd* targ., talm. חָלוּק 112 Anm.
חמה ḫi-mí-ti Subst. in zu-um-bi ḫi-mí-ti *eine Fliegenart* 65.
חמן u-mu-nu Subst. *kleiner Wurm* arab. حُمْنٌ 80 Anm.
חמר i-mi-ru Subst. *Esel* hebr. חֲמוֹר 18, als Theil des Schiffes: *ein Tragbalken* vgl. arab. حِمَارٌ 137 f.
חמר a-ma-ru Subst. *Asphalt* hebr. חֵמָר 81 Anm.
חמש ḫa-mil-ti Zahlw. *fünf* hebr. חֲמִשָּׁה 24.
ḫa-an-sa-a Zahlw. *fünfzig* 131, rab ḫansâ *Befehlshaber über fünfzig* 131.
חסה ḫu-śi-i Subst. *Uhu* 100.
חפן ḫu-pu-un-nu Subst. *Handvoll, geringes Quantum* hebr. חֹפֶן 17.
חצבר ḫa-ṣi-ba-ruv Subst. *ein Wasservogel* 102.
חצן 'i-ṣi-in Subst. in Verbindung mit ṣi-ru Adj. *hoch, gewölbt: Brust, Busen* hebr. חֵצֶן 122 Anm., beim Schiff: *Verdeck* 137 f.
חקל ik-lu, 'i-ki-il, Gen. ik-li Subst. *Feld, Stück Land* aram. חֲקְלָא 18. 75, kal-mat ikli *Feldungeziefer* 80.
חרבק ḫar-ba-ḳa-nu, ḫar-bak-ka-a-nu Subst. *ein Vogel* 104.
חרל u-ru-ul-li Subst. Pl. *Dornen* hebr. חֲרֻלִּים 99 Anm.
חרש a-ḫar-śa-nu Subst. *ein Vogel* 106.
חרף ḫa-ru-pu Subst. *Heuschrecke* vgl. hebr. חָרָף 77 f.
ḫa-ar-pu Subst. *Ernte* hebr. חֹרֶף 78 Anm.
חרץ ḫu-ra-ṣu Subst. *Gold* hebr. חָרוּץ 114.
ḫu-ra-ṣa-ni-tav Adj. fem. *golden*, Subst. *Goldamsel* 114.
חרר ḫar-ri Subst. in iṣ-ṣur ḫar-ri *Edelfalke* arab. حُرٌّ 113.
חרר ḫar-ra-nu Subst. *Weg* vgl. äth. ሐረ፡ 20.
חשף ḫa-sip-tuv Subst. *grüne Fliege* arab. خُشَّفٌ 66.

חשש ḫu-us-su-u Subst. *eine Gazellenart* arab. خَشَش 59.
חתר taḫ-tir-ri-ʿi-tuv Subst. *Eingang, Thüre* hebr. חֶתֶר 51.

ט

טבע ṭa-ab-bi-'-u Subst. *ein Wasservogel* hebr. טָבַע „tauchen" 99.
טוב ṭa-a-bu Adj. *gut, günstig* hebr. טוֹב 56.
ṭa-bis Adv. *gut* 20.
טעם ṭi-im-tuv Subst. *Speise, Nahrungsmittel* hebr. טַעַם 9 Anm.
טר* ṭar-ru Subst. *ein buntfarbiger Vogel* 113, ṭar sarru-tuv *ein prächtiger buntfarbiger Vogel* 115.

יד id *Hund* siehe אד.
יום ju-mu, selten im-mu, Pl. ju-mi Subst. *Tag* hebr. יוֹם 25. 61. 116 Anm.; ju-um ri-ḫi-iṣ-ti-iv *Regentag*, ju-um zig-ga-ti *stürmischer Tag* 71 Anm., ju-mu ma-lu-u-tuv *ein voller Tag* 116 Anm.
ים ja-a-mu, Gen. ja-a-mi Subst. *Meer* hebr. יָם 25.
ימן imnu Adj. *die rechte (Seite)* hebr. יָמִין 129.
יעל ja-ʿi-li Subst. Pl. *Steinböcke* hebr. יָעֵל 53.
יש i-su eig. Subst. *Sein, Besitz* hebr. יֵשׁ, dann Verb. *sein, im Besitz jemandes sein*, transitiv *besitzen*, la-a i-su *es ist nicht* arab. لَيْسَ 7, i-sa-a-ku *ich hatte* 122. 123 Anm.

כ

כבל kab-bi-luv eig. Adj. *angekettet*, dann Subst. *Kettenhund* hebr. כָּבַל 34.
כבר ku-bu-ruv Subst. *Kind, Sohn* vgl. syr. ܒܪ 143 f.
כדן kud-din-nu Subst. *Maulesel* aram. כּוּדְנָא 95.
כדר ku-du-ru Subst. *Krone* hebr. כֶּתֶר 20.
כהו ki-a-av Adv. *also* hebr. כֹּה 133 Anm.
כהן ka-ai-nav Subst. *Priester* hebr. כֹּהֵן 42.
כון u-kin 1. Ps. Sg. Impf. Af. *ich stellte auf* hebr. כּוּן 6.
u-ka-a-an 3. Ps. Sg. Impf. Pa. *er stellt fest* 52.
ka-ai-va-nu Subst. *Saturn* arab. كَيْوَان 50.
ki-i-nuv Adj. *beständig, ewig* 89 f.
כוש Ku-u-śi Landesn. *Aethiopien* hebr. כּוּשׁ 57.
כיר ki-ru, Gen. ki-ri-i Subst. *Baumpflanzung* vgl. hebr. כִּיר 80; kalmat ki-ri-i *Baumungeziefer* 80.
כיז ki-zu-u, Gen. ki-zi-ʿi Subst. *Schildknappe* syr. ܟܐܙܐ 133.
ככב kakkab Subst. *Stern* hebr. כּוֹכָב 36.
ka-ak-ka-bi-is Adj. *gleich den Sternen* 103.
כלב kal-bu, ka-lab Subst. *Hund* hebr. כֶּלֶב 35 ff.; zu-um-bi kal-bi *Hundsfliegen* 64.

kal ba-tuv Subst. *Hündin* 43.

כלה ka-li-u, ka-lu-u Subst. *Kranich* 98 f.

כלכך ku-lu-ku-ku Subst. *Rebhuhn*, syn. ki-kal-kil-u, 103 f.

כלל ku-li-luv, ku-li-li-tuv Subst. *Mücke* vgl. hebr. כִּנִּים 70. 74.

ki-li-luv, ki-li-li, ku-li-li Subst. *Specht* 99.

כלם ka-lu-mu Subst. *Kind*, *Sohn*, *Junges*, syn. ma-ar, 143.

כם ki-ma, kima Präp. *wie*, *gleichwie* hebr. כְּמוֹ 36. 55. 94. 96. 97. 102. 110.

כמע ki-mi Subst. Pl. *Kleider* arab. كِمْعٌ in kal-mat ki-mi *Kleiderwurm* 82 f.

כנס ki-na-śa Subst. in tu-bal-la-aṣ ki-na-śa *ein Vogel* 101.

כנש kis-sa-tu, Pl. kissati Subst. *Schaar*, *Volk*, *Heerhaufen* aram. כְּנַשׁ 6. 131.

כסא ku-uś-śu-u Subst. *Thron* hebr. כִּסֵּא 19. 57 Anm.

כסם ki-śi-im-mu Subst. *Heuschrecke* hebr. כֶּסֶם, vgl. גָּזָם 77 f.

כסס ka-śu-śu Subst. *Kauz* vgl. hebr. כּוֹס 100.

כסף ka-aś-pu, kaśpu Subst. *Silber* hebr. כֶּסֶף 81 Anm.

כפף kap-pu Subst. *Hand* hebr. כַּף 19.

כפר kip-ru, kip-par Subst. *Land*, *Gegend*, *Himmelsgegend* arab. كُفْرٌ 114; sar-rat kip-ri, lal-la kip-par *ein Raubvogel* 114.

kip-ra-tuv, Pl. kip-ra-a-ti Subst. *Land*, *Gegend*, *Himmelsgegend*, kip-rat ir-bit-ti *die vier Himmelsgegenden* 114, lal-la kipratuv *ein Raubvogel* 114.

ku-upru Subst. *Asphalt* hebr. כֹּפֶר 81 Anm.

כפת ku-pi-tu Subst. *ein Vogel* 115.

כרב ki-ru-bu Subst. *Stiercoloss* hebr. כְּרוּב 107 f.

ku-ru-bu Subst. *Geier* syr. ܟܪܘܒ „stark“ 107 f.

כרה kir-ḫi-'i, kir-ḫi Subst. Pl. *Burgen* aram. כַּרְכָּא (כְּרַכָּא) 16.

כרך ku-ru-uk-ku, ka-rak-ku Subst. *Geier* vgl. arab. كَرْكَرَ „kreisen“ 107 f.

כרכזן kur-ki-za-an-nu Subst. *Rhinoceros* arab. كَرْكَدَّن 56.

כרם kar-ma-ni Subst. Pl. *Weingärten* hebr. כֶּרֶם, rab kar-ma-ni *Oberaufseher der Weingärten* 134.

כרר kir-ru Subst. *Lamm*, *Schaf* hebr. כַּר 32.

כרש kar-su Subst. *Bauch* hebr. כְּרֵשׂ 122 Anm.

כשב ka-su-bu Subst. *Heuschrecke* vgl. arab. كَثَبَ „zusammenbringen, geschaart sein“ 72.

ki-si-bu Subst. *Bündel* 72 Anm.

כשד kasid Part. *einnehmend*, *occupirend*, *bewohnend* in kasid kab-ruv oder ka-bar-ti *Grabvogel*, *Dohle* 108.

kisidti Subst. *Besitz*, *Eigenthum* 6.

כתם ik-tu-mu 3 Ps. Sg. Impf. Kal *er überwältigte* arab. كَتَمَ 99.

ka-ti-ma-tuv, ungenau ka-ti-mut-tuv eig. Part., dann Subst. *ein Raubvogel* 99.

ל

לא la, la-a Adv. *nicht* hebr. לֹא 6. 7. 55. 109. 123 u. ö.

לבב lib-bu, Gen. lib-bi Subst. *Herz* hebr. לֵב 89. 122 Anm.
ina lib-bi Adv. *alldort* 37.

לבן li-bit-tuv Subst. *Backstein* hebr. לְבֵנָה 81 Anm.
la-ba-nu (Inf.) libitta *Ziegelstreicher* 135.
la-bi-in (Part.) li-bit-ti *Ziegelstreicher* 135.

לבש lub-su, lu-ub-su Subst. *Kleid* hebr. לְבֻשׁ 112.
lu-bu-us-tuv, Pl. lu-bul-ti Subst. *Kleid* 84. 112. 113.
lit-bu-su Subst. *Kleid* 112.
na-al-ba-su Subst. *Kleid* 83. 112.

לוח la-vu-u Subst. *Tafel* hebr. לוּחַ 7 f. Anm. 18.

לול lu-al Subst. viell. *ein sich ringelnder Wurm* hebr. לוּל 90.

לוס la-vaś-śu (oder la-maś-śu?) Subst. *Stiercoloss* 37 Anm.

לחם la-ḫa-an-tuv aus la-ḫa-am-tuv Subst. viell. *Habicht* 96.

ליל li-la-a-tuv Subst. *Nacht* hebr. לַיְלָה 51.

ללם* lu-li-mu Subst. *Leithammel*, *Bock*, dann *Fürst*, *König* 49 f.

ללר* lal-la-ru Subst. unbekannt 67.
lal-la-ar-tuv Subst. *ein Insect* 67. 76.

למם lu-um-mu-u Subst. *Roche* arab. لُخّ 69.

למן lim-nu Adj. *feindlich* 55. 85, speciell *feindlicher, verwilderter Hund* 41 f.
li-mut-tu Adj. fem. *feindlich* 42.
lim-ni-'i-tu, Gen. lim-ni-'i-ti Subst. *Feindschaft* 42. 55.

למץ lam-ṣu, lam-ṣa-tuv Subst. *ein Thier* 88.

לפת la-pa-tuv Inf. *wenden, verdrehen* (die Augen) hebr. לָפַת 24 f.

לקח il-ḳu-u 3. Ps. Pl. Impf. Ḳal *sie nahmen* hebr. לָקַח 18.

לקלק la-ḳa-la-ḳa Subst. *Storch* arab. لَقْلَق 105.

לשן li-sa-an Subst. *Zunge* hebr. לָשׁוֹן 42; lisan kalbi *eine Pflanze* arab. لِسَانُ ٱلْكَلْبِ 36.

מ

מאד ma-'-du, Pl. ma-'-di Adj. *viel* hebr. מְאֹד 72. 102 f. 132.

מדד i-ma-da-ad, i-ma-an-da-ad aus imaddad 3. Ps. Sg. Impf. Ḳal *er misst, misst zu* hebr. מָדַד 22. 81 Anm. 98.
ma-da-du Inf. *messen* 22.

מדל mi-di-lu Subst. *Riegel* syr. ܡܘܕܠܐ 46.

מוט ma-ṭu-u Adj. *schwankend, hinfällig* hebr. מוט 44 Anm.

מוש mu-su Subst. *Nacht* vgl. hebr. אֶמֶשׁ 61; ṣi-ir mu-si *Nachtschlange* 88, iṣ-ṣur mu-si *Nachtigall* 112.

מות mu-ta-nu Subst. *Pest* aram. מוֹתָנָא 126.

מח* maḫ-ḫu Adj. *gross* 87, Subst. *Magnat* 131.

מחה tam-ḫu-u, tam-ḫa-a-tuv Subst. *Dunkel*, *Dämmerung*, *Nacht* vgl. hebr. מְחָה 51.

מחץ mun-taḫ-ṣi aus mum-taḫ-ṣi, mum-ta-ḫi-ṣi Part. Ifte. *Kämpfer* hebr. מָחַץ 22.

מחר ma-ḫar *an der Spitze sein*, *vorn sein*, *gegenüber sein*; *entgegengehen*, *entgegenbringen*, *entgegennehmen*; *zuvorzukommen suchen*, *voraneilen*; *eilen*. Siehe über die Bedeutungsentwicklung 124 f.

am-ḫar 1. Ps. Sg. Impf. Ḳal *ich nahm entgegen*, *empfing* 125.

ma-ḫa-ruv Inf. *zuvorzukommen suchen*, *rivalisiren* 120 f.

ma-ḫi-ru Part. *der es einem andern zuvorthun will*, *Rival* 122 125.

ma-ḫir-tuv, Gen. ma-ḫir-ti eig. Part. fem., dann Subst. *schnellsegelndes Schiff*, *Schnellsegler* 120 f.

maḫ-ru Subst. *Front*, *Vorderseite* 21. 121 Anm. 124; ju-um maḫ-ri *ein früherer Tag* 116 Anm.

maḫ-ra-a-ti Subst. Pl. *ein Schiffstheil* 137. 139.

ma-ḫar Subst. *Tributleistung* 125.

tam-ḫa-ru Subst. *feindliche Begegnung*, *Kampf* 125.

maḫ-ru Adj *der erste* 124, *früher*, *vorig*, von der Zeit 124.

maḫ-ri, maḫri Präp. *vor*, zeitlich und räumlich 6. 50 Anm. 124.

a-di maḫ-ri, ma-ḫar Präp. *entgegen*, *vor* 124.

mit-ḫa-ris Adv. *eilig* 103. 125.

מטר mi-iṭ-ru Subst. *Regen* hebr. מָטָר 71.

מי mi-'i Subst. (Gen.) *Wasser* hebr. מַי, מַיִם 52; ḫa-av-vu mi-'i *Seeschlange* 69, ka-lab mi-'i *Wasserhund*, viell. *Biber* 40.

מכן Ma-kan Landesn. *Aegypten* 57.

ma-ak-ka-nu-u, fem. ma-ak-ka-ni-tuv Adj. *ägyptisch* 57. 58, ein Beiname viell. *des Nilpferds* 56 ff.

מכס ma-ki-su Part. *Zöllner* aram. מוֹכֵס 135.

מלא im-lu-u 3. Ps. Pl. Impf. Ḳal *sie waren erfüllt*, *abgelaufen* (die Tage) hebr. מָלֵא 116 Anm.

ma-lu-u Inf. *voll sein* 115.

ma-la Subst. *Fülle* 6. 8, ma-la-ba-su *so viele ihrer waren* 8.

ma-lu-u-tuv Adj. fem. *voll*, ju-mu ma-lu-u-tuv *ein voller Tag* 116 Anm.

מלח Mi-luḫ-ḫa Landesn. *Meroë*, *Oberägypten* 57.

mi-luḫ-ḫu-u, fem. mi-luḫ-ḫi-tuv Adj. *äthiopisch* 57. 58.

מלך ma-li-ku Part., dann Subst. *Eigenthumsbesitzer* arab. مَٰلِك 144.

mil-ku Subst. *Besitz*, dann *Familie*, *Familienglied* 143 f.

mal-ku, Pl. mal-ki Subst. *Fürst* hebr. מֶלֶךְ 21. 123.

מנן mu-nu Subst. *ein Wurm* syr. ܡܰܘܢܳܐ 90.

מצר Mu-ṣur Landesn. *Aegypten* hebr. מִצְרַיִם 57.

מקק mi-iḳ-ḳa-a-nu (mig-ga-nu 88) Subst. *Termite* vgl. hebr. מָקַק 84.

מרא ma-ru, ma-ru-u, ma-a-ru, ma-ar Adj *männlich*, Subst. *männliches*

Kind, Sohn vgl. arab. مَرْءٌ 36. 142; Adj. Pl. ma-ru-u-ti *männliche (Rindscolosse* alpi) 37; ma-ru-u Subst. viell. *Wolf* 60.
 mi-i-ru, mi-ir, im-mi-ru Subst. *Kind, Sohn, Junges* 36. 142f.
 mu-u-ru, Pl. mu-ra-ni Subst. *Junges*, speciell *junger Löwe* 36. 143.
 mi-ra-nu, Gen. mi-ra-a-ni Subst. *Männchen, männlicher junger Hund* 36.
 ma-ar-tuv Subst. *Mädchen* 36. 143.
 mi-ir-tuv, im-mi-ir-tuv Subst. *Mädchen* 36. 143.
 ma-ru-tu Subst. *Kindschaft* 36. 125.

מרח mar-ḫi-tuv Subst. *Weib, Gattin* 44 Anm.

מרח mur-ru-ḫa-ai Subst. *Wolfsvogel, Geier* vgl. arab. مُرَخٌ 103.

מרץ mar-ṣu Subst. *Beschädigung, Krankheit* arab. مَرَضٌ 85.
 mar-ṣu Adj. *gewaltig, furchtbar*, von Bergen: *mächtig, unzugänglich* hebr. מִרַץ 85.

מרר mar-ra-ti Subst. *Meer* 53 Anm.
 mar-ra-tuv Subst. *ein Vogel* 100.

מרת* mar-tuv Subst. *Westen* 37 f.

משך ma-suk-tuv Subst. unbekannt, a-mid-ti ma-suk-tuv 41.

מת ma-a-tuv, ma-tuv, Gen. ma-ti Subst. *Land* aram. מָתָא 38 Anm. 39. 74. 103.

מתה mu-tav, mu-ut Subst. *Mann, Ehemann* hebr. מַת 55.

נ

נבא i-nam-bu-u aus i-nab-bu-u 3. Ps. Pl. Impf. Ḳal (?) *sie nennen* hebr. נָבָא 63.
 ab-bi 1. Ps. Sg. Impf. Ḳal *ich nannte* 37 Anm.
 at-ta-bi aus an-ta-bi 1. Ps. Sg. Impf. Ifte. *ich nannte (mir zu Ehren)* 37.
 mu-nam-bu-u Part. Pa. *verkündend* 66.
 na-bu-u Subst. *Verkündigung*, concret *Prophet* 66.
 Nabu Gottesn. *Nebo* 6.
 ni-bit-tav, ni-bit Subst. *Benennung, Name* 37. 66.

נבב nam-bu-ub-tuv aus nab-bu-ub-tuv Subst. *ein Vogel* 107.

נדן id-din 3. Ps. Sg. Impf. Ḳal *er gab* hebr. נָתַן 20.
 id-di-nu 3. Ps. Pl. Impf. Ḳal *sie gaben* 7.
 na-da-nu Inf. *geben, Gabe* 19. 20.
 ma-da-tu aus mandattu, Acc. ma-da-ta Subst. *Tribut* 95. 125.

נהד na-'-id Part. *erhaben* arab. نَهَدَ 15.
 na-'di-is Adv. *erhaben, feierlich* 15.
 nu-'-u-du Subst. *Höhe* 15. 122.
 ni-du-tuv Subst. *Höhe* 76 Anm.

נהר na-ha-ru (sic!) Inf. *Aufleuchten (des Tages* sa ju-mi) hebr. נָהַר 35 Anm.

נהר na-ha-ruv, Pl. nahari Subst. *Fluss*, *Strom*, *Kanal* hebr. נָהָר 53 Anm. 93. 94. 99.

נוב nu-uh-tuv Subst. *Biene* arab. نُوبٌ 66.

נון nu-nu Subst. *Fisch* hebr. נוּן 5. 20.
ní-nu Subst. *Familie*, *Nachkommenschaft* hebr. נִין 20.

נוש siehe אנש.

נחל na-ḥal-luv Subst. *Schwarm (von Würmern)* targ., talm. נְחִיל 79 Anm. 120.

נחת na-aḥ-tav Subst. *junger Fasan oder Pfau* 106.

נטר na-ṭir-tuv Part. fem. *bewachend* (von der ihre Jungen bewachenden Hündin) hebr. נָטַר 45.
na-aṭ-ru, Pl. na-aṭ-ru-ti Subst. *Wächter* 34, speciell *Wächterhund*, *Kettenhund* 34.

ניר ni-i-ru Subst. *Joch* aram. נִירָא 20.

נכר nakru, nakiru Subst. *Feind* vgl. hebr. נָכְרִי 23 Anm. 120.

נמר na-ma-ruv Inf. *glänzen*, *sichtbar sein* vgl. arab. نَمِرٌ „hell, klar" 7. 94 Anm.
na-mir-tu, na mir-tuv Part. fem. *sehend* 6.
nam-ru Adj. *hell*, *klar* 116 Anm.
nin-mí-ru Subst. *Aufklärung*, *Belehrung*, *Lehrmittel* 6. 7.
ta-mar-ti Subst. *Schaustück*, *Geschenk* 6. 7.

נמתר* nam-ta-ru Subst. *Lenker des Geschickes* 126 Anm.

נסח iś-śu-uḥ 3. Ps. Sg. Impf. Ḳal *er riss heraus*, *entfernte* hebr. נָסַח 117.
u-na-aś-śi-ḥa 1. Ps. Sg. Impf. Pa. *ich entfernte*, *that hinweg* 34.

נסך ni-śik Subst. *Einführung* hebr. נָסַךְ „hingiessen, bestellen" 6. 7.

נסך mu-na-śik-tuv Part. fem. Pa. *beschützend* (von der ihre Jungen beschützenden Hündin) hebr. נָסַךְ 44 f.

נעל na-ai-lu, na-a-lu Subst. *eine Gazellenart* 52 f.

נעק na-a-bu (na-a-pu) Subst. *ein Wurm* arab. نَغَفٌ 79. 80; kakkab na-a-bi *ein Stern* 80.

נפח ip-pu-uḥ 3. Ps. Sg. Impf. Ḳal *er ging hinaus* aram. נְפַק 117.
ni-pí-iḥ Subst. *Ausgang*, *Aufgang* (*der Sonne* san-si), *Osten* 38.

נפל nap-pil-luv Subst. *Heuschrecke* aram. נַפּוֹלָא 77.

נפץ ni-ip-ṣu Subst. *junger Fasan oder Pfau* 106.

נקה ni-ḳu-u Subst. *Sühnopfer*, *Opfer* hebr. נָקָה 33; kirru niḳi *Opferlamm*, alap niḳi *Opferstier* 33; ni-ḳu-u sa si-ka-ri *Dankopfer* 117.
na-ku-tu Subst. *Freiheit* 125.

נקף ni-ḳap Subst. *Wächter* vgl. hebr. נָקַף 132.

נקר na-ḳa-ru Inf. *schneiden*, *einschneiden* hebr. נָקַר 64 Anm. 121 Anm.

נשא na-su-u, Gen. na-sí-'i Subst. *Erhebung* 23. 48. 121 Anm., *Darbringung* hebr. נָשָׂא 16.
na-as Part. (statt nasi) in na-as paṭ-ri *Dolchträger* 132, na-as pi-laḳ-ḳi *Beilträger* 132 f.

נשם tus-mu-u aus tun-si-mu, Gen. tus-mi-i (auch tas-mi-i) Subst. *Pelekan* hebr. תִּנְשֶׁמֶת 93 ff. 118.

נשק u-na-as-si-ḳu 3. Ps. Pl. Impf. Pa. *sie küssten* hebr. נָשַׁק 45.

נשר na-as-ru Subst. *Adler* hebr. נֶשֶׁר 105.

ס

סבע śi-ba Zahlw. *sieben* hebr. שֶׁבַע 25 Anm. 87.

סבר śu-bar-tuv Subst. *Hochland*, auch Eigenn. eines Landes, aram. סְבַר 119.

סדן śu-din-nu, Gen. śu-din-ni Subst. *ein Vogel* 110.

סדר śi-i-ru Subst. *Hirtenzelt* talm. סְדָר „Zaun um die Hürde" 135 Anm.

סוד śa-vi-di, iṣ-ṣur śa-vi-di Adj. *schwärzlich*, Subst. *Sperling* arab. أَسْوَد 100 f.

סוס śa-iś Part. *Aufseher* vgl. arab. سَائِس 128 f.

סוס śa-a-śu Subst. *Motte* hebr. סָס 84; kakkab śa-a-śi *ein Stern* 84.

סחם śa-a-mu Adj. *schwarz, dunkelfarbig* aram. שְׁחַם 112, iṣ-ṣur śa-a-mu *ein dunkelfarbiger Vogel* 111 f.

śa-am-tuv Adj. fem. *dunkelfarbig* (von einem Kleid) 112.

סחף iś-ḫu-pu 3. Ps. Sg. Impf. Kal *sie* (die Furcht) *packte* oder *schlug nieder* hebr. סָחַף 23.

סחף iś-ḫap-pu Adj. *klein, schwächlich, geistesschwach* arab. سَخِيف 109.

סחר śa-ḫar ju-mi Subst. *Morgengrauen* arab. سَحَر 51. Oder ist śa-mur zu lesen?

סכף śa-ak-ka-pu Subst. *Gebälk* vgl. viell. arab. أُسْكُفَّة 46.

סכר śik-ku-ru, śi-ku-ru Subst. *Riegel* 46, *Verschluss* (*des Mundes* pi-i, *der Thore* baba-ni) hebr. סְכַר 21 Anm. 34.

סלמח śi-lam-ma-ḫu Subst. *herrschaftliches Kleid* 112 Anm.

סלף śil-pu-tu Subst. *Ungerechtigkeit, Feindseligkeit* hebr. סֶלֶף 126.

śu-lu-up-pi Subst. unbekannt, kal-mat śu-lu-up-pi 81f.

סמם śu-um-mu Subst. *Bergschwalbe* arab. سُمَّة 116.

סמם śu-um-mu Subst. *bestimmte Zeit, Termin* 116.

סמן śi-ma-nu Subst. *bestimmte Zeit, Termin* hebr. סְמָן 116.

סמר śa-mur ju-mi Subst. *Abenddunkel* arab. سَمَر 51. Oder ist śaḫar zu lesen?

סנק aś-nik 1. Ps. Sg. Impf. Kal *ich fügte zusammen, brachte auf einen engen Raum* vgl. syr. ܣܢܩ 6. 9.

śu-un-ḳu Subst. *Mangel* 9.

סנתק śa-an-tak-ki Subst. Pl. viell. *Columnen, Spalten* targ., talm. סַתַּק „spalten" 6. 8.

סשך ši-šik-tuv Subst. *Decke, Bedeckung* vgl. hebr. סְכָךְ 20.
ססר ši-ši-ruv Subst. *Kind* 65. 143.
ši-iš-ši-ru Subst. *Kindheit, Jugend* 65f.
ša-az-za-ru, ša-az-za-ar-tuv ungenau statt ša-aš-ša-ru, ša-aš-ša-ar-tuv Subst. *Kindheit, Jugend* 65 f.
ša-šu-ru, ungenau sa-aš-šu-ru Subst. *ein grüngelbes Insekt* 65.
ספף ši-ip-pu Subst. *Schwelle* hebr. סַף 46.
סקא ši-ik-tuv Subst. *eine Art Heuschrecke oder Grille* targ. סַקָּאָה 76.
סקי ša-ḳa-tuv Subst. viell. *Straussbenne* 116. 118.
סרד ša-ra-du Inf. unbekannt, ša-ra-du sa UB d. i. kipratuv 115 Anm.
šu-ur-du-u (šu-vur-du-u) Subst. *Nachteule* 100.

ע

עבר 'i-bi-ruv Inf. *übersetzen* hebr. עָבַר 135.
ni-bi-ru Subst. *Fähre* hebr. מַעְבָּרָה 135 Anm.
עבש i-bu-us 3. Ps. Sg. Impf. Ḳal *er machte, machte zurecht* (*den Mund* pa-a d. h. *er that ihn auf*) 21 Anm. 59.
u-ši-bis 1. Ps. Sg. Impf. Shaf. *ich liess erbauen* 37.
'i-pi-su, 'i-bis Inf. *machen, zufügen, aufthun* (den Mund) 21 Anm. 59. 103.
עדה a-di Präp. *bis, samt* hebr. עַד 15. 94.
עדל ud-lu Subst. *Gleichgewicht, ebener Boden, Grund* vgl. arab. عَدْلٌ 22f.
id-lu-tu Subst. *Ebenbürtigkeit, Machtfülle* 126.
עוד u-du-u Subst. *Aloe* arab. عُودٌ 127.
עזב 'i-zi-ba 1. Ps. Sg. Impf. Ḳal *ich liess zurück* hebr. עָזַב 16.
עזז u-sa-zi-zu 3. Ps. Pl. Impf. Shaf. *sie verhalfen zum Sieg* hebr. עָזַז 37 Anm.
עזל u-za-luv Subst. *junge Gazelle* arab. غَزَالٌ 54.
עטף a-ṭa-pu Subst. *Zuneigung, Verbindung* arab. عَطْف 20.
'i-ṭa-pa-tuv Subst. *Bedeckung* hebr. עָטַף 20.
עין 'i-nu, i-nu, Gen. 'i-ni, i-niv, Du. 'inâ Subst. *Auge* hebr. עַיִן 6. 16. 21. 23. 24 f. 39 Anm. 42; pu-ṭu-ur i-ni *ein die Augen aushackender Vogel* 102.
עיר 'ir Subst. *Stadt* hebr. עִיר 37. 132.
עלה u-ši-li 1. Ps. Sg. Impf. Shaf. *ich liess hinaufsteigen* hebr. עָלָה 37 Anm.
'i-li-tuv, 'i-lit Inf. *sich erheben* 39, *sich spitzen* (vom Ohr), *sich aufthun* (vom Auge) 39 Anm., *emporsteigen* (von Wohlgerüchen) 41.
ti-il-tuv Subst. *Höhe* 76 Anm.
'i-lu-u, fem. 'i-li-tuv Adj. *hoch* 39. 64.
'il-lu Adj. *hoch, erhaben*, von Metallen: *edel* 81 Anm.
'ili Präp. *über, mehr als* 132.

עלם ʿi-la-mu Adj. *hoch, erhaben* vgl. arab. عَلِمَ, عَلَمٌ 39.

ʿi-lam-tuv Adj. fem. *hoch*, Subst. *Hochland* 119, als Eigenname *Elam, Susiana* hebr. עֵילָם 38 ff. 119; ka-lab ʿI-lam-ti *elamitischer Hund* 38.

עלם u-la-ma-at Subst. Pl. *ewige Zeiten* mischnisch עוֹלָמוֹת 15.

עלץ u-sa-li-ṣa 1. Ps, Sg. Impf. Shaf. *ich liess jubeln* 37 Anm.

עמה ʿi-mu Subst. *Gemeinschaft* vgl. hebr. עָמִית 20.

עמם um-ma-ni, um-ma-na-a-ti Subst. Pl. *Truppen* vgl. hebr. עֵמָּה 72 Anm.

עמק ʿi-mu-ḳu, Gen. ʿi-mu-ki Subst. (*unergründliche*) *Macht* hebr. עֵמֶק, bíl ʿi-mu-ki *Machthaber* 96. 97.

ni-mí-ki, ni-mí-ik Subst. *geheime, unerforschliche Weisheit* 6. 8.

עמר a-ma-ru Subst. *Weizen* syr. ܚܛܛ 81.

ענז an-zu-zu Subst. *Meerziege*, ein Fisch, arab. عَنْزٌ 68 f.

עפק ut-pu-uk-ku Subst. *eine Fliegenart* arab. عفقٌ 67.

עפר ip-ru, ʿi-par Subst. *Staub* hebr. עָפָר 16. 73, ʿi-par zir-ba-bi *staubgleiche Menge von Heuschrecken* 73; ti-mi-ru sa ʿipri *Staubsäule* 84.

עפר ap-par-ru-u Subst. *Junges vom Hirsch- und Gazellengeschlecht* hebr. עֹפֶר 59.

עץ iṣ Subst. *Holz* hebr. עֵץ 53 Anm.

עצר iṣ-ṣu-ru Subst. *Vogel* arab. عُصْفُورٌ, hebr. צִפּוֹר 49, iṣ-ṣur ḫar-ri *Edelfalke* 113, iṣ-ṣur mu-si *Nachtigall* 112, iṣ-ṣur rab-i *ein grosser Vogel* 105 f., iṣ-ṣur ti-i-ši viell. *Lerche* 115, iṣ-ṣur tu-ba-ki 100.

iṣ-ṣu-ris Adv. *wie ein Vogel* 103.

עקק ak-ku-u Subst. *Ohreule, Nachtrabe* vgl. arab. عُقٌّ 100.

ערב ur-ba-tuv Subst. *Brut* vgl. hebr. עָרֹב 89.

ערב ir̄-bi Imper. *tritt ein* 133 Anm.

ʿi-ri-bu Inf. *untergehen, Untergang*, ʿi-rib sam-si *Sonnenuntergang* hebr. עֶרֶב 61.

a-ri-bu, Pl. a-ri-bi Subst. *Rabe* hebr. עֹרֵב 102 f.

a-ri-bis Adv. *wie Raben* 103.

ערבל ur-ba-luv Subst. *Lämmergeier* 104, ur-bal-luv Subst. *ein Vogel* 111.

ערה ʿi-ru-u Subst. *Seeadler* targ. עַרְיָא 105, vgl. 97.

ערל ʿi-ru-ul-lu Subst. *ein Raubvogel* 99 f.

ערנק ur-ni-ḳu, ur-ni-gu Subst. *Kranich* arab. غُرْنِيقٌ 98.

עשה a-su-u Subst. *Wurm* 89.

עשר ʿisri-tí, ʿi-sí-rit Zahlw. *zehn* hebr. עֲשָׂרָה (עֶשֶׂרֶת), rab ʿisri-tí *Befehlshaber über zehn Mann* 132.

עשש a-sa-su Subst. *Motte* hebr. עָשׁ 83 f.

עתד a-tu-du Subst. *Ziegenbock* hebr. עַתּוּד 48.

עתק ui-ti-ḳu Subst. *Weg* vgl. hebr. עָתַק „*fortrücken*“ 20.

פ

פאה pa-tu, pa-at Subst. *Grenze, Gebiet* aram. פָּאתָא 121 Anm.
פגר pagru Subst. *Leichnam* hebr. פֶּגֶר 126.
פה pu-u, Gen. pi-i, Acc. pa-a Subst. *Mund* hebr. פֶּה 21.
פהז pi-a-zu Subst. *Gepard* arab. فَهْد, kakkab bi-a-zi *ein Stern* 61.
פחר u-pa-ḫir 3. Ps. Sg. Impf. Pa. *er versammelte* 43.
pa-ḫa-ru Inf. *sich versammeln* 42 f. 119.
פטר ip-ṭu-ru 3. Ps. Sg. Impf. Ḳal *er spaltete, öffnete* hebr. פָּטַר 35.
pa-ṭi-ir-tuv Subst. *Eingang, Oeffnung* 133 Anm.
paṭ-ru, Gen. paṭ-ri Subst. *Dolch* 132.
pu-ṭu-ur oder pu-ṭur i-ni Subst. *ein die Augen aushackender Vogel* 102.
ip-ṭi-ru Subst. *Freilassung, Freiheit* 35.
פלה pu-luv, up-lu, up-pu-lu Subst. *Wurm* syr. ܦܘܠܐ 79. 89; ma-ak-lat up-la *ein Insecten vertilgender Vogel, Goldamsel* 114.
פלח pa-li-ḫu, pa-li-iḫ, pa-liḫ Part. *verehrend, fürchtend, colens* aram. פְּלַח 23 Anm. 109.
pul-ḫi Subst. *Furcht, Respect* 23. 99.
פלע pa-lu-u Subst. *schneidende Waffe, Schwert* oder *Beil* arab. فُلُوع 133.
פלק pi-laḳ-ḳi Subst. (Gen.) *Beil* syr. ܦܠܩܐ 132 f.
פנה pa-a-nu, pa-an Subst. *Angesicht, Front, Vordertheil* (eines Schiffes) hebr. פָּנָה 21. 39 Anm. 139; bi-il pa-ni *Inhaber der Front, oberster Machthaber* 96, ju-mu pa-ni *ein früherer Tag* 116 Anm.
pa-ni Adv. *vorn* (räumlich) 138.
pa-an Präp. *vor, über — hin* 102 f.
פספס pa-aś-pa-śu Subst. *Fasan* oder *Pfau* vgl. mischnisch פַּסְפְּסִין 105.
פעה pa-'-u Subst. *Krähe* aram. פָּעְיָא 109.
פצה pi-ṣu-u Subst. *Aufgang* (*der Sonne*) arab. فَصْح, فُصْح 120.
pi-ṣu-u Adj. *rein, hell* 120.
פקד ip-ḳi-du, mit Suffix ip-ḳi-śu 3. Ps. Sg. Impf. Ḳal *er übergab* (*ihm*), *vertraute* (*ihm*) *an* hebr. פָּקַד 19.
פרזל parzillu Subst. *Eisen* aram. פַּרְזְלָא 132.
פרח pi-ir-ḫu Subst. *Kind, Junges*, mischnisch פֶּרַח, biblisch פִּרְחָה 143.
פרך pa-rak-ku Subst. *Allerheiligstes* syr. ܦܘܪܟܐ 127.
pa-rak-ku Subst. *Tyrann* vgl. hebr. פֶּרֶךְ 127 Anm.
פרץ pa-ra-ṣu Inf. *einschneiden, spalten* hebr. פָּרַץ 133 Anm.
pa-ri-iṣ-tuv Subst. *Eingang, Oeffnung* 133 Anm.
par-ṣu Subst. *Befehl, Gebot* arab. فَرْض 133 Anm.
פרר u-par-ri-ru 1. Ps. Sg. Impf. Pa. *ich schlug* hebr. פָּרַר 43.
פרש ip-pa-ris 3. Ps. Sg. Impf. Nif. *er entfloh* vgl. hebr. פָּרַשׁ 40.
ip-par-su aus ip-pa-ri-su 3. Ps. Sg. Impf. Nif. *sie entflohen* 40.

a-par-su aus ap-par-su 1. Ps. Sg. Impf. Nif. *ich eilte herbei* 40.
pa-ra-si-i Subst. Pl. (Gen.) in ka-lab pa-ra-si-i *eine Hunderace* 40. 119.

פרשע pur-su-'-u Subst. *Floh* hebr. פַּרְעֹשׁ 80.
פשר pa-as-su-ru Subst. *eine königliche Insignie* 57.
pa-si-ru Subst. unbekannt 119.

פתה pa-tu-u Adj. *leichtfertig* hebr. פֶּתִי 55.
פתח ap-ti 1. Ps. Sg. Impf. Kal *ich öffnete* hebr. פָּתַח 18.
mu-pat-ti-tuv Part. fem. Pa. *Schlüssel* 18.
nap-tí-tuv Subst. *Schlüssel* 18.
pi-tu-u Subst. *Oeffnung* 21 Anm.

פתק pi-tí-'i-ḳu, pi-it-ḳu Subst. *Kind, Sohn, Junges* vgl. arab. فَتَقَ 142f.

צ

צאן ṣi-'i-ni, ṣi-ni Subst. *Kleinvieh* hebr. צֹאן 32.
צבא ṣa-a-bu, ṣa-ab Subst. *Heer, Schaar, Krieger* hebr. צָבָא 54. 71, ṣa-ab ḳasti *Bogenschütze* 128 f.
צבב ṣu-um-bi aus ṣu-ub-bi (mit Determ. IZ) Subst. Pl. *Lastwagen* hebr. צַב 98.
צבה ṣa-bi-i Subst. *Gazelle* hebr. צְבִי 54.
צבת ṣi-bit Subst. in ṣi-bit ap-pi *ein Insect* vgl. hebr. צָבַת 79 Anm.
ṣu-ba-tuv, ṣu-bat, Gen. ṣu-ba-ti Subst. *Kleid*, ṣu-bat sar-ri *Königsgewand* 83 Anm. 112 Anm., zu-bat (ungenau statt ṣu-bat) bí-lu-tiv *herrschaftliches Gewand* 112 Anm.; kal-mat ṣu-ba-ti *Kleiderwurm* 83.

צדר ṣu-du-ruv Subst. *kurzes Hemd* arab. صُدْرَةٌ 112 Anm.

צהר ṣi-ru, Pl. ṣi-ri Subst. *Rücken* arab. ظَهْرٌ 17 Anm.
ṣir-tuv, ṣi-ir-tu Subst. *Höhe* 84.
ṣi-ru Adj. *hoch, erhaben, gewölbt* 17 Anm. 122 Anm.

צוד ṣa-i-du, ṣa-ai-i-du Part. *jagend*, Subst. *Jagdhund* hebr. צוּד 42 f.
צוח ṣa-ai-ḫu eig. Part. *schreiend*, dann Subst. *ein Vogel* hebr. צָוַח 96. 116.
צחר ṣa-aḫ-ruv, ṣi-iḫ-ru Adj *klein* hebr. צָעִיר 11. 17. 36. 58.
ṣi-iḫ-ḫi-ru-tu, ṣi-ḫi-ru-tuv Subst. *Kleinheit, Kindheit, Jugend* 66.
zu-ḫa-ru-u (ungenau statt ṣu-ḫa-ru-u) Subst. *dass.* 66, siehe 142 Anm.

צחר ṣi-'i-ruv Subst. *Wüste* arab. صَحْرَآءُ 54 f.; ṣa-ab ṣiri *Nomaden* 54.
צִיר* ṣir, ṣi-ir Subst. *Schlange*, ṣir tiham-tiv *Meerschlange* 87, ṣi-ir mu-si, ṣi-ir ṣal-mi *Nachtschlange* 88.
צלל ṣi-il-luv, ṣil-luv Subst. *Schatten, überdachter Raum* (eines Schiffes) hebr. צֵל 138.
ma-ṣal-lu Subst. *Zelt*, hebr. מְצִלָּה, ma-ṣal-lu sa ri'i *Hirtenzelt* 135 Anm.
צלל ṣi-li-li-tuv Subst. *Schwalbe* vgl. hebr. צְלָל 101.

צלם ṣa-al-mu, ṣal-mu Subst. *Finsterniss, Nacht* arab. ظُلَم 88; as-ki-ki-tuv ṣal-mu *Nachtschwalbe* 101, ṣi-ir ṣal-mi *Nachtschlange* 88.
ṣa-lam-tuv Subst. *Nachtschlange, schwarze Schlange* 88.
ṣu-la-mu, ṣa-lam-du (ungenau statt ṣa-lam-tu) Subst. *Nachtigall* 112 f.
ṣa-lim-tuv Adj. fem. *schwarz* (von einem Kleid) 112.
ṣa-al-mu, ṣa-lam Subst. *Bild* hebr. צֶלֶם 88 Anm.

צלע ṣi-li, ṣi-il Subst. *Rippe, Seite, Flanke* (eines Schiffes) hebr. צֶלַע 18 137 f.

צמא ṣu-um-mi Adj. *durstig, lechzend, dürr* hebr. צָמֵא 24.

צמד ṣa-ma-du (sa narkabti) Subst. *Geschirr* (*des Wagens*) hebr. צֶמֶד 23 f.

צפח ṣa-pi-tav Subst. *Schwalbe* hebr. צִפָּה 101.

צפר ṣi-ip-ruv Subst. *Kupfer* arab. صُفْر 65.

צצל ṣi-ṣil-du (ungenau statt ṣi-ṣil-tuv) Subst. *Lerche* vgl. arab. صَلْصَل 115.

צצר ṣa-ṣi-ru Subst. *Schabe* arab. صُرْصُر 75.
ṣa-si-ru Subst. *Heuschrecke* talm. צרצור 77.

צרצר ṣar-ṣa-ru Subst. *Grille* arab. صَرْصَر 76.

ק

קבל ḳab-lu Subst. *feindliches Zusammentreffen, Kampf* vgl. hebr. קָבַל 124. 125.
ku-pi-luv Subst. *Vorderseite, Front* arab. قُبْل 19.

קבר ḳab-ruv, ḳa-bar-ti Subst. *Grab* hebr. קֶבֶר, kasid ḳab-ruv oder ḳa-bar-ti *Grabvogel, Dohle* 108.

קדה ḳa-du-u Subst. *Ohreule* targ. קַדְיָא 100.

קדם ḳud-mu Subst. *Vorderseite* (einer Tafel) hebr. קֶדֶם 124 Anm.

קוז ku-za-ai Subst. *Marder* syr. ܩܘܙܐ 60.

קום tuḳ-ma-ti Subst. *feindliches Auftreten, Befeindung, Beschädigung* 103.

קוף ki-'i-pu, Pl ki-pa-a-ni, ki-'i-pa-a-ni Subst. *Stadtoberster* vgl. hebr. קוף *die Runde machen* 132.

קזז ku-za-zu Subst. *Floh* arab. قُذَذ 66.

קטן ḳa-aṭ-nu Subst. *baumwollenes Kleid* arab. قُطْن 112 Anm.

קיס kiś-ti Subst. *Holz, Wald* aram. קִיסָא, zi-za-nu kiś-ti *Gewürm im Wald*, ṣa-ṣi-ru kiś-ti *Schaben im Wald* 75.

קלל ḳu-ul-lu-lu Inf. Pa. *schmähen, verfluchen* 41 Anm.
ḳul-lul-ti Subst. *Schmähung, Verachtung* 41 Anm.

קלם kal-ma-tuv, kal-mat Subst. *Wurm, Käfer, Ungeziefer* aram. זִלְמְתָא 80; kakkab kal-mati *ein Stern* 80.

קנה ḳa-nu, ḳa-an, Pl. ḳa-na-a-ti Subst. *Rohr* hebr. קָנֶה 72 Anm. 80. 99 Anm. **134**; rik-šu sa ḳani *Rohrbündel* 72 Anm.

קנן kin-ni Subst. Pl. *Nester* hebr. קֵן 96.

קפד ka-pi-du Part. *zusammenziehend, intriguirend* hebr. קָפַד 55.

קק ḳa-ḳu-u Subst. *Elster* talm. קָקָא 109.

ḳa-ḳa-nu Subst. *Krähe* vgl. arab. قَيْقَ 109.

קקב ḳa-ḳa-ba-a-nu Subst. *Turteltaube* vgl. syr. ܩܩܒܢ 107.

קקד ḳaḳ-ḳa-du, ḳaḳḳa-du Subst. *Haupt* hebr. קָדְקֹד 19. 58. 87. 90. 121 Anm.

קקל ḳa-ḳu-ul-luv Subst. *Rebhuhn* arab. قُوقَل 103.

קקר ḳaḳ-ḳa-ru, ḳaḳ-ḳar, Gen. ḳaḳ-ḳa-ri Subst. Erdboden 19. 67. 97, beim Schiff: *unterster Schiffsraum* 137.

קקש ka-kis nabari Subst. *ein Wasservogel* 99.

קרב ḳa-ri-ib Part. *stossend auf* hebr. קָרֵב, ḳa-ri-ib bar-ḫa-a-ti *Lämmergeier* 104.

ki-rib eig. Subst. *Inneres*, dann Präp. *im Innern von, in* hebr. קֶרֶב, 6. 19.

קרה kar Subst. *Stadt* hebr. קֶרֶת 37.

ka-ri-'i Subst. *Balken* (des Schiffes) hebr. קוֹרָה 137. 139.

קרן ḳar-nu Subst. 1) *Bund, Familienkreis* vgl. arab. قَرْن 20; 2) *Horn* hebr. קֶרֶן 34 Anm., beim Schiff *Mastbaum*, Pl. ḳar-na-a-ti *Segelstangen* 137 f.

קרש ḳa-ra-su Inf. *abschneiden, spalten* hebr. קָרַשׁ 53 Anm.

קשת ḳa-as-tav Subst. *Bogen* hebr. קֶשֶׁת, rab ḳasti *Schützenoberst*, nisu ḳasti oder ṣa-ab ḳasti *Schütze* 128 f.

קתת ḳa-tu Subst. *Hand, Handhabe* aram. קַתָּא 19. 93.

ר

ראם rîmu Subst. *Büffel* hebr. רְאֵם 34.

ראש ri-'i-su, ri-su, Gen. ri-'i-si, ri-si Subst. *Haupt* hebr. ראֹשׁ 16. 23. 121 Anm., Pl. rîsi *Officiere* 131.

רבה ra-bu-u, rab-u Adj. *gross* vgl. hebr. רַב 11. 58, Pl. rabi *Grosse, Magnaten* 134; iṣ-ṣur rab-i *grosser Vogel*, viell. *Pfau* 105 f.

ru-bu-u Adj. *gross*, Pl. rubuti *Grosse, Magnaten* 134.

רבלב rab-bi-lub Subst. *Frohnvogt* 130 f.

רבע tur-bu-'-tuv Subst. *Schaar, zahllose Menge* vgl. hebr. רֹבַע 73, 'i-rib tur-bu-'-ti *Wanderheuschrecke* 71 ff.

רבץ tar-ba-ṣu Subst. *Lagerstätte, Hirtenzelt* hebr. רֵבֶץ 135 Anm.

רבשק rab-sak Subst. *Oberst* hebr. רַבְשָׁקֵה 131.

רגב ri-ga-bu, ir-ka-bu (ungenau statt ir-ga-bu) Subst. *Taube* äth. ርግብ: 110.

רזן ri-iz-nu Subst. *Aufenthalt* arab. رِزْن 24.

רחם ri-'i-mu Subst. *Gnade* hebr. רַחַם 18.
ra-ma-ni Subst. (Gen.) *Inneres*, dann *das Selbst*, ra-ma-ni-su *er selbst* 18. 42. 133.

רחץ ri-iḫ-ṣu Subst. *Regen* hebr. רָחַץ 71.
ri-ḫi-iṣ-ti-iv Subst. (Gen.) *Regen* 71 Anm.

רחק ur-ri-iḳ 3. Ps. Sg. Impf. Af. *er entfernte weit* hebr. רָחַק 117.
ru-u-ḳu, ru-ḳu Adj. *fern* 18. 117.

רחש ri-a-su, ri-'-a-su Subst. *Kornwurm* aram. רִיחֲשָׁא 82.

רכב nar-kab-tuv, narkabtuv Subst. *Wagen* hebr. מֶרְכָּבָה 24. 120. 121. 133.

רכס ri-ik-śu, rik-śu Subst. 1) *Seil*, *Tau* 138; 2) *Bündel* 72 Anm.; 3) *Bund*, *Bündniss* hebr. רֶכֶס 20.
mar-ka-śu, mar-kaś, ungenau mar-gaś Subst. 1) *Tau* (eines Schiffes) 137f.; 2) *Gebundenheit*, *Unterthänigkeit*, concret *Diener* 35.

רמזל tar-ma-zi-lu Subst. *Elster* 109.

רמך ra-am-ku Subst. *Aufenthalt* arab. رَمَكَ 24.

רמץ rum-ṣu Subst. *ein vierfüssiges Thier* 45.
tar-ma-ṣu Subst. *Gewürm* vgl. hebr. רֶמֶשׂ 90.

רסב ra-śi-ban-ni Imper. (mit Suffix) *durchbohre mich* vgl. arab. رَسَبَ 133.
u-ra-aś-śi-bu 3. Ps. Sg. Impf. Pa. *er durchbohrte* 133.
u-ra-aś-śi-ba 1. Ps. Sg. Impf. Pa. *ich durchbohrte* 133.

רעב ra-'-a-bu Subst. *Begierde*, *Sehnsucht* hebr. רָעָב 15.

רעד ra-a-du Subst. *Donner*, *Gewitter* hebr. רַעַד 15.

רעה ri-'-u Subst *Hirt*, *Fürst* hebr. רֹעֶה 15. 134 f., ri'u alpi *Rinderhirt* 134.

רפש rapsu, Fem. rapas-tu Adj. *weit* 6. 88.

רצה ri-ṣi Subst. Pl. *Bundesgenossen*, *Helfer* hebr. רָצָה 94.

רשק ris-ḳu Subst. *Narde* targ., talm. רִשְׁקָא 127.

רשש ru-us-su-u Subst. *junge Gazelle* arab. رَشَأ 58.

ש

ש sa Pron. rel. *welcher*, *welche*, *welches* hebr. שֶׁ 6. 87. 102; es umschreibt den Genitiv 19 Anm. 23. 35 u. ö.

שאל sa-'-al Inf. *flehen*, *bitten* hebr. שָׁאַל 15.

שאר si-i-ru, si-ir-ruv Subst. *Fleisch*, dann *Blutverwandter* 121 Anm. 143.

שבב sib-bu, Gen. sib-bi Subst. *Gürtel* targ. שִׁיבְבָא 132.

שבת sa-ba-tu Inf. *ruhen*, *feiern* hebr. שָׁבַת 18.

שגע si-gu-u Adj. *toll*, kal-bu si-gu-u *toller Hund* vgl. hebr. מְשֻׁגָּע 41.

שגר si-ga-ru Subst. *Käfig* (*des Hundes* kalbi, *des Löwen* arja) arab. شَجَارٌ 45 f.

שדד sid-di, si-di Subst. Subst. *Ecken*, *Winkel* (eines Schiffes), *Seiten*, *Grenzen*, *Marken* targ. שִׂדָּא 137.

שדה sa-du-u, Pl. sad-i Subst. *Berg* 85. 141.

sa-du-u Subst. *Osten*, *Ostwind* talm. שִׁדְיָא 24. 139 ff.

ש su-u Pron. pers. und demonstr. masc. *er*, *jener* 94.

su-a-tu Pron. demonstr. fem. *diese*, *jene* 6.

שיא su-u-tav Subst. *Süden*, *Südwind* talm. שׁוּתָא 24. 139 f.

שוד si-'i-du Subst. *Stiercoloss* hebr. שֵׁד 37 Anm.

שוה su, su-u, su-'-u Adj. *gleich* hebr. שָׁוָה 28. 115.

שום sa-a-mu Inf. *setzen*, *bestimmen*, *verleihen* hebr. שׂוּם 19. 23. 66. 126.

sim-tuv Subst. *Loos*, *Geschick* 23. 66. 126.

si-mu-u Adj. *glücklich*, *glückbringend* 166. 124 Anm.

שור su-u-ru Subst. *Stier* hebr. שׁוֹר 23.

שחה* sa-ḫu-u, saḫu Subst. *Tiger* 35. 56.

שחל sa-'-i-luv Subst. *ein Insect* 75.

שחת sa-ḫi-tuv Part. *verderbend*, Subst. *ein Raubthier* hebr. שָׁחַת 61.

שטן nis-ṭi-nu Subst. eig. *Nachsteller*, dann *Kater*, *Katze* hebr. שָׂטָן 33.

שטר as-ṭur, al-ṭur 1. Ps. Sg. Impf. Ḳal *ich schrieb* hebr. שָׁטַר 6. 24.

sa-ṭa-ru Inf. *schreiben* 8.

saṭir (Part.) dan-nu *Oberschreiber* 129.

שי* si-uv, si-iv, si-av Subst. *Getreide* 81. 124, kal-mat si-iv oder si-av *Kornwurm* 81. 82.

שיב si-bu Subst. *Alter*, *Grossvater* hebr. שֵׂיב 74.

si-bu-tu Subst. *Grossvaterschaft* 125.

שיח si-i-ḫu Subst. *gestreifte Heuschrecke* vgl. arab. سبيح 77.

שית si-it pi-i (21 Anm.) siehe unter אשע.

i-sit Subst. *Grundlage*, *Grund*, *Boden* (des Schiffes) syr. ܐܫܬܐ 23. 137.

שכב is-kib-bu Subst. *ein Thier* 88.

שכך sik-ka-tuv Subst. *spitzes Instrument*, *scharfe Waffe*, *Kiel* (des Schiffes) hebr. שֻׂכָּה 129. 137 ff.

שכל mu-sa-kil Part. Pa. *Acht habend auf* hebr. שָׂכַל, z. B. mu-sa-kil iṣi *Förster* 134.

sukkallu Subst. *Diener* 134.

שכן i-sa-ka-an, i-sa-ak-ka-an 3. Ps. Sg. Impf. Ḳal *er macht* 22 Anm.

i-sa-ka-nu 3. Ps. Sg. Impf. Ḳal *sie machen* 22 Anm.

is-ku-un, is-kun 3. Ps. Sg. Impf. Ḳal *er machte*, *stellte auf* 22 Anm. 94.

שכר sa-ka-ru Inf. *spenden*, *geben* vgl. arab. شَكَرَ, شُكْرٌ 117.

si-ik-ru Subst. *Gutthätigkeit* 117.

si-ka-ru Subst. *Dank*, *Vergeltung*, ni-ḳu-u sa si-ka-ri *Dankopfer* 117.

שלב su-ul-bu-u Subst. *Querleiste* vgl. hebr. שְׁלַבִּים 46.
שלג sal-gu Subst. *Schnee* hebr. שֶׁלֶג 98.
si-li-in-gu aus si-li-ig-gu Subst. *Schneefink* 97 f.
שלט sa-laṭ Subst. *Statthalter* hebr. שַׁלִּיט 130 Anm.
sil-ṭan-nu Subst. *Machthaber* 129. 130 Anm.
שלק si-lik-ḳu Subst. *ein Vogel* 118.
sal-su, salsu Zahlw. *drei* hebr. שָׁלֹשׁ 23. 131.
שם sum-ma Conj. *wenn* 66. 124 Anm.
שמה su-mu, su-um, sum Subst. *Name* hebr. שֵׁם 23. 37 Anm.
su-mu Subst. *eine Hunderace* 41.
שמל su-mí-lu, sumílu Adj. *die linke* (*Hand*) hebr. שְׂמֹאל 23. 129.
שמע Tas-mí-tuv Gottesn. *Göttin der Erhörung* hebr. שָׁמַע 6. 7.
שמצין sum-ṣi-ṣi Subst. *Tagschwalbe* 102.
שמר sí-mir, símir Subst. *Diamant, diamantene Spange* hebr. שָׁמִיר 59. 121 Anm.
sa-mur-ra-tav Subst. *Mimosa gummifera* arab. سَمُرَة 128.
שמש sam-si, san-si Subst. (Gen.) *Sonne* hebr. שֶׁמֶשׁ 10. 38. 61.
Sa-mas Gottesn. *Sonnengott*, ka-lab Sa-mas *Sonnenhund* 41, kal-mat Sa-mas *Sonnenkäfer* 70.
שמשם sa-mas-sam-mí Subst. (Gen.) *Sesam* talm. שׁוּמְשְׁמָא 81.
שנה sa-nu (sa-nuv-va, sa-nav-va), Pl. sa-nu-u-ti Adj. *ein anderer, zweiter*, Subst *der Zweite, Statthalter* hebr. שָׁנָה 37 Anm. 123 Anm. 130 Anm.
su-na-ai Adj. Pl. *doppelt* 17 Anm.
שנן su-un-nu Subst. *ein Halbes* 123 Anm.
sa-ni-na Part. *der es einem andern gleichzuthun sucht, Rival* 122 f.
שער sa-a-ru, Pl. sa'ari Subst. *Thor* hebr. שַׁעַר 15. 35.
שער sa-a-ru Subst. *Pflanze, Strauch* arab. شَعْر 127 f.
שפה sí-i-pu, si-pu, Du. sípâ Subst. *Fuss* hebr. שְׁפָה 21. 41. 45. 76 Anm.; sí-ip a-rik *Langbein*, ein Name *des Strausses* 116 f.
שפה sap-tav Subst. *Lippe* hebr. שָׂפָה 42.
שפך na-as-pa-ku Subst. *reichliches Quantum* hebr. שֶׁפֶךְ 17.
שפר sap-pa-ru Subst. *Gazellenbock* arab. شَفْر 48 f.
שקה sa-ḳu-u Subst. *Erhebung* vgl. aram. סְלֵק, W. סק 23. 39. 121 Anm.
שקל i-sa-ḳal 3. Ps. Sg. Impf. Ḳal *er wägt* hebr. שָׁקַל 22 Anm. 81 Anm.
is-ku-ul 3. Ps. Sg. Impf. Ḳal *er wog* 22 Anm.
sa-ḳa-lu Inf. *wägen* 5.
שקמ sa-ḳu-um-ma-tav Subst. *Sykomore* hebr. שִׁקְמָה 128.
שקן si-ḳi-nu Subst. *geringes Quantum* arab. شَقَن 17.
שקק as-ki-ki-tuv Subst. *Schwalbe* arab. شَقِيقَة, as-ki-ki-tuv jum-u und ṣal-mu *Tag- und Nachtschwalbe* 101 f.
שרא sur-rat Subst. *Anfang* aram. שְׁרָא 127.
שרך is-ru-ku 3. Ps. Pl. Impf. Ḳal *sie gewährten, verliehen* 6. 7.

שרר sar-ru, sar Gen. sar-ri. Pl. sarra-ni Subst. *König* hebr. שַׂר 6. 35. 50. 58. 124.

sar-ra-tuv, sarrat Subst. *Königin*, sar-rat kip-ri *ein Raubvogel* 114.

sarru-tuv, sarru-ti Subst. *Königsherrschaft* 114. 115.

שתס si-ta-aś-śi, si-taś-śi Subst. (Gen.) *Stiftung* 6. 9 f.

ת

תאם tu-'-a-mi Adj. Pl. *doppelte* hebr. תָּאֹם 15, tu-'-a-ma-ti Pl. fem. *Thürflügel, Flügelthüre* 51.

מבה it-bu-ni, tí-bu-u-ni 3. Ps. Pl. Impf. Ḳal *sie kommen, ziehen, zogen* 103. 122.

ti-bu-ut Subst. *das Kommen* 102 f.

תהם tiham-ti (tiham-ṭi) Subst. *Meer* hebr. תְּהוֹם 20. 73 f. 87.

תולע tul Subst. *Wurm* hebr. תּוֹלָע 84.

תחז taḫazu, Gen. ta-ḫa-zi Subst. *Schlacht* 94. 122. 129.

תכל tu-kul-luv, tukulluv Subst. *Ergebenheit*, *Unterthänigkeit*, concret *Diener*, *Geheimrath*, *Minister* vgl. arab. اِتَّكَلَ 35. 134.

תכף ti-kip Subst. *lange Reihe* targ., talm תְּכֵף 6. 8.

תלל ta-al-luv, tal-lu Subst. *Erhebung* hebr. תָּלַל 122.

tul, tu-ul Subst. *Hügel* hebr. תֵּל 20. 84.

תמל ti-ma-li Adv. *gestern* hebr. תְּמוֹל 116 Anm.

תמ ל tí-mi-ru Subst. *Säule* hebr. תִּימֹרָה 84. 85 Anm.

תמשר ta-am-si-lu Subst. *wilde Taube* targ. תְּסִיכְלָא 107.

תרר tar-ru Subst. *Turteltaube* hebr. תֹּר 107.

תרתן tur-ta-nu Subst. *Oberbefehlshaber der Armee* hebr. תַּרְתָּן 129.

Akkadisches Glossar.

Die Ziffern bezeichnen die Seitenzahl, die Sterne die Lehnwörter.

A.

A ruku *fern* 35 Anm.
A mi *Wasser* 40.
A. AB. BA tiham-tiv *Meer* 74.
ḪU. BIR. A. AB. BA 'i-rib tibam-tiv *Meerheuschrecke* (eig. *Insect des Meeres*) 73 f.
PAŠ. A. AB. BA gammalu *Kameel* 134.
A. AN zu-un-nu, di-ḫu *Regen* (eig. *Wasser Gottes*) 71.
A. BAL (mit Determ. GUM) *Fährmann*, *Schiffer* 135.
LUKU. A um-mi mi-'i *Meerweihe*, ein Raubfisch 69, *Sumpfweihe*, ein Vogel 95.
AB. BA a-bu *Vater*, si-bu, a-bi a-hi *Grossvater* 74.
NAM. AB. BA si-bu-ti *Grossvaterschaft* 125.
AGARIN (siehe auch LUKU) um-mu *Mutter* 70.
AD, AD. DA a-bu *Vater* 10.
NAM. AD ab-bu-tu *Vaterschaft* 125.
AK 'i-pi-su *machen*, *ausüben* 59.
AKA (geschrieben RAM) madad *messen* 81 Anm.
ALAM ṣa-al-mu *Bild* 88 Anm.
ALAP* si-'i-du (syn. al-pu) *Stiercoloss* 37. 124.
A. LIB siehe A. SÂ.
AM rîmu *Büffel* 34 Anm.
AM. ŚI rîmu *Büffel* 34 Anm.
AN. BAR parzillu *Eisen* 132.
AN. UD Sa-mas *Sonnengott* in
LIK. AN. UD ka-lab Samas *Sonnenhund* 41.
AN. KAL siehe ALAP und LAMMA.
AN. NA in
AN. NA. SI 'i-lit i-niv *das sich Aufthun des Auges* 39 Anm.
A. ŚI *ein gehörntes wildes Thier* 35 Anm.

ARI na-ha-ruv *Fluss, Strom* 53 Anm. 93. 99.
ARI. ḪAL. ḪAL Diglat *Tigris* 53.
ARI. ḪAL. ḪAL. LA am-mu *brausende Fluth* 53.
ARI. DA *Fluss, Strom* in
ḪU. BIR. ARI. DA ku-li-luv *Mücke* (eig. *Insect des Flusses*) 74.
A. SÂ ik-lu *Feld, Gefild* 75.
UḪ. A. SÂ. GA kal-mat ik-li *Feldungeziefer* 80.
ḪU. BIR. 'IN. MÍ. LI. A. SÂ. GA sa-'-i-luv ik-li *ein Feldinsect* 75.

B.

BA in
KA. BA si-it pi-i *Oeffnen des Mundes*, 'i-bis pi-i *Aufthun des Mundes* 21 Anm.
BABBAR a-ṣu-u *Aufgang* 10, pi-ṣu-u *Aufgang* 120.
BABBAR. RA ṣi-it sam-si *Sonnenaufgang* 10.
KÛ. BABBAR kaspu *Silber* 81 Anm.
BAD pagru *Leichnam* 126.
NAM. BAD mu-ta-nu *Pest* (eig. *Todesgeschick*) 126.
BAD pi-tu-u *Oeffnung* 21 Anm. 50.
LU. BAD bi-ib-bu *Bock, Leithammel* 47 f. 50.
BAD. DU in
KA. BAD. DU si-it pi-i *Oeffnen des Mundes* 21 Anm.
BAL 'i-bi-ruv *übersetzen* 135.
A. BAL (mit Determ. GUM) *Fährmann, Schiffer* 135.
BAL (mit und ohne Determ. IZ) pa-lu-u *schneidende Waffe, Schwert, Beil* 133.
IZ. BAL. SU. UL pi-laḳ-ḳu *Beil* in
GUM. IZ. BAL. SU. UL na-as pi-laḳ-ḳi *Beilträger* 133.
BAN (mit und ohne Determ. IZ) ḳa-as-tav *Bogen* 128.
IZ. BAN. TAG. GA 129.
BAR pa-ra-su 119.
LIK. BAR. RA ka-lab pa-ra-si-i 119.
BAR in
BAR. SI 'i-lit i-niv *das sich Aufthun des Auges* 39 Anm.
BAR ṣa-bi-i *Gazelle* 54.
BAR. KAK *dass.* 54.
BAR. KAK. NITA da-as-su *Gazellenbock* 54.
BAR. LUM (mit Determ. SAḪ) ap-par-ru-u *Junges vom Hirsch- und Gazellengeschlecht* 59.
ṢUR. BAR. KAK u-za-luv *junge Gazelle* 54.
BAR. ṬAR. ṬAR. NU. KUR. RA ai-ub (ai-ar) ilu *ein Thier* 69.
BARA pa-rak-ku *Allerheiligstes* 127.
BIR ṣa-a-bu *Heer, Schaar* 71.
BIR. ZUN um-ma-ni, um-ma-na-a-ti *Truppen* 72 Anm.
ḪU. BIR Determinativ vor (geflügelten) Insecten 70—76.
BIR namar *sehen* 6. 7.
BIS. TIK. MUN kiš-kit-ti *Verdeck* (eines Schiffes) 137.

BU, BU. DA siehe GID, GID. DA.

BULUG* ķa-ra-su sa iṣi *Spalten des Holzes* 53 Anm.

BULUḪ* (auch BULIG gesprochen) ḫa-a-su *dahinstürmen, eilen* 53.

G.

GAB paṭar *spalten, öffnen, freilassen* 35.

NAM. GAB ip-ṭi-ru *Freiheit* 35.

GAB (mit und ohne Determ. UZU) *Vorderseite des Körpers* 121 f.

GAB. RI ma-ḫa-ruv sa nisi *Rivalisiren des Menschen* 120 ff., gab-ri* *Rival, Nebenbuhler*, dann *Parallelcolumne, in Parallelcolumnen eingetheiltes Wörterverzeichniss* 3 f. Anm. 123.

GAB. RI. A, GAB. RA. A Part. gab-ri-a*, gab-ra-a*, sa-ni-nu *Rival* 122 ff.

MÂ. GAB. RI. A. NI ma-ḫir-tuv *Schnellsegler* 121.

GAB. RU. TIK in

MÂ. GAB. RU. TIK ma-ḫir-tuv *Schnellsegler* 121.

GAB. SU. GAR ma-ḫa-ruv sa nakiri *Rivalisiren des Feindes* 120 f.

GAB siehe auch DU.

GAB. BIR siehe ZIN.

GA. ṬU in

SAK. GA. ṬU sa-ķu-u sa ri-si *Erhebung des Hauptes* 121 Anm.

TIK. GA. ṬU. I sa-ķu-u sa ri-si *Erhebung des Hauptes* 121 Anm.

GAL, GAL. LA, GU. LA ra-bu-u *gross* 11. 61.

GAM gam-luv *Gutthätigkeit*, si-ik-ru *Gutthätigkeit* 117.

GAM. GAM. ḪU gam-gam-mu* *Strauss* 117.

GAN gi-nu-u *Garten, Gefild* 74 f., ik-lu *Feld, Gefild* 75.

ḪU. BIR. GAN. NA zi-za-nu *Gewürm* (eig. *Insect des Feldes*) 74 f.

NIN. GAN bil ikli *Herr des Gefildes*, Beiname des Gottes Malik 75 Anm.

GARṢA (geschrieben PA. AN) par-ṣu *Gesetz, Gebot* 133 Anm.

GAR. TAR. DA. AK. A (mit Determ. GUM) ma-ki-śu *Zöllner* 135.

GI ķa-nu *Rohr* 72 Anm. 135 Anm.

GIG 'i-ri-bu *Untergang* 61, ṣal-mu *Finsterniss, Nacht* 88.

ṢIR. GIG ṣa-lam-tuv *Nachtschlange, schwarze Schlange* 88.

ṢIR. GIG. A ṣi-ir mu-si, ṣi-ir ṣal-mi *Nachtschlange* 88.

SAḪ. GIG *Nachtraubthier* 61.

KU. GA (aus GIG. GA) 'i-rib sam-si *Sonnenuntergang* 61.

GID naśaḫ *entfernen*, rahaķ Af. *weit entfernen*, napaḫ *sich entfernen, hinausgehen* 117.

GID, GID. DA ru-ķu *fern*, a-rik *lang* 117.

MÂ. GID. DA ('ilippu) a-rik-tuv *langes* (*Schiff*) 75 f. Anm. 117.

NIR. GID. DA. ḪU śa-ķa-tuv, śí-ip a-rik *Langbein* d. i. *Strauss* 76 Anm. 117.

GI. ZI tí-i-śu in

NAM. BIR. GI. ZI. ḪU iṣ-ṣur tí-i-śi *ein Vogel* 115.

GIL in

KA. GIL śi-kur pi-i *Schliessen des Mundes* 21 Anm.

GI. LUM in den Zusammensetzungen:

MÂ. GI. LUM su-luv *ein Schiff* 75 Anm.
NIR. G. LUM. ḪU ṣa-ai-ḫu, a-ra-bu... *ein Vogel* 75 Anm. 116.
ŚA. GI. LUM (mit Determ. ḪU. BIR) sa-'-i-luv *ein Insect* 75.
GIM* kima *wie* 55, sum-ma *wenn* 124 Anm.
GIM. SAḪ da-bu-u *Bär* 55.
GI' mu-su *Nacht* 61.
GI. ṢU in
MÂ. GI. ṢU su-ṣu *ein Schiff* 75 Anm.
ŚA. GI. ṢU (mit Determ. ḪU. BIR) sa-'-i-luv *ein Insect* 75.
GIR paṭ-ru *Dolch* 132.
GIR. LAL (mit Determ. GUM) na-as paṭ-ri *Dolchträger* 132.
GIR. TAB viell. *Scorpion* 97.
GU. LA siehe GAL.
GUM nisu *Mensch* 93; Determinativ vor Aemternamen 128—135; Zeichen des männlichen Geschlechtes 130 Anm.
GUM. KIRA iś-ḫap-pu *dünn, schwächlich, geistesschwach* 109.
GUM. KIRA. ḪU ad-mu, li-da-nu, habal iṣ-ṣu-ri *junger Vogel* 109.
GUM. LUB *Sclave* 130.
SU. GUM. ḪU ḫa-zu-u, ḫu-u-ḳu viell. *Kukuk* 93.
GUN bi-lat *Tribut* 130.
GUSUR* (meist mit Determ. IZ) gu-su-ra *Balken* 82.
UḪ. GUSUR. RA bal-ṭi-it-tuv *Holzwurm* 82.
GUSKIN ḫuraṣu *Gold* 120.
GUSKIN. ḪI. DI ḫuraṣu pi-ṣu-u *reines Gold* 120.
GUT al-pu *Stier* 134.
GUT. ŚIŚSI alap niḳi *Opferstier* 33.

D.

DAM mu-tav *Mann, Ehemann*, as-sa-tu *Weib* 55.
DAM. SAḪ da-bu-u *Bär* 55.
DAN siehe KAL.
DARA tu-ra-ḫu *Antilope* 51.
DARA. BAR ai-lu *Hirsch* 52.
DARA. BAR. KAK na-ai-lu *eine Gazellenart* 52.
DARA. ḪAL. ḪAL. LA na-ai-lu *dass.* 52.
DI siehe auch ŚA.
DI. A (mit Determ. ḪU. BIR) śi-ik-tuv *eine Art Heuschrecke oder Grille* 76.
DIM rik-śu *Band, Seil* 138, mar-gaś, mar-kaś, dim-mu* *Tau* (eines Schiffes) 137 f.
DIR śa-a-mu *schwarz* 112.
DU a-la-ku *gehen* 50 Anm., a-ṣu-u *emporwachsen* (von Bäumen und Rohren) 80.
DU (geschrieben GAB) la-ba-nu libitta *Ziegelstreichen* 135.
MUN. DU. DU (mit Determ. GUM) la-bi-in li-bi-t-ti *Ziegelstreicher* 135.
DÛ ma-ru *männliches Kind, männliches Junge* 36.
DU. BA (mit Determ. GUM) maḫ-ḫu-u *Grosser, Magnat* 134.

DUB, DUB. BA* dup-pu *Tafel* 7 f., la-vu-u *Tafel* 7 f. Anm.
DUB. BI. SAK dub-šar-ru* *Schreibtafel* 119, vgl. 130.
DUB. ŠAR dub-šar-ru* *Schreibtafel* 8.
NAM. DUB. ŠAR dub-šar-ru-ti *Tafelschreibung* 6. 8. 119. 126.
DUB. SAK kud-mu *Vorderseite (der Tafel)* 124 Anm.
DUK. RI tal-lu *Erhebung* 122.
DUP. KA. NA (mit Determ. ḪU. BIR) ṣar-ṣa-ru *Grille* 76.

U.

U. PAD ḫal-lu-la-ja, SAḪ ḳaḳ-ḳa-ri *ein in Erdlöchern lebendes Thier* 68.

UB kip-ru, kip-ra-tuv *Gegend, Himmelsgegend* 114, tu-up-ḳu, tu-pu-ḳa-tuv *Zone, Himmelsgegend* 51. 74.
UB. DA tu-pu-ḳa-tuv *Himmelsgegend* 74.
UB. I nu-'-u-du *Höhe* 122.
UB. RI nu-'-u-du *Höhe* 122.

UD, UD. DA ju-mu *Tag*, ur-ru *Licht, Tageslicht* 61; siehe auch BABBAR.
SAḪ. UD *Tagraubthier* 61.

UD. DU aṣu *Aufgang* 35 Anm., a-ṣu-u *Emporwachsen* (von Bäumen und Rohren) 80, na-ha-ru sa ju-mi *Aufleuchten des Tages* 35 Anm.

UZU si-i-ru *Fleisch, Körper* 121 Anm.; Determinativ vor Körpertheilen 121 f. Anm.

UḪ, UḪU up-lu *Wurm*, na-a-pu *ein Wurm* 79, kal-ma-tuv *Wurm, Ungeziefer*, pur-su-'-u *Floh* 80, u-mu-nu *kleiner Wurm* 80 Anm.; Determinativ vor Ungeziefer 80—85.
UḪ. ḪA a-sa-su *Motte* 84.

UŚ in
NAM. BIR. UŚ. ḪU bu-ṣu, iṣ-ṣur ḫar-ri *Falke* 113 f.

UR siehe LIK.

UR u-zu-uu *Gleichgewicht*, ud-lu *Gleichheit, ebener Boden*, i-sit *Grundlage, Grund*, auch *Boden* (eines Schiffes) 121 Anm., 137, vgl. 22 f.; (mit Determ. UZU) *Gesäss* 121 Anm.
UR. LAL uḫ-ḫu-ru *Hintertheil* 121 Anm.

URU. LU in
IM. URU. LU su-u-tav *Süden, Südwind* 139.

US ma-ru-u *männliches Kind, männliches Junge* 36, ri-du-u *Nachkömmling, Sohn*, dann *Bursche, Diener* 134; siehe auch NITA und NITAḪ.
US. KU (mit Determ. GUM) *Knecht* 134.
US. PAŠ. A. AB. BA. MIS (mit Determ. GUM) *Kameelknecht* 134.
US. PAŠ. GAM. MAL. MIS (mit Determ. GUM) *Kameelknecht* 134.
US. PAŠ. NITA (mit Determ. GUM) *Knecht des Hausviehs* 134.

US. BAR (mit und ohne Determ. IZ) us-pa rabu *grosser Köcher* 133.
GUM. US. BAR *Köcherträger* 133.

US. ŠA kud-din-nu *Maulesel* 95.
ŠAL. US. ŠA. ḪU a-ta-au nahari, tus-mu-u *Flusseselin* d. i. *Pelekan* 95.

Z.

ZAB siehe BIR und 'IRIM.

ZAG pa-at *Rand, Grenze* 121 Anm., (mit Determ. UZU) viell. *Rand des Hauptes*, speciell *die das Haupt einrahmenden Vorderlocken* 121 Anm.

ZA. KUR ṣi-ip-ruv *Kupfer* 65.

NUM. ZA. KUR. NA *ein kupferfarbenes Insect* 65.

ZA. NA *ein Thier* 86.

ZA. NA. MAḪ *ein Thier* 86.

ZA. NA. MUL *ein Thier* 86.

ZA. NA in

ZA. NA. PI 'i-lit uz-niv *das sich Spitzen des Ohres* 39 Anm.

ZA. NA. RU in

ZA. NA. RU. PI 'i-lit uz-niv *das sich Spitzen des Ohres* 39 Anm.

ZI nasaḫ *entfernen* 117.

SAK. ZI sa-ḳu-u sa ri-si *Erhebung des Hauptes* 121 Anm.

TIK. ZI sa-ḳu-u sa ri-si, na-su-u sa ri-'i-si *Erhebung des Hauptes* 121 Anm.

ZIBIN nap-pil-luv *Heuschrecke* 77. 78.

ZIN ṣi-'i-ruv *Ebene, Wüste* 54.

KA. ZIN. NA an-na-bu *Hase* 54.

ZUBU siehe GAM.

ZUN ma'du *viel* 72.

BIR. ZUN um-ma-ni, um-ma-na-a-ti *Truppen* 72 Anm.

ḪU. BIR. ZUN 'iribu *Heuschrecke* 132.

NAM. BIR. ZUN 'i-ri-bu-u, ka-su-bu *Heuschrecke* 72.

Ḫ

ḪA nu-nu *Fisch* 5.

ḪAL siehe BULUḪ.

ḪAL. ḪAL ga-ra-ru sa mi-'i *ungestümes Dahineilen des Wassers* 52 f.

AN. ḪAL. ḪAL. LA *Dahinstürmender*, Beiname des Gottes Adar 53. 86.

ARI. ḪAL. ḪAL Diglat *Tigris* 53.

ARI. ḪAL. ḪAL. LA am-mu *brausende Fluth* 53.

ḪA. MUN (mit Determ. ḪU. BIR) lal-la-ar-tuv *ein Insect* 67.

ḪAR (mit und ohne Determ. TAK) si-mir *Diamant, diamantene Spange* 59. 121 Anm.

ḪAR. GUT im-ru-u, bal-lu 136 f.

ḪARUB* ḫa-ru-pu *Heuschrecke* 77. 78.

ḪI, ḪI. GA ṭa-a-bu *gut, günstig* 56. 120.

GUSKIN. ḪI. DI ḫuraṣu pi-ṣu-u *reines Gold* 120.

ḪU iṣṣuru *Vogel* 70; Determinativ des Vogels, fast stets nachgestellt 93—118 vorangestellt nur 94.

ḪU. BIR Determinativ vor geflügelten Insecten 70—76.

ḪUL lim-nu *feindlich* 41. 58, ḳu-ul-lu-lu *schmähen, verfluchen, verachten* 41 Anm.

LIK. ḪUL lim-nu *feindlicher, verwilderter Hund* 41.

ŠIR. ḤUL ḫul-mit-tu *eine Schlange* 87.
ḤU. ŠI kis-sa-tu *Schaar, Volk* 131.
ḤU. ŠI. ŠIZI. ḤU rak-rak-ku, la-ka-la-ka *Storch* 105.
ḤU. ŠI. RUM. U. ḤU ṭa-lu-u, bal-lu-du... *ein Vogel* 110.

Ṭ

ṬAR a-ṣu-u *emporwachsen* (von Bäumen und Rohren) 80.
ṬAR bir-mi *buntfarbiger Stoff* 113.
NAM. BIR. ṬAR. ḤU bur-ru-um-tav, ṭar-ru* *ein buntfarbiger Vogel* 113.

I.

I in
UB. I nu-'-u-du *Höhe* 122.
IBIL, IBILA* ab-lu *Sohn* 24. 124.
ID* id *Macht, Gewalt* 97 Anm.
ID. ḤU 'i-ru-u, na-as-ru *Adler* 97. 105.
ID. KAL 'i-mu-ku (*unergründliche*) *Macht* 96 f.
ID. TUK bí-il pa-ni *oberster Herr, Machthaber* 96.
ID. TUK. 'I bíl 'i-mu-ki *Machthaber* 96.
IZ iṣu *Holz* 80; Determinativ vor Bäumen und hölzernen Geräthen.
IZ. BAL siehe BAL.
IZ. BAN siehe BAN.
IZ. GUSUR siehe GUSUR.
IZ. US BAR siehe US. BAR.
IZ. IḲ siehe IḲ.
IZ. KAK siehe KAK.
IZ. KU siehe unter KU.
IZ. MA. NU si-ga-ru *Querbalken, Verschluss, Käfig* 46.
IZ. MÂ siehe MÂ.
IZ. SAR kiru *Baumpflanzung* 80.
UḤ. IZ. SAR kal-mat ki-ri-i *Baumungeziefer* 80.
IZ. TIR siehe TIR, TIR. RA.
UḤ. IZ bal-ṭi-it-tuv *Holzwurm* 82.
IZ. U. GIR a-sa-gu in
NAM. BIR. IZ. U. GIR. ḤU iṣ-ṣur a-sa-gi, di-ik-di-ik-ki *ein Vogel* 115.
IZ. KUN (mit Determ. UZU) *ein Körpertheil* 122 Anm.
IZ. MI ṣil-luv *Schatten, überdachter Raum* (eines Schiffes) 137 f.
IL. LUM. BI. ḤU si-li-in-gu, bu-ri-du *Schneefink* 98.
IM Determinativ vor Winden oder Himmelsgegenden:
IM. URU. LU su-u-tav *Süden, Südwind* 139.
IM. KUR. RA sa-du-u *Osten, Ostwind* 139. 141.
IM. MAR. TU a-ḫar-ru *Westen, Westwind* 139.
IM. ŠI. DI il-ta-nu *Norden, Nordwind* 139.
IN. LA in
NAM IN. LA na-ku-tu *Freiheit* 125.

IK na-su-u *Erhebung* 48, (meist mit Determ. IZ) da-al-tuv *Thüre* 46.
IS siehe ŚAḪAR.
ISIB* ra-am-ku *Aufenthalt* 24.

K.

KA pu-u *Mund* 21 Anm. 34, ap-pu *Gesicht* 79 Anm.
  KA. BA si-it pi-i *Oeffnen des Mundes*, 'i-bis pi-i *Aufthun des Mundes* 21 Anm.
  KA. BAD. DU si-it pi-i *Oeffnen des Mundes* 21 Anm.
  KA. GAB. A in
   LIK. KA. GAB. A na-aṭ-ru, kab-bí-luv *Wächter-, Kettenhund* 34
  KA. GIL ši-kur pi-i *Schliessen des Mundes* 21 Anm.
  UḪ. KA. TI ṣi-bit ap-pi *ein das Gesicht belästigendes Insect* 79 Anm.
KA, KÂ ba-a-bu *Thor* 34.
  KÂ. GAL sa'aru *Thor* 35 Anm.
KA. ZIN. NA an-na-bu *Hase* 54.
KAK (mit und ohne Determ. IZ) sik-ka-tuv *spitzes Instrument, scharfe Waffe* 129, *Kiel* (eines Schiffes) 137.
  KAK. SAK. DÎ. A maḫ-ra-a-ti (eines Schiffes) 137. 139.
  KAK. TAG. GA 128 f.
  KAK. TI 128 f.
KA. KA. MA (mit Determ. GUM) a-si-pu *Beschwörer* 135.
KAL dan-nu *mächtig* 97 Anm. 131, ak-ru *angesehen*, da-na-nu *Macht* 97 Anm.
  ID. KAL 'i-mu-ḳu (*unergründliche*) *Macht* 96 f.
  KÎ. KAL (sprich KAN. KAL) ni-du-tuv *Höhe*, tí-rik-tuv *Länge*, überh. *Ausdehnung, amplitudo* 136.
  NAM. KAL id-lu-tu *Ebenbürtigkeit, Machtfülle* 126.
  NAM. KAL. GA dan-nu-tu *Macht* 125.
KAL. BU* kal-bu *Hund* 124.
KA. LUM. MA in
  AN. KA. LUM. MA Beiname des Gottes Adar 82.
  UḪ. KA. LUM. MA kal-mat šu-lu-up-pi *ein Wurm* 81.
  MU. UN. DU. KA. LUM. MA .....šu-lu-up-pi 81 f.
KAM Zeichen der Ordinalzahl 10.
KAN Zeichen der Ordinalzahl 10.
  KAN. MA (sprich KAM. MA) Zeichen der Ordinalzahl 10.
KA. SU. TAR. DA. ḪU ṣa-ai-ḫu, la-ha-an-tuv viell. *Habicht* 96.
KI, KÎ as-ru *Ort*, ir-ṣi-tiv *Erde*, ma-a-tuv *Land*, ḳaḳ-ḳar *Grund, Boden*, beim Schiff: *unterster Schiffsraum* 136. 137.
  KÎ. KAL ni-du-tuv *Höhe*, tí-rik-tuv *Länge*; überh. *Ausdehnung, amplitudo* 136, daher
   KÎ. KÎ. KAL. BI. KU a-na it-ti-su *zu ihm*, eig. *zu seiner Hoheit, Angesehenheit* 136.
KI, KÎ it-tuv, it-ti *mit* 136.
KIB. SU*. HU kip-su, ṣi-ṣil-du viell. *Lerche* 115.
KIŚIM* ki-śi-im-mu *Heuschrecke*, si-i-ḫu *gestreifte Heuschrecke* 77. 78.

KISI zir-ba-bu *Heuschrecke* 78.
ŠAḪAR. KISI ʿi-par zir-ba-bi *staubgleiche Menge von Heuschrecken* 73.
KU (Postposition) a-na *zu*, selten i-na *in* 125.
KU, KÛ tu-kul-luv *Ergebenheit*, *Unterthänigkeit*, concret *Diener*, mar-ka-šu *Gebundenheit*, *Unterthänigkeit*, concret *Diener* 35. Vgl. 134. 136.
IZ. KU kakku *Waffe* 133 Anm.
LIK. KU kal-bu *Haushund*, *Hund* 35 f. 45.
KU akal *essen*, *fressen* 47.
UḤ. SÍ. KU. ʿI ri-ʾ-a-su, kal-mat si-iv *Kornwurm* 82.
LIK. BI. KU a-ki-luv *Wolf* (eig. *gefrässiger Hund*) 47.
KU, KÛ il-lu *hoch*, *erhaben*, *edel* (von Metallen), kašpu *Silber* 81 Anm.
KÛ. BABBAR kašpu *Silber* 81 Anm.
KÛ. GI siehe GUSKIN.
Vgl. NAM. KU. ʿI ak-ru-tu *Angesehenheit* 125.
KU. BA na-al-ba-su, ṣu-ba-tuv *Kleid* 83.
UḤ. KU. BA kal-mat ṣu-ba-ti *Kleiderwurm* 83.
KU. GA siehe GIG, GIG. GA.
KU. DA in
UḤ. KU. DA kal-mat ki-mi *Kleiderwurm* 82 f.
KU. KUR. KIL au-zu-zu, ḫa-di-lu *Meerziege*, ein Fisch 69.
KUN (mit und ohne Determ. UZU) zu-um-bu *Schweif* 122 Anm.
KUR kasad *erreichen*, *ergreifen*, *occupiren* 108.
KUR ma-a-tav *Land* 38 Anm. 108. 131.
KUR sa-du-u *Berg* 108, (mit Determ. IM) sa-du-u *Osten*, *Ostwind* 139.
KU. SAR. DA in
UḤ. KU. SAR. DA mi-iḳ-ḳa-a-nu *Termite* 84.

L.

LAL sa-ḳa-lu *wägen* 5. 81 Anm. 115, ma-lu-u *voll sein* 115, ša-ra-du sa UB 115 Anm.
LAMMA la-vaš-šu *Stiercoloss* 37 Anm.
LAMMUBI (geschrieben UḤ) na-a-pu *ein Wurm* 79.
LIK kal-bu *Hund* 34.
LIK. BI. KU a-ki-luv *Wolf* (eig. *gefrässiger Hund*) 47, vgl. 130.
LIK. KA. GAB. A na-aṭ-ru, kab-bi-luv *Wächterhund*, *Kettenhund* 34.
LIK. KU kal-bu *Haushund*, *Hund* 35 f. 45.
LIK. MAḪ arja *Löwe* (eig. *grosser Hund*) 45.
LIK. NIGIN ṣa-i-du *Jagdhund* 42.
LIM *Vortrab* in
LU. LIM lu-li-mu* *Leithammel* (eig. *Schaf des Vortrabes*) 49 f.
LU ṣi-ʿi-ni *Kleinvieh*, kir-ru *Lamm*, *Schaf* 32.
LU. BAD bi-ib-bu *Bock*, dann *Planet*, speciell *Saturn* 47 f.
LU. BAD. SAK. US ka-ai-va-nu *Saturn* 50.
LU. GAR kir-ru *Lamm*, *Schaf* 33.
LU. GUK. KIL *dass.* 33.
LU. ZIG *dass.* 33.

LU. LIM lu-li-mu* *Leithammel, Bock*, dann *Planet Saturn* 49 f.
LU. NITA kirru arduti *Hausschaf* 33.
LU. NUM kir-ru *Lamm, Schaf* 33.
LU. ŚIŚSI kirru niḳi *Opferlamm* 33.
LUB (mit Determ. GUM) *Sclave*, (mit Determ. ŚAL) *Sclavin* 130.
LUḤ sukkallu *Diener* 134.
LUKU ummu *Mutter* 69 f. 95.
LUKU. A um-mi mí-'i *Meerweihe*, ein Raubfisch 69, *Sumpfweihe*, ein Vogel 95.

M.

MA ma-a-tuv *Land* 74.
MA. DA ma-a-tuv *Land* 74.
MÂ (mit und ohne Determ. IZ) 'i-lip-pu *Schiff* 137.
MAḤ ru-bu-u *gross* 134, (mit Determ. GUM) *Grosser, Magnat* 134.
MAR. TU a-ḫar-ru *Westen*,
IM. MAR. TU a-ḫar-ru *Westen, Westwind* 139.
KUR. MAR. TU. KI mat a-ḫar-ri-'i *Land des Westens, Westland* 38.
MAT siehe KUR.
MI siehe GIG und GE.
MI. GA siehe KU. GA.
MÍ siehe ISIB.
MIŚ saṭar *schreiben*, (mit Determ. GUM) saṭir *Schreiber* 129.
MIS Pluralendung 128.
MU sumu *Name* 8.
MUḤ 'ili *über, auf* 39 Anm.
MUḤ. SI 'i-lit i-niv *das sich Aufthun des Auges* 39 Anm.
MUḤ. AS. LUM in
NAM. BIR. MUḤ. AS. LUM. ḤU ab-bu-un-nu, tus-mu-u *Pelekan* 118.
MUL kakkab *Stern* 36; Determinativ vor Sternnamen:
MUL. ID. ḪU nasru *Adler* 97.
MUL. LIK. BAR. RA kalab parasi 119.
MUL. LIK. AN. UD kalab Samas *Sonnenhund* 41.
MUL. LIK. KU kalbu *Hund* 36.
MUL. LU. BAD bibbu *Bock*, dann *Planet* überh., speciell *Saturn*, doch auch *Jupiter* 48.
MUL. SIR ṣiru *Schlange* 87.
MUL. SAḪ saḫu *Tiger* 56
MUN, MUNU da-ab-tuv viell. *Eidechse* 120.
MU. UN. DU viell. *Wurm* 81 Anm. 114.
MUN. DU. DU (mit Determ. GUM) la-bi-in li-bit-ti *Ziegelstreicher* 135.

N.

NA in
TAḴ. NA ab-nu 'i-lu-u *hoher Stein* 64.
NAM sim-tuv *Bestimmung, Loos* 126; bildet Nomina abstracta 125 f.
NAM. BAD mu-ta-nu *Pest* (eig. *Todesgeschick*) 126.

NAM. BIR. NAM. ḪU az-ki-ḳu, si-lik-ḳu *ein Vogel* 118.

NAM. TAR sa-a-mu sa sim-ti *Bestimmung des Geschickes* 126, concret nam-ta-ru* *Lenker des Geschickes* 126 Anm.

NAM. BIR iṣ-ṣu-ru *Vogel* 70.

NAM. BIR. GI. ZI. ḪU ṣi-ṣil-du, iṣ-ṣur ti-i-ši viell. *Lerche* 115.

NAM. BIR. UŠ. ḪU bu-ṣu, iṣ-ṣur ḫar-ri *Falke* 113 f.

NAM. BIR. ṬAR. ḪU bur-ru-um-tav, ṭar-ru* *ein buntfarbiger Vogel* 113.

NAM. BIR. IZ. U. GIR. ḪU iṣ-ṣur a-sa-gi, di-ik-di-ik-ki 115.

NAM. BIR. MUḪ. AS. LUM. ḪU ab-bu-un-nu, tus-mu-u *Pelekan* 118.

NAM. BIR. NAM. ḪU az-ki-ḳu, si-lik-ḳu 118.

NAM. BIR irrthümlich statt ḪU. BIR als Determinativ vor (geflügelten) Insecten, in

NAM. BIR. ZUN ʽi-ri-bu-u, ka-su-bu *Heuschrecke* 72; richtig ḪU. BIR. ZUN 132.

NAM. BIR. TUR. TUR zir-zir-ru, zu-un-zu-nu *Ameise* 71.

NAM. ʽIN. NA. AK. A (mit Determ. SAḪ) siehe unter ʽIN.

NÍ isati *Feuer* 85 Anm.

NIGA (geschrieben ŠÍ) ma-ru-u *männliches Kind, männliches Junge* 36.

SAḪ. NIGA ma-ru-u viell. *Wolf* 60.

NIGIN *Summa, Ergebniss* 42, pa-si-ru 119, ṣa-a-du sa la-mi-ʽi (la-vi-ʽi), pa-ḫa-ru sa a-la.... 42.

LIK. NIGIN ṣa-i-du *Jagdhund* 42.

NIM sa-ḳu-u *Erhebung*, ʽi la-mu *hoch, erhaben* 39; siehe auch NUM.

NIR sí-pu *Fuss* 76 Anm. 117.

NIR. GID. DA. ḪU ša-ḳa-tuv, sí-ip a-rik *Langbein* d. i. *Strauss* 76 Anm. 117.

NIR. GI. LUM. ḪU ṣa-ai-ḫu, a-ra-bu... *ein Vogel* 75 Anm. 116.

NIT, NITA zi-ka-ruv *Mann, Diener*, ar-du *Knecht, Diener* 32.

BAR. KAK. NITA (geschrieben US) da-as-su *Gazellenbock* 51.

LU. NITA kirru arduti *Hausschaf* 33.

NAM. NITA ar-du-tu *Knechtschaft* 125.

PAŠ. NITA *zahmes Thier*, bes. *Lastthier* 33.

NITAḪ (geschrieben US) zi-ka-ruv *männlich, Mann* 36.

NU la, la-a *nicht* 7. 56.

NUM na-ḳa-ru sa simiri *Schneiden mittelst des Diamantes* 64 Anm. 121 Anm.

NUM, NUMMA ʽi-li-tuv, sa-ḳu-u *Erhebung*, ʽilu, Fem. ʽi-li-tuv *hoch*, ʽi-la-mu *hoch, erhaben* 39.

NUM. MA. KI ʽI-lam-ti *Elam, Susiana* (eig. *Hochland*) 38.

LIK. NUM. MA. KI ka-lab ʽI-lam-ti *elamitischer Hund* 33.

SI. NUM ma-tuv ʽi-li-tuv *Hochland* 39, ʽi-lam-tuv *Hochland* 119.

NUM Determinativ vor Insecten: dem Floh 66, der Biene 67.

NUM. ZA. KUR. NA *kupferfarbenes Insect* 65.

NUM. ŠAḪAR. RA lam-ṣa-tuv, lam-ṣu 88.

NUM. ŠIZI. ŠIZI *grüngelbes Insect* 65.

NUM. TAḲ zu-um-bi ab-ni *Steinhummeln* 64.
NU. UM. MA zi-i-bu *Wolf* 47.
NUN ra-bu-u *gross*, (mit Determ. GUM) *Grosser*, *Magnat* 134.

Ś.

ŚA (geschrieben DI) mil-ku *Besitz* 144.
ŚA. GAR ma-li-ku *Besitzer*, *Eigenthumsbesitzer* 144.
ŚA. GI. LUM (mit Determ. ḤU. BIR) sa-'-i-luv *ein Insect* 75.
ŚA. GI. ṢU (mit Determ. ḤU. BIR) sa-'-i-luv *ein Insect* 75.
ŚAḤAR (geschrieben IS), ŚAḤAR. RA ip-ru *Staub* 73.
ŚAḤAR. KIR. KIR tur-bu-'-tuv *staubgleiche, zahllose Menge* 72 f.
ŚAḤAR. KISI ʿi-par zir-ba-bi *staubgleiche Menge von Heuschrecken* 73.
ḤU. BIR. ŚAḤAR. RA ʿi-rib tur-bu-'-ti *Wanderheuschrecke* (eig. *Insect zahlloser Masse*) 72.
NUM. ŚAḤAR. RA lam-ṣa-tuv, lam-ṣu *ein Insect* 88.
ŚAL Zeichen des weiblichen Geschlechtes 56. 130 Anm.
ŚAL. US. ŚA. ḤU a-ta-an nahari, tus-mu-u *Flusseselin*, *Pelekan* 95.
ŚAL. LUB *Sclavin* 130.
ŚAR sa-ṭa-ru *schreiben* 8.
ŚI ḳar-nu *Horn* 34 Anm. 48, beim Schiff: *Segelstange*, *Raa* 137 f.
ŚI. ḤAR. RA (mit Determ. SAḤ) ap-par-ru-u *Junges vom Hirsch- und Gazellengeschlecht* 59.
ŚI. MUL a-i-luv *Widder* (eig. *sternförmig gehörntes Thier*) 50.
A. ŚI *ein gehörntes wildes Thier* 35 Anm.
AM. ŚI rîmu *Büffel* 34 Anm.
ŚÍ sa-ka-ru *spenden*, *geben* 117.
ŚIB, ŚIBA ri-'-u *Hirte* 134. 135 Anm.
ŚIB. GUT. MIS ri'u alpi *Rinderhirte* 131.
ŚI. DI (mit Determ. IM) il-ta-nu *Norden*, *Nordwind* 139.
ŚIZI a-ra-ḳu, ar-ḳu *gelb*, *grün* 59.
ŚIZI. A (mit Determ. SAḤ) ba-nu-u *alte Gazelle* 58 f.
ḤU. ŚI. ŚIZI. ḤU raḳ-raḳ-ḳu, la-ḳa-la-ḳa *Storch* 105.
NUM. ŚIZI. ŚIZI *grüngelbes Insect* 65.
ŚIŚSI ni-ḳu-u *Opfer*, *Sühnopfer* 33.
GUT. ŚIŚSI alap niḳi *Opferstier* 33.
LU. ŚIŚSI kirru niḳi *Opferlamm* 33.
ŚIḲḲA (geschrieben SU. SÍ. KU. MUK) a-tu-du *Ziegenbock* 48.
ŚIḲḲA. BAR sap-pa-ru *Gazellenbock* 48 f.
ŚU. UM. MU*. ḤU su-um-mu *Bergschwalbe* 116.
ŚU. UN. KUR. SA. NU. ḤU ku-pi-tu *ein Vogel* 115.

ʿI.

ʿI bi-it *Haus*, *Cajüte* (des Schiffes) 137.
ʿIGIR ar-kat *Hintertheil* (des Schiffes) 137 f.
ʿIN, ʿINU bílu *Herr*, daher
NAM. ʿIN bí-lu-tav *Herrschaft* 59. 126.

NAM. 'IN. NA. AK. A (mit Determ. SAḪ) b i t - r u - u *ein vierfüssiges Thier* 59.

'IN. MÍ. LI (mit Determ. ḪU. BIR) s a - ' - i - l u v *ein Insect* 75.

'IRIM* (geschrieben ZAB) ṣ a - a - b u *Heer, Schaar* 71 Anm.

P.

PA. AN siehe GARṢA.

PAN siehe SI.

PAŚ Determinativ vor Lastthieren, speciell i m i r u *Esel* 56, als Theil eines Schiffes Bezeichnung eines *Tragbalkens* 137.

PAŚ. A. AB. BA g a m m a l u *Kameel* 134.

PAŚ. GAM. MAL* g a m m a l u *Kameel* 134.

PAŚ. ZIN *Thier der Wüste* 54.

PAŚ. NITA *zahmes Thier*, bes. Lastthier 33. 54.

PI u z n u *Ohr*:

ZA. NA PI 'i - l i t u z - n i v *das sich Spitzen des Ohres* 39 Anm.

ZA. NA. RU. PI *dass.* 39 Anm.

Ṣ.

ṢA. PI. TAV*. ḪU ṣ a - p i - t a v, a s - k i - k i - t u v *Schwalbe* 101. 116. 124.

ṢÍ m a r - t u v* *Westen* 37 f.

ṢI. AḪ s a - ḫ u - u* *Tiger* 36.

ṢI. DA. BAR. ṢUR. RA (mit Determ. SAḪ) *ein vierfüssiges Thier* 58.

ṢI. ṢI (mit Determ. UḪ) u p - p u - l u *Wurm* 79 Anm.

ṢIR ṣ i - i r* *Schlange* 87 f. 97; Determinativ vor Schlangen:

ṢIR. GIG ṣ a - l a m - t u v *Nachtschlange, schwarze Schlange* 88.

ṢIR. GIG. A ṣ i - i r m u - s i, ṣ i - i r ṣ a l - m i *dass.* 88.

ṢIR. ḪUL ḫ u l - m i t - t u 87.

ṢUR. BAR. KAK u - z a - l u v *junge Gazelle* 54.

Ḳ.

ḲURU (geschrieben SI. ZAB) d a m a ḳ *gnädig, günstig sein* 58.

ḲUR. ḲUR. 'I in

NAM. ḲUR. ḲUR. 'I š i l - p u - t u *Ungerechtigkeit*, *Feindseligkeit* 126, vgl. 115.

R.

RAK Zeichen des weiblichen Geschlechtes, siehe ŚAL.

RAM siehe AKA.

RI t a - a l - l u v *Erhebung* 122.

GAB. RI m a - ḫ a - r u v s a n i s i *Rivalisiren des Mannes* 120 ff.

DUK. RI t a l - l u *Erhebung* 122.

UB. RI n u - ' - u - d u *Höhe* 122.

RUS. A (mit Determ. SAḪ) ḫ u - u s - s u - u, r u - u s - s u - u *eine Gazellenart* 58.

RU. TA (mit Determ. UḪ) n a - ḫ a l - l u v *Würmerschwarm* 79 Anm.

RU. TIK n a - ḳ a - r u s a a b n i *Einschneiden des Steines* 121 Anm., m a - ḫ a - r u v s a m a - ḫ i r - t i *Rivalisiren des Schnellseglers* 120 f.

MÂ. GAB. RU. TIK m a - ḫ i r - t u v *Schnellsegler* 121.

S.

SÂ (fast stets ohne Determ. UZU) l i b - b u *Herz* 122 Anm.

SAḪ Determinativ vor wilden Thieren 55—61 (vgl. 67 f.), speziell s a - ḫ u - u* *Tiger* 35. 56.

SAḪ. MA. KAN. NA m a - a k - k a - n u - u *wildes Thier von Aegypten*, viell. *Nilpferd* 56 f.

GIM. SAḪ d a - b u - u *Bär* 55.

DAM. SAḪ *dass.* 55.

SAK r i - 'i - s u *Haupt* 121 Anm., *Officier* 131, ḳ a ḳ ḳ a - d u *Haupt* 121 Anm.

SAK. GA. ṬU s a - ḳ u - u s a r i - s i *Erhebung des Hauptes* 121 Anm.

SAK. US *dass.* II. R. 30, 1 a. b.

LU. BAD. SAK. US k a - a i - v a - n u *Saturn* 50.

SAK. ZI s a - ḳ u - u s a r i - s i *Erhebung des Hauptes* 121 Anm.

SAR a - ṣ u - u s a i ṣ i u ḳ a n i *Emporwachsen von Bäumen und Rohren*, a r - ḳ u *Grünes* 80.

UḪ. SAR k a l - m a t a r - k i *Ungeziefer auf Laub* 82.

IZ. SAR ki r u *Baumpflanzung* 80.

SARA* s a - a - r u *Pflanze, Strauch* 127 f.

SARIN i - l a k (?) b u - k a - n i *Heuschrecke* 77. 78.

SI i - n u v *Auge* 39 Anm., p a - n u *Angesicht, Front, Vordertheil* (des Schiffes) 39 Anm. 131. 137, m a - t u v *Land* (eig. *Erdoberfläche*) 39; m a ḫ - r i Präp. *vor* (zeitlich) 6.

SI. DU a - l i k m a ḫ - r i *der an der Spitze marschirt, König* 50 Anm.

NAM. SI. DU s a r r u - t u *Königsherrschaft* 126.

SI. NUM m a - t u v 'i - l i - t u v *Hochland* 39, 'i - l a m - t u v *Hochland* 119.

AN. NA SI 'i - l i t i - n i v *das sich Aufthun des Auges* 39 Anm.

BAR. SI *dass.* 39 Anm.

MUḪ. SI *dass.* 39 Anm.

SÍ siehe NIGA.

SÍ s i - u v* *Getreide* 81. 124.

UḪ SÍ k a l - m a t s i - i v *Kornwurm* 81.

UḪ. SÍ. KU. 'I ri - ' - a - su, k a l - m a t s i - a v *Kornwurm* 82.

MU. UN. DU. SÍ . . . . s i - i v 81 f.

SÍ. IZ. NI s a - m a s - s a m - m u *Sesam*,

UḪ. SÍ. IZ. NI k a l - m a t s a - m a s - s a m - m i *Ungeziefer im Sesam* 81.

MU. UN. DU. SÍ. IZ. NI . . . . s a - m a s - s a m - m i 81 f.

SÍ. 'I i t - t u, a - m a - r u *Weizen* 81.

SÍ. GA s í - m u - u *glücklich, glückbringend* 124 Anm.

SI. GAN b a r â *eingraben*, ḫ a - a - r u *aushöhlen, eingraben* 9.

SI. ZAB siehe ḲURU.

SIK, SIK. BA l u - b u - u s - t u v *Kleid* 84.

UḪ. SIK ś a - a - ś u *Motte* 84.

SIK. AḪ. MÍ. U ka-ri-śi *Balken* (des Schiffes) 137.
SIS aḫu *Bruder*,
NAM. SIS aḫ-ḫu-tu *Bruderschaft* 125.
SU ḳa-tu *Hand*, gi-mil-lu *Geschenk*, *Wohlthat* 93.
SU. GI ma-ḫa-ruv *um die Wette eilen* (von einem Wagen gesagt) 120 f.
SU. GUM. ḪU ḫa-zu-u, ḫu-u-ḳu viell. *Kukuk* 93.
SU. I (mit Determ. GUM) gal-la-bu *Bartscheerer* 135.
SU kissatu *Schaar*, *Volk* 131.
SU. SÍ. KU. MUḲ siehe ŚIKKA.
SUD rahaḳ Af. *weit entfernen* 117
SUD. BABBAR. RA (mit Determ. ḪU. BIR) a-du-dil-luv *Vierundvierzigfuss* 76.
SURIN ṣa-ṣi-ru *Heuschrecke* 77. 78.

T.

TAB. RI. RI. GA (mit Determ. SAḪ) ku-za-ai *Marder* 60.
TAG la-pa-tuv *drehen*, *wenden* II. R. 48, 41 c. f.
UḪ. TAG. GA na-a-pu *ein Wurm* 79 Anm.
IZ. BAN. TAG. GA 129.
KAK. TAG. GA 128 f.
TAḲ ab-nu *Stein* 64.
TAḲ. ḪAR siehe ḪAR.
NUM. TAḲ zu um-bi ab-ni *Steinhummeln* 64.
TAR sa-a-mu *festsetzen*, *bestimmen* 126.
NAM. TAR sa-a-mu sa sim-ti *Bestimmung des Geschickes* 126, concret nam-ta-ru* *Lenker des Geschickes* 126 Anm.
TI laḳâ, ṣabat *nehmen*, *fassen* 79 Anm.
UḪ. KA. TI ṣi-bit ap-pi *ein Wurm* 79 Anm.
TI ṣi-lu *Rippe*, *Seite* (eines Schiffes), i-gar-tuv *Seite*, *Flanke* (eines Schiffes), da-pa-nu *Seitenwand* (eines Wagens) 21 Anm. 137 f; (mit Determ. UZU) ṣilu *Rippe*, *Seite* 121 Anm.
TI. BAL in
UḪ. TI. BAL kal-mat gusu-ra, bal-ṭi-it-tuv *Holzwurm* 82.
TIK (mit und ohne Determ. UZU) *Stirn*, (ohne Determ.) maḫ-ru *Front*, *Vorderseite* 121 Anm.
TIK. GA. ṬU. 'I sa-ḳu-u sa ri-si *Erhebung des Hauptes* 121 Anm.
TIK. ZI sa-ḳu-u sa ri-si, na-su-u sa ri-śi-si *dass.* 121 Anm.
TIK. MUN (mit und ohne Determ. UZU) śi-ṣi-in ṣi-ru (ṣir) *gewölbter Busen* 122 Anm, (ohne Determ.) beim Schiff: *Verdeck* 137 f.
TIK. UN siehe GUN.
TIR, TIR. RA (mit und ohne Determ. IZ) kiś-ti *Wald* 120.
ḪU. BIR. GAN. NA. TIR. RA zi-za-nu kiś-ti *Gewürm im Walde* 120.
TUK i-su *im Besitz haben* 7, aḫaz *besitzen* 6. 7.
ID. TUK bi-il pa-ni *oberster Herr*, *Machthaber* 96.

ID. TUK. ilu bil ilu-mu-ki *Machthaber* 96.

TUM siehe PAŚ.

TUR, TUR. RA ṣa-aḫ-ruv, ṣi-iḫ-ru *klein* 11. 36; siehe auch DÛ.

NAM. BIR. TUR. TUR zir-zir-ru, zu-un-zu-nu *Ameise* 71.

NAM. TUR ma-ru-tu *Kindschaft* 125.

TUR. UŚ siehe auch IBILA.

NAM. TUR. UŚ ab-lu-tu *Sohnschaft* 125.

TU. RA mar-ṣu *furchtbar, schädlich* 85.

UḤ. TU. RA tul, mu-bat-ti-ru *ein Wurm* 85.

Abkürzungen.

Lay. — Layard, *Inscriptions in the cuneiform character*, London 1851.

I. II III R. — H. Rawlinson, *The cuneiform inscriptions of Western Asia*, London 1861. 1866. 1870. Die Zahlen hinter R. bezeichnen das Blatt und die Zeile, die Buchstaben die Columnen.

Tigl. Pil. — Cylinderinschrift des älteren Tiglat-Pileser, I R. 9—16.

Tigl. Pil. IV. — Prunkinschrift des jüngeren Tiglat-Pileser (IV), II R. 67.

Asurn. — Monolithinschrift Asur-naṣir-habal's, I R. 17—26.

Asurn. Obel. — Obeliskinschrift Asur-naṣir-habal's, I R. 28.

Salm. Obel. — Obeliskinschrift des älteren Salmanassar, Lay. 87—98.

Sarg. Cyl. — Cylinderinschrift Sargon's, I R. 36.

Khors. — Prunkinschrift Sargon's, mit Uebersetzung und Commentar herausgegeben von J. Oppert und J. Ménant, Paris 1863.

Sanh. Tayl. — Inschrift Sanherib's auf dem sechsseitigen, nach Taylor benannten Cylinder, I R. 37—42.

Sanh. Bell. Cyl. — Inschrift Sanherib's auf dem nach dem Consul Bellino benannten Cylinder, Lay. 63. 64.

Sanh. Bav. — Inschrift Sanherib's an dem Felsen von Bavian, III R. 14.

Asarh. — Cylinderinschrift Asarhaddon's, I R. 45—47.

Asurb. Sm. — George Smith, *History of Assurbanipal*, London 1871.

Bors. — Cylinderinschrift Nebukadnezar's von Borsippa, I R. 51 Nr. 1.

E. I. H. — Londoner Nebukadnezarinschrift des East India House, I R. 53—64.

Nebuk. Grot. — Inschrift Nebukadnezar's auf dem Cylinder Bellino's, I R. 65. 66.

Beh. — Felseninschrift des Darius zu Behistun, babyl Text III R. 39. 40.

NR. — Inschrift des Darius von Naksch-i-Rustam, siehe Julius Oppert, *Expédition scientifique en Mésopotamie* II (Paris 1859), pag. 164—191.

Xerxesinschr. C, a. — Siehe ABK, 365 f.

„ D. — Siehe *Expédition en Mésopotamie* II, 154—159.

„ K. — Xerxesinschrift von Van in Armenien, siehe *Expédition en Mésopotamie* II, 122—154.

I. R. A. S. — *Journal of the Royal Asiatic Society.*

DMZ. — Zeitschrift der Deutschen Morgenländischen Gesellschaft.

Norris I. II. III. — Edwin Norris, *Assyrian Dictionary*, London 1868. 1870. 1872.

Ménant I. II. — Joachim Ménant, *Le syllabaire assyrien*, Paris 1869. 1873.

ABK. — Eberhard Schrader, Die assyrisch-babylonischen Keilinschriften. Kritische Untersuchung der Grundlage ihrer Entzifferung, in der DMZ XXVI, 1872.

KAT. — Ders., Die Keilinschriften und das alte Testament, Giessen 1872.

Lenormant, *E. A.* I, 1. 3. — François Lenormant, *Études accadiennes*, tome I (Paris 1873), première et troisième partie.

Ménant, *Annales.* — *Annales des rois d'Assyrie*, Paris 1874.

Verbesserungen.

S. 24 Z. 18 lies Asurn. I, 99 Var.
S. 35 Z. 33 lies *na-ha-ru sa ju-mi.*
S. 36 Z. 2 lies II R. 42, 67—73 d.
S. 41 Z. 37 lies *ḫi-ṭi-tu.*
S. 42 Z. 3 lies *limnítu.*
S. 73 Z. 10 lies II R. 32, 3—9 g. h.

Druck von G. Kreysing in Leipzig.

www.ingramcontent.com/pod-product-compliance
Lightning Source LLC
Chambersburg PA
CBHW032226230426
43666CB00033B/1610
* 9 7 8 3 7 4 3 3 6 2 0 1 7 *